페미니즘 탐구생활

일러두기

1. 원서의 목차는 26개 알파벳이 차례로 각 장 키워드의 첫번째 철자가 되게끔 짜여 있습니다. 한국 독자의 이해를 돕기 위해 한국어판에서는 알파벳 순의 키워드를 한국어 제목으로 바꾸어 달았습니다.
2. 본문에서 도서명은 원서명과 병기하였고 인명, 기관 및 단체명, 잡지 제목, 페미니즘 용어 등의 원표기는 색인에 붙였습니다.
3. 본문 가운데 옮긴이가 추가한 내용은 (- 옮긴이)로 표시했습니다.
4. 한국 독자의 이해를 돕기 위해 한국어판에는 한국 관련 내용을 추가했습니다.

페미니즘 탐구생활

게일 피트먼
지음

박이은실
옮김

사□계절

사춘기는 무섭습니다. 특히 여러분이 십 대 소녀라면 더더욱 그렇죠. 일단 열세 살이 되면 명랑한 성격은 온데간데없어지고 퉁명스런 괴물로 돌변해요. 그러고 나면 호르몬이라는 괴물이 행동을 개시합니다. 이제 모든 게 끝장입니다. 여러분은 몰려다니며 일탈 행동을 하고 예측 불가의 감정 기복에다 성적인 호기심이 솟구치는, 말하자면 '퉁명스런 호르몬 괴물'이 되어 버리죠. 그런가요?

물론 이건 과장된 고정관념이에요. 그리고 많은 면에서 사실이 아니지요. 십 대 시기에는 감정이라는 롤러코스터를 격렬하게 탈 수도 있어요. 그렇지만 대부분의 십 대 소녀들은 부모와 좋은 관계를 맺고 자신감에 차 있으며 학교생활도 잘해요.

또한 성 경험을 처음 해 보는 시기도 점점 늦어지고, 성 경험을 한다 해도 안전한 성관계를 맺으려고 노력하죠. 많은 소녀들에게 십 대 시기를 살아 내는 일이 그렇게 공포 영화 같은 것만은 아닙니다.

이것은 이야기의 일부예요. 이제 다른 쪽을 한번 들여다볼까요.

- 십 대의 81퍼센트가 자신이 뚱뚱해질까봐 두려워해요.
- 십 대의 51퍼센트가 술을 마시며 문제를 회피하고, 스트레

스를 풀기 위해 술을 마신다고 말하죠.

- 매해 새로 나타나는 성 매개 감염병 중 거의 절반이 15~24세에서 발생해요.
- 미국은 여러 선진국 중에서 십 대 임신율이 가장 높은 나라에 속해요. 해마다 15~19세의 미국 여성들 중 약 61만 5000명이 임신을 하죠.
- 미국 청소년 중 33퍼센트가 데이트 상대에게 성적·신체적·언어적·감정적 폭력을 당해요.
- 십 대 소녀들이 우울증에 시달릴 확률은 십 대 소년들보다 세 배나 높아요.

이건 나쁜 소식이죠. 십 대 소녀들이 사춘기를 헤쳐 나가려면 위험을 무릅써야 하죠. 사뭇 심각한 위험을요. 그러나 이러한 위험 중 외부와 단절된 상태로 존재하는 것은 하나도 없어요. 사실, 이 모든 위험들에는 한 가지 공통분모가 있다고 생각해요.

성차별주의

그래요. 바로 성차별주의예요.

음주나 섹슈얼리티, 몸 이미지, 우울증 같은 사안들을 단 하나의 원인으로 돌리는 것은 상황을 너무 난순하게 보는 거죠. 그렇지만 잠깐만 한번 상상을 해 보자구요. 소녀들이 성차별주의가 없는 세상에서 성장한다면 어떻게 될지를 말예요.

뚱뚱해질까봐 두려워할까요?
소녀들의 스트레스와 고민거리가 사라져서 술 마실 일이 줄어들까요?
성병 발병률이 (비슷한 문제인 십 대 임신율이) 감소할까요?
소녀들이 여전히 학대 피해자가 될까요?
소녀들이 우울증에 걸릴 위험이 여전히 높을까요?

내가 이런 이야기들로 무엇을 다루려는지 알아챘나요?
불행히도 성차별주의는 생생히 살아 있어요. 소녀들과 여성들은 힘든 시간을 살아왔지만 여전히 소년들과 남성들과는 다른 취급을 받고 있어요. 우리는 예전보다 더 많은 교육을 받고 일자리를 얻을 기회도 더 많아졌지만, 임금·고용·성취에서 여전히 큰 격차를 겪고 있죠. 게다가 성차별주의는 인종차별주의나 동성애 혐오증, 불공정한 계급 관계와 같은 다른 형태의 억압과 서로 연관되어 있어요. 이런 문제들이 교차되면서 소녀들이 십 대 시기를 잘 통과하는 걸 복잡하게 만들죠.
바로 이와 같은 문제를 해결하기 위해 페미니즘이 필요한 것이랍니다.

페미니즘을 아주 커다란 상자 안에 다양한 도구들을 모아 놓은 '도구 세트'라고 생각해 보세요. 어떤 도구는 성차별주의를 더 분명하게 볼 수 있도록 확대해 줘요. 때때로 성차별주의가 너무 미묘한 방식으로 나타나는 탓에 명확하게 보기가 힘들 때도 있거든요. 그럴 때 필요한 새로운 렌즈가 이 도구 상자 안에 있으니 좋은 일이죠. 또 다른 도구는 성차별주의가 눈앞에서 그 못된 머리를 치켜들 때 바로 도움을 줄 수 있어요. 어떤 도구들은 오랜 시간 집합적으로 쓰이면서 성차별주의와 우리 사회에 존재하는 여러 '이즘'을 없애도록 도와줄 수 있어요.

많은 소녀들과 여성들이 페미니즘이라는 도구에 쉽게 접근하지 못해요. 페미니즘이 무엇인지 배우게 된다 해도 고등학교를 졸업하기 전까지는 그럴 기회가 없는 것이 사실이죠. 안타까운 일이에요. 상상해 보세요. 열세 살에 난생처음으로 일상적인 성차별과 맞닥뜨렸을 때 페미니스트 원칙과 든든한 페미니스트 도구들을 쉽게 손에 쥘 수 있다면 삶이 얼마나 달라질 수 있을지 말이에요.

좀 더 구체적으로 이야기해 보도록 하죠. 여기 페미니즘이 언제 실질적인 도움이 되어 줄 수 있는지 보여 주는 상황들이 있어요.

- 한 번이라도 자신이 '뚱뚱하다'고 느낀 적이 있는 경우
- 하고 싶지 않은 일인데 해야만 한다는 압력을 받은 적이 있거나 자신의 가치관에 반하는 일을 하라는 압력을 받은 적

이 있는 경우

- 직접 말하는 일을 두려워한 적이 있는 경우
- 누구에게 괴롭힘을 당한 적이 있거나 누구를 괴롭혀 본 적
  이 있는 경우
- 자신감이 흔들린 적이 있는 경우
- 내가 어떤 사람이라는 이유로 환영받지 못한다는 느낌을
  가져 본 적이 있는 경우

페미니즘은 이런 모든 경우를 헤쳐 나가도록 도와 줄 수 있어요. 이것이 내가 이 책을 쓴 이유예요. 페미니즘이 여러분의 삶을 바꿔 주리라 믿기 때문이죠.

이 책을 읽는 여러분이 어린아이가 아니라는 걸 알아요. 그렇지만 페미니즘은 꽤 복잡한 주제예요. 수백 개의 페미니즘 이론과 관점이 있고, 그중에는 탄탄한 기초 없이는 제대로 이해하기가 힘든 것도 있어요.

페미니즘에 대해 배우는 것은 다른 언어를 배우는 것과 같아요. 언어를 배울 때 우리는 기본에서 출발해야 하죠. 페미니즘을 하나하나 한 걸음씩 익히는 과정은 페미니즘이 무엇인지 깨닫게 하면서 여러분이 페미니즘의 바다에 살짝 발을 적셔 볼 수 있게 도와줄 거예요.

내 생각에 여러분이 자신의 페미니스트 도구 상자를 만드는 가장 효과적인 방법은 이 책을 처음부터 끝까지 순서대로 읽는 거예요. 그렇지만 각각의 장은 그 자체로도 완결성이 있어요. 목차를 훑어본 다음에 여러분이 가장 흥미를 느끼는 주제부터 시작하고 싶다면 그렇게 해도 돼요! 이 책은 여러분의 것이니까요. 여러분에게 맞는 방식으로 자유롭게 사용하면 된답니다.

우선 처음부터 하나씩 쭉 가 볼 거예요. 각 장에서 우리는 특정 용어에 초점을 맞출 거예요. 물론 페미니즘과 어떤 식으로든 연관된 용어죠. 때로는 페미니즘에서 사용되는 개념 자체를 바로 쓸 거예요. '교차성', '급진적', '슈퍼걸' 같은 용어 말이죠. '두뇌'라든가 '농담' 같은 몇몇 용어는 왜 페미니즘을 다룬 책에 들어 있는지 이 상하다 싶을 거예요. 그리고 '뜨개질', '소꿉놀이 오븐', '하지 마세 요!' 같은 말들은 아마 페미니스트의 개념으로 보이지 않을 수도 있어요. 하지만 날 믿어요! 이 모든 말은 페미니즘의 세계를 탐험 하는 데에 어떤 식으로든 도움을 줄 테니까요.

이 책을 읽어 가면서 여러분은 각 장에서 〈페미니스트 역사〉 코 너와 〈바로 해 보는 페미니즘〉 코너를 보게 될 거예요. 페미니스트 로서 세상을 보는 눈을 발달시키는 데에는 우리가 어디에서 왔는 지를 알고, 다른 이들이 어떻게 오늘날의 우리를 있게 해 준 길을 닦아 왔는지 이해하는 것이 포함됩니다. 바로 여기에 〈페미니스트 역사〉가 관련되는 것이죠. 또한 이 코너는 역사책에서 대체로 다 루지 않는 이야기를 읽을 수 있는 기회를 줘요. 기존의 역사책에는 여성, 유색인, 레즈비언, 게이 남성, 양성애자, 트랜스젠더의 공헌 이 빠져 있기 일쑤죠.

페미니스트 의식을 발달시키는 일에는 스스로를 성찰하고 자 기 반성 하는 것도 포함돼요. 〈바로 해 보는 페미니즘〉 코너는 일 상생활에서 우리가 어떤 성차별주의와 맞닥뜨리고 그런 일에서 어 떤 영향을 받게 되는지와, 차별주의에 저항하고 그것을 해체할 힘 을 자신과 다른 사람들로부터 찾을 방법을 깊이 생각하는 데 도움 을 줄 실천 활동으로 짜여 있어요. 〈바로 해 보는 페미니즘〉 중 어떤 것은 자기반성을 하게 해 주고, 또 어떤 것은 실습해 볼 수 있는 것들을 세시하죠. 한 장을 읽고 다음 장으로 넘어가기 전에 이 코너를 통해 잠깐 쉬어 가는 시간을 마련해 보기를 권할게요. 그리고 시간을 좀 들여서 실습해 보길 바라요. 이 연습 문제들은 여러분이 페미니즘과 좀 더 깊은 관계를 맺게 해 주고 페미니즘이 제공하는 도구들 중 어떤 것이 여러분에게 가장 잘 작동할지 판단하는 데 도움을 줄 거예요. 또한 여러분의 페미니스트 근육을 미리 풀어 놓는 데에도 도움이 될 거예요. 언제 그 근육을 쓰게 될지 모르니까요.

이 책을 다 읽은 뒤에 페미니즘의 세계로 더 깊이 들어가 보고 싶다면 그렇게 하세요! 이 책의 마지막 부분에서 다음 단계의 페미니즘에 다다르기 위한 좋은 의견과 자료를 제공하거든요.

차례

머리말- 십 대부터 페미니즘이 필요한 이유 ······ 4   **이 책을 구성한 방식** ······ 9

01. 여자는 화내면 안 된다? 분노 표현하기 ······ 14

02. 여자는 두뇌보다 얼굴이라고? 마음껏 똑똑하기 ······ 24

03. 순응하면 안전할까? 옳지 않다고 느낀다면 저항하기 ······ 35

04. 여자니까 하지 말라고? 스스로 생각해서 행동하기 ······ 46

05. 남자용, 여자용이 어디 있어? 경계 없이 무엇이든 해 보기 ······ 59

06. 왜 쉬쉬해야 하지? 우리에겐 진짜 성교육이 필요해! ······ 71

07. 남들과 다르면 뭐 어때? 자신 있게 별종 되기 ······ 80

08. 왜 항상 '남자 영웅'이 여자를 구하지? 온정적 성차별주의 ······ 90

09. 내 정체성을 하나로 정의할 순 없어 교차적 페미니즘이 필요해! ······ 101

10. 그냥 농담인데 뭐 어떠냐고? 일상 대화 속 은근한 성차별에 맞서기 ······ 112

11. 여성적인 건 열등한 거라고? 여성성 긍정하기 ······ 124

12. 진지한 책은 여자들이나 읽는 거라고? 책 좀 같이 읽읍시다! ······ 135

13. 예쁘고 날씬한 여자만 나오는 이상한 세계 미디어의 성 상품화 ······ 147

14. 호감을 얻는 게 나보다 더 중요해? 싫은 건 싫다고 단호히 말하기 ······ 157

15. 선택의 자유? 구조적 한계? 충분히 알고 나에게 최선을 선택하기 ······ 169

16. 태어날 때부터 특권 장착? 좋은 사회를 위해 특권 해체하기 ······ 178

17. 다르다고 사과해야 할 이유는 없어! 퀴어(성 소수자) 자긍심 갖기 ······ 192

18. 나는 페미니스트는 아니지만…? 세상을 바꾸는 멋진 페미니스트라고 말하기 …… 204

19. 모든 걸 다 잘해야 멋진 여자라고? 내가 좋아하는 걸 잘하면 되지! …… 214

20. 강한 남자가 멋진 남자라고? 남자다움에 관한 오해 해체하기 …… 228

21. 자궁이 있어야 '진정한' 여자일까? 성소수자 논쟁에서 낙태권 논쟁까지 …… 242

22. 데이트 폭력은 절대 사랑이 아니야! 폭력의 신호 잘 감지하기 …… 256

23. '그날'? '매직'? '빨간날'? 월경을 월경이라고 말하기 …… 273

24. 왜 죄다 작은 옷만 파는 거야? 내 몸 긍정하기 …… 287

25. 남자와 여자는 다른 인종이다? 성에 대한 위험한 이분법 …… 299

26. '44'사이즈로 살라고? 내 삶을 위해 차별을 없애기 …… 313

오늘 할 수 있는 26가지 ABC 페미니스트 활동 …… 325

역자의 말 …… 328   참고 문헌 …… 332   색인 …… 337

01

여자는
화내면
안 된다?

분노 표현하기

"착한 소녀는 화내지 않는다."

이런 말을 들어 본 적이 있나요? 아마 있을 거예요. 이 말에는 엄청난 힘이 있죠. 그런데 더 큰 힘은 이 문장에서 직접적으로 말하지 않은 것에 있는데, 그것은 만약 화를 내는 소녀라면 '나쁜 아이'가 틀림없다는 거예요. 누가 나쁜 아이가 되길 원하겠어요?

그런데 잠깐 생각해 봐요. 분노는 우리가 지닌 기본적인 감정들 중 하나예요. 누구나 화를 내죠! 심지어 아기도 화를 표현할 능력이 있어요. 화를 내는 것은 전적으로 평범한 일이고, 사실 건강에도 이로워요.

그런데 소년들과 소녀들은 화를 내는 것이 무슨 의미가 있는지, 화를 내도 괜찮은지에 대해 서로 다른 메시지를 전달 받아요. 미디어를 포함해서 우리 문화는 감정에 성별을 배정해요. 예를 들어 〈인사이드 아웃〉(십 대 소녀 라일리의 머릿속에 있는 감정 컨트롤 본부에서 떨어져 나온 슬픔, 기쁨, 버럭, 까칠, 소심이라는 다섯 캐릭터가 펼치는 모험을 담은 애니메이션-옮긴이)이라는 영화를 보면, '슬픔'은 여성이고 '분노'는 남성이에요. 거참, 재밌죠?

이런 설정이 우연은 아닐 거예요. 우리 문화는 어릴 때부터 여성에게 필요하다면 슬퍼하라고 독려하는데 남성들에게는 그들이 울 것 같기만 해도 응징을 가하죠. 다른 한편으로 남성들은 원하면 언제든 분노를 표현할 수는 있어요. 사실상 우리 문화는 남성에게는 화가 유일하게 허용되는 감정인 양 가르치죠. 그러나 여성이 화를 내면 어떻게 되죠? 아마 질책을 받겠죠. 아니면 '미쳤다'거나 '감정적이다'라거나 '위험하다'는 딱지가 붙곤 해요. 〈인어공주〉에 나오는 사악한 마녀 우르술라처럼 정말 많은 영화의 주인공들이 이런 메시지를 강화하죠. 슬프게도 수많은 연구가 이 주장을 뒷받침하고 있는데, 그중 한 연구에 따르면 남성이 화를 내면 열정적이고 성실하고 헌신적으로 보인다고 해요. 사실 직장에서 분노를 표현하면 남성들은 더 쉽게 승진할 수 있게 되죠. 여성들에게는 정반대예요. 화를 내면 지나치게 감정적이고, 자기 통제를 하지 못하고, 전문가답지 못하다는 평가를 받게 되죠. 그러니 많은 소녀와 여성이 화를 삼키며 사는 게 놀랄 일도 아니에요.

분명 성별은 우리가 분노와 어떤 관계를 맺게 될지를 결정해요. 인종 정체성도 마찬가지예요. '성난 흑인 여자'라는 흔한 문화적 수사도 있으니까요. 많은 아프리카계 미국인 여성 캐릭터들이 너무 시끄럽고 너무 화를 내고 너무 극적이고 또는 너무 기가 센 사람으로 그려지죠. 미셸 오바마조차 예외가 아니에요. 어느 잡지의 표지에는 미셸 오바마를 기관총을 든 아프리카인으로 그린 만화가 등장하기도 했죠. 한 대학 연설에서 미셸 오바마는 대중에게 비쳐지는 이미지에 대해 얼마나 큰 강박관념이 있는지 이야기하기도 했어요. "내가 너무 시끄러운가? 너무 자주 화를 내나? 남자들 기를 죽이나? 아니면 너무 부드러운가? 너무 엄마 같아서 충분히 전문가답지 않아 보이나?" 이 모든 걱정은 지극히 평범한 인간의 감성과 관련된 깃들이에요.

분노하는 여성에 대한 이 같은 반응은 적어도 두 가지 메시지를 보내죠. 첫째, 화를 내는 것은 숙녀답지 못한 것이고, 둘째, 화낼 이유가 하나도 없다는 거예요. 그렇죠? 왜냐하면 소득 불평등이나 여성들을 대상으로 하는 폭력이나 몸 혐오, 섭식 장애, 성적 대상화, 교육에서의 성별 불평등 같은 것들이야 뭐 별스런 문제가 아니니까요. 그렇죠? 물론, 당연히 그렇지 않아요! 그런데도 누가 이런 일에 대해 "왜 그렇게 **화를 내?**"라고 묻는다면 그건 여러분의 감정을 무의미한 것으로 만드는 행태일 뿐만 아니라 여러분이 화를 내고 있는 문제의 심각성을 폄하하는 것이기도 해요.

그렇다면 화가 날 때 어떤 반응을 보이게 될까요? 이때 그렇게 화를 내는 건 좋지 않다고 말하는 메시지들에 둘러싸여 있다면요? 미소를 지어 보이며 분노를 감추기 위해 애를 쓸까요? 생각지도 않은 때에 화를 벌컥 내게 될까요? 화가 나서 다른 사람에게 물리적으로 또는 감정적으로 해를 입히게 될까요? 스스로에 대해 나쁜 생각을 하게 될까요? 분노에 대해 말하거나 글로 써서 분노를 건강하고 생산적인 방식으로 표현할 수 있나요?

한번은 누가 "분노는 행동을 부르는 신호다."라고 말하는 것을 들은 적이 있어요. 소녀들이 분노는 나쁜 것이라는 메시지를 받으면 화가 나도 적절한 행동을 하지 않게 될 거예요. 그러니 페미니즘은 무엇보다도 불의에 대항해 행동하는 것입니다. 분노가 없다면 사회 운동이란 존재하지 않을 거예요. 그러니 기억하세요. 자신의 분노에 귀를 기울이세요. 그리고 화를 내는 것은 평범한 일이라는 점을 스스로에게 다시금 알려 주세요. 무슨 일이 일어날지는 그런 다음에 생각해 보자구요.

페미니스트 역사

'성난 페미니스트'의 기원

'성난 페미니스트'라는 이미지는 어디에서 왔을까요? 고대로 거슬러 가 보면 섬뜩한 힘을 가진 분노한 여성들의 예를 수없이 볼 수 있죠. 고대 힌두의 여신 칼리는 창조와 양육의 힘을 가진 동시에 파괴의 힘도 가지고 있었어요. 사실 칼리를 그린 많은 예술 작품들은 이 여신을 여러 개의 팔을 가진 무서운 형상에, 자신이 희생시킨 시체들과 피에 젖은 팔로 장식된 모습으로 표현하죠. 또 다른 예는 아프리카 물의 정령인 마미 와타예요. 치유자이자 보호자이며 양육자인 마미 와타의 힘은 통제되지 않으면 자칫 파괴로 이어질 수 있죠. 칼리와 마찬가지로 마미 와타는 사랑 많은 어머니 형상으로 그려지기도 하지만 또 다른 때에는 뱀을 칭칭 감고 위협을 가하는 형상으로 그려져요. 그리고 복수의 번개를 가진 그리스의 어머니 신 헤라도 있어요. 고대 역사를 통틀어 여성의 파괴적인 분노를 보여 주는 이미지들은 셀 수 없을 만큼 많고, 그런 일들은 대개 불의를 만날 때 발생했죠.

최근에는 '성난 여성들'이라는 이미지가 성평등을 향한 사회 운동을 폄하하려는 의도로 사용되어 왔어요. 여성 참정권 운동 시기—'제1물결 페미니즘'이라고 하죠—에 투표권을 획득하기 위해 기울인 노력을 하찮은 것으로 만들려는 목적으로 정치 만화에서 분노하는 여성들을 희화화하기도 했어요. 아래의 사례를 볼까요? 참정권 운동가들의 분노를 결혼을 못 한 탓, 못생긴 탓, 또는 남성

→ 이것은 1909년경 밀러 앤 랜드라는 이름의 회사가 만들어 배포한 엽서예요. 이런 류의 엽서는 여성들이 투표할 권리를 획득하기 위해 애쓰던 1800년대 말~1900년대 초에 흔히 볼 수 있었어요. 전달하고자 하는 메시지는 분명했죠. 여성 참정권 운동에 참여하면 애완동물에서 요부를 거쳐 결국 분노에 찬 못생긴 노처녀가 되리라는 거였죠. (출처: 여성연합행진 / 메리 에번스 그림 도서관)

혐오 탓으로 돌리며 어떻게 기록되는지 명백히 볼 수 있어요.

'제2물결 페미니즘'이라고 알려진 1960년대와 1970년대에도 똑같은 전략이 사용되었어요. 그때는 소녀들이 학교에서 스포츠 활동을 할 수 없었고 자기가 좋아하는 과목을 마음대로 들을 수도 없었어요. 일자리를 구하는 것도 여자라는 이유로 어려웠죠. 취업을 해도 임신을 하면 해고될 수 있었구요. 자기 이름으로 된 신용카드를 발급 받을 수도 없었고 은행 대출을 받을 수도 없었어요. 여성들에게 주어진 삶의 조건이 이러했기 때문에 여성 해방 운동이 일어난 거예요. 그러나 많은 이들은 이런 목소리를 내는 여성들의 요구를 심각하게 받아들이는 대신 '성난 이들'이라며 비웃었죠. 사람들은 페미니스트들이 너무나 분노한 나머지 브래지어까지 태웠다고 말했어요.(이렇게 믿는 이들이 정말 많지만, 페미니스트들이 조직적으로 모여서 브래지어를 태우는 행동을 한 적은 한 번도 없어요.)

어떤 때는 사람들이 일부러 페미니스트들의 화를 돋우고는 이들이 쉽게 화를 내고 비이성적으로 행동한다며 비난하기도 했죠. 미국 남녀평등 헌법 수정안을 반대했던 필리스 슐래플리라는 보수주의 운동가가 페미니스트인 베티 프리단으로 하여금 "당신을 화형에 처하고 싶다."는 말을 할 정도로 분노하게 만든 유명한 일화가 있어요. 남녀평등 헌법 수정안은 성별과 무관하게 모든 시민들에게 평등한 권리를 보장하려는 헌법 수정안이었죠. 이를 법률화하는 일은 논란을 낳았고, 필리스 슐래플리를 비롯해 여성 남성 할 것 없이 많은 사람들이 수정안이 통과되지 못하게 막으려 했어요. 이때 여성들이 화를 내게 만들고 감정적으로 불안정해 보이게 만드는 것은 매우 효과적인 전략이었고, 결국 남녀평등 헌법 수정안은 법제화되지 못했어요.

오늘날에도 '성난 페미니스트'(와 그들의 사촌인 '성난 활동가들')의 사례는 많죠. 2012년에는 사과라는 말을 모르는 분노의 저항 음악가들로 알려진 러시아의 펑크록 밴드 푸시 라이엇이 블라디미르 푸틴 러시아 대통령을 반대한다는 이유로 감옥에 갇혔어요. '흑인의 생명도 중요하다' 운동에 참여한 활동가들은 흔히 '극단주의자'로 불렸는데, '억제하지 못한 분노'에 자극받아 공동체를 분열시키고 있다는 비난을 받았죠. 그리고 힐러리 클린턴도 사례로 들 수 있어요. 힐러리는 정직하지 않고 못생겼으며 친근감을 느낄 수 없고 지나치게 페미니스트적이라고 비난을 받는 동시에, 충분히 페미니스트적이지 않고 패션 감각이 없고 너무 비싼 옷을 입고 너무 '강경'하다고(다른 말로 하면 분노한다고) 항상 비난을 받았어요. 남성에게는 열정이자 헌신의 증거인 것이 여성에게는 전문성 부족의 증거가 되는 거죠. 이는 성별 탄압을 지속하게 하는 위험한 이중 잣대예요.

때로는 언제 우리가 화가 나는지, 왜 그런 느낌이 드는지, 그래서 어떻게 해야 할지 알기가 어렵죠. 그럴 때 우리에게 일어나는 일에 이름을 붙일 수 있게 도와주는 기술을 쓰죠. 이것을 '문제의 외재화'라고 합니다. 분노가 치밀 때면 이렇게 해 보세요.

다음과 같은 것이 필요합니다.

펜과 공책, 색연필 세트, 스케치북

잠깐 가만히 앉아서 지금 자신의 느낌을 스스로 느껴 보도록 합니다. 마음속에 어떤 생각들이 떠오르나요? 몸에는 어떤 반응들이 느껴지나요? 다음과 같은 질문에 답을 적을 수 있게 몇 분 정도 시간을 가져 보세요.

1에서 10까지 범위를 잡았을 때(1은 "전혀 화나지 않는다"이고 10은 "살면서 처음 느껴 보는 정도로 화가 난다") 얼마만큼의 분노가 느껴지나요?

이제 여러분의 분노를 하나의 캐릭터라고 생각하고 형상화해 보세요. 이것이 '문제의 외재화' 단계랍니다. 여러분의 분노는 어떤 색깔인가요? 어떤 모양을 하고 있나요? 어떻게 움직이나요? 그것의 긍정적인 면과 부정적인 면은 무엇인가요? 분노를 그려서 그것에 이름을 붙여 주세요.

이제 여러분의 분노에 인격을 불어넣고 그것과 대화를 나눌 수 있게 되었어요. 여러분의 분노에게 물어볼 만한 질문들은 무척이나 많아요. 질문을 예로 들어 볼게요.

- 분노는 지금 당장 무엇을 원하나요?
- 분노에 대해 얼마나 잘 아나요?
- 분노가 마치 다른 것인 양 스스로를 감추나요?
- 분노가 숨었나요? 어떤 것으로 분노가 밖으로 나오도록 설득할 수 있을까요?
- 분노가 너무 많이 또는 너무 공격적으로 나오나요? 분노를 다독이기 위해서 무엇을 할 수 있을까요?
- 분노가 여러분에게 말하려는 것이 무엇일까요?
- 분노가 가진 문제가 해결됐다는 것을 어떻게 알 수 있을까요?

시간을 내서 이 각각의 질문에 답을 써 보세요. 분노를 실제로 볼 수 있을 때 우리가 분노와 얼마나 다른 관계를 맺을 수 있는지 알게 된다는 건 정말 놀라운 일이랍니다!

02

여자는
두뇌보다
얼굴이라고?

마음껏 똑똑하기

6학년인 사라는 항상 학교 성적이 좋았어요. 사라는 고전 문학을 엄청 좋아했을 뿐만 아니라 수학 고수이기도 했죠. 어느 여름날, 사라는 과학 캠프에서 즐거운 시간을 보냈어요. 학교는 사라가 쑥쑥 성장하는 곳이었죠. 놀림이 시작되기 전까지는 말이에요.

"웩! 넌 너무 똑똑해."
"못생긴 여자애들이나 과학 캠프 같은 데에 가지."
"뇌덩어리야!"

사라는 고립감을 느꼈어요. 학교 가는 게 더 이상 재미있지도 않았죠. 그래서 사라가 어떻게 했을까요? 사라는 자신을 검열하기 시작했어요. 답을 알아도 더 이상 손을 들지 않았죠. 자기 자신을 최대한 멍청한 사람으로 만들었어요. 얼마 안 되어 사라는 그저 그런 학생들 중 한 사람이 되었죠.

이 이야기가 모든 소녀들에게 해당하진 않지만 생각보다 많은 여자 중학생들과 여자 고등학생들이 이런 경험을 합니다. 수많은 소녀들이 최선을 다해 공부해서 좋은 결과를 얻으라고 독려받지만 동시에 "너무 똑똑하지는 마라.", "너무 성공하지는 마라."며 기를 꺾는 전형적인 반대 메시지가 퍼부어지죠. 이처럼 상반되는 메시지들은 어떻게 작동하는 걸까요?

이걸 한번 생각해 보죠. 아시아계 미국인 여성들이 수학 문제를

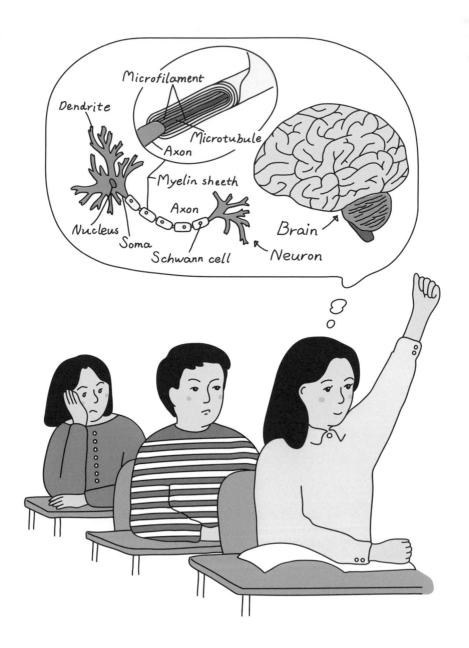

푸는 실험에 참여합니다. 그런데 문제를 풀기 전에 먼저 개인적인 질문에 답을 하게 되어 있었어요. 참가자들 중 절반에게는 여성으로 사는 것에 대한 질문이 주어지고 나머지 절반에게는 아시아계 미국인으로 사는 것에 초점을 맞춘 질문이 주어졌는데, 이 사실은 미리 공지되지 않아요. 질문의 초점이 문제를 푸는 능력에 영향을 끼치는가 아닌가에 대한 답을 얻고자 한 실험이었거든요.

연구자들은 여성으로 사는 것에 대한 질문을 받은 참가자들이 아시아계 미국인으로 사는 것에 대한 질문을 받은 참가자들보다 훨씬 더 문제를 못 풀었다는 사실을 발견했죠. '여성' 관련 질문이 참가자들이 가진 성별 고정관념을 작동시켰던 거예요. 여성은 수학을 잘하지 못한다는 편견 말이죠. 왜 이런 일이 일어났을까요? 연구자들은 이 현상을 **고정관념의 위협**이라 일컬어요. 이것은 특정 집단에 대한 부정적인 고정관념에 나도 모르게 순응하는 현상을 가리키는 말이에요. 연구자들은 고정관념의 위협이 다른 것보다도 특히 학교 성적과 게임 플레이 기술, 대학입학 자격시험이나 운동 성적 등에 영향을 끼칠 수 있다는 사실을 보여 주었죠. 이는 암암리에 벌어지는 과정이고 한 사람의 자존감에 중대한 영향을 줄 수도 있어요.

그러나 다른 측면도 있답니다. 고정관념의 위협 대신 사람들은 때때로 **고정관념의 격려**를 경험하기도 해요. 이는 긍정적인 고정관념이 작동할 때 일어나는데, 궁극적으로는 더 나은 결과물이 나올 수 있게 해 주죠. 아시아계 미국인으로 사는 것에 대한 질문에 답을 한 참가자들이 이 효과를 경험한 거예요. 아마도 이들에게는 "아시아인들은 수학을 잘한다."는 고정관념이 부각되었을 테고, 이는 수학 문제를 푸는 능력의 진작으로 이어졌다고 볼 수 있는 거죠.

또 하나의 요소가 작동했을 수도 있어요. 우리에 대한 다른 사람들의 인식은 우리의 역량과 그에 대한 스스로의 생각에 영향을 줄 수 있어요. 고전이 된 1968년의 한 연구에서 연구자들은 초등학교 학생들을 대상으로 IQ 테스트를 했습니다. 연구자들은 점수 결과에 따라 그중 '우수한 지능'을 보이는 20퍼센트의 학생 명단을 교사들과 공유했죠. 교사들이 몰랐던 사실은 '우수한 지능'이라는 구분이 실제 테스트 점수와 아무런 상관이 없다는 것이었어요. 이 학생들은 점수와 무관하게 무작위로 선택되었던 거죠. 8개월 뒤에 연구자들이 동일한 학생들을 대상으로 다시 테스트를 했을 때, '우수한 지능'을 보인다고 구분된 학생들의 점수가 다른 학생들보다 월등히 높은 것을 발견했어요. 반대도 마찬가지였어요. 테스트 점수가 낮게 나왔다고 여겨졌던 학생들은 그해 말에 치른 테스트에서 대체로 훨씬 나쁜 점수를 받았답니다. 이 현상은 오비디우스의 『변신 이야기』(Metamorphoses)에 나오는 인물의 이름을 따서 붙인 것으로, '피그말리온 효과'라고 해요. 이 실험에서 분명히 나타난 사실은, 학생의 능력을 바라보는 교사의 시선이 그 학생의 성취도에 큰 영향을 끼친다는 것이죠.

고정관념이 안고 있는 위험성과 피그말리온 효과를 결합하면 부정적인 메시지가 학생의 전반적인 활동이나 수학과 과학 성적, 대학 진학에 대한 관심, 미래의 직업에 대한 야망 등에 주는 영향을 쉽게 짐작할 수 있어요. 소녀들은 자신이 똑똑하다는 것에 대해 너무나도 자주 부정적인 말을 듣습니다. 예컨대 수업 시간에 손을 들고 자신이 아는 바를 말하는 소녀들은 "잘난 체하는 애"로 불릴 위험에 놓이죠. 동시에 매력적인 여성이 되는 법이나 이성 친구에게 인기를 얻을 방법을 시도해 보라는 이야기를 듣기도 해요. 그런 말들을 동시에 들으면 소녀들은 '똑똑하거나 예쁘거나', 이 둘 중에서 선택해야 한다는 생각을 하게 될 수 있죠. 만약 예뻐지는 것을 선택한다면 학교 성적은 큰 타격을 받기 쉬워요. 데이트를 일찍 시작하는 소녀들은 인기는 얻을 수는 있겠지만 대체로 성적이 떨어진다는 연구 결과가 있거든요. 자신이 여성이라는 생각을 지나치게 많이 하고 여성다운 매력을 중요시하는 사람일수록 나쁜 성적을 받는 경향이 있다는 연구 결과도 있답니다.

그러나 해결책은 있어요. 당장 지금도 여러분의 뇌는 엄청난 성장을 겪고 있어요. 이마 오른쪽에 있는 전전두엽 피질이라는 뇌 부분에서 속사포처럼 연결이 만들어지고 있죠. 수많은 기술이 전전두엽 피질과 연관되어 있어요. 계획 세우기, 조직하기, 결정 내리기, 복잡한 문제 풀기, 비판적으로 사고하기 등과 같은 기술들이죠. 이 모든 기술들은 학교생활을 잘할 수 있게 도와주고 궁극적으로는 미래에 얻을 직업에서 성취감을 느낄 수 있도록 도와줘요. 두뇌 발달은 여러분을 훨씬 더 강력한 사람이 되게 해 준답니다. 그런데 우리를 둘러싸고 있는 사회가 주는 메시지들은 너무나도 자주 여러분의 두뇌가 가진 잠재력을 꺾어 놓곤 해요.

소녀들로 하여금 성취하지 못하게 만드는, 주변에 널린 그 모든 말들 말이죠. 그런 말들은 모두 새빨간 거짓말입니다. 성장하고 더욱 강해지는 것이 여러분의 본능이랍니다. 그게 아니라고 말하는 거짓말에 속아서는 안 돼요! 또한 학교생활을 잘해 내면 자신과 자신의 능력에 대해 좋은 느낌을 얻게 돼요. 그런 느낌은 모두가 원하는 거죠.

'세상에서 가장 아름다운 여자'가 발명한 기술

와이파이가 어떻게 작동하는지 궁금해한 적이 있나요? 보안 접속을 통해 어떻게 이메일을 보낼 수 있는지 궁금했던 적은요? 이 궁금증을 간단히 해결해 줄게요.

라디오는 전통적인 무선 신호를 사용합니다. 이 신호는 전파를 가지고 있는데, 주로 메가헤르츠(MHz) 또는 기가헤르츠(GHz)에 특화되어 있죠. 예를 들어 FM 라디오에서 100.3 신호로 듣는 것은

30

그 신호가 100.3 메가헤르츠에서 나온다는 뜻이에요. 그 신호는 거기에 있죠. 채널을 돌리기 전에는 101.3으로 올라가거나 99.3으로 내려가지 않아요. 지금까지는 쉽죠?

그런데 전통적인 무선 매체에는 몇 가지 문제가 있어요. 첫째, 무선 신호에는 간섭이 일어날 수 있습니다. 이런 일은 특히 차 안에서 라디오를 들을 때 쉽게 겪어요. 어떤 범위를 벗어나면 지직거리는 소음과 함께 두 개의 방송이 동시에 들리기도 하죠. 일부러 라디오 신호에 간섭을 일으킬 수도 있는데 전쟁 중에 종종 활용되기도 해요. 둘째, 지속적인 신호는 가로채기가 쉬워서 비밀 대화를 하기에는 썩 훌륭한 기술이 못 된답니다.

그래서 대역 확산 기술이 나왔죠. 이 기술은 전달 신호의 주파수가 일정하지 않은 무선 통신 양식이에요. 신호에 변화를 주는 가장 흔한 방법은 주파수를 널뛰게 만드는 기술을 사용하는 것이죠. 이 기술을 쓰면 주파수가 초당 여러 차례 바뀌어서 이메일이나 무선 접속을 해킹하기 어려워요.

좋아요. 그럼 여기서 퀴즈 하나 낼게요. 누가 이 기술을 발명했을까요? 무선 전화기 발명을 누구한테 고마워하면 될까요?(힌트: 스티브 잡스는 아니에요. 애플이나 구글, 또는 그 비슷한 큰 회사들도 아니구요.)

바로 헤디 라마르입니다. 라마르는 1940년대에 활동한 전설적인 할리우드 배우예요. 그녀는 흔히 "세상에서 가장 아름다운 여자"로 불렸고 클라크 게이블, 주디 갈런드 같은 배우들과 연기했어요. 그렇지만 라마르가 출연한 영화를 잘 아는 사람들조차도 그녀가 과학자이자 발명가였다는 사실은 몰라요.

헤디 라마르의 본래 이름은 헤드비히 에바 마리아 키슬러로, 오스트리아 빈에서 태어나 자랐답니다. 첫 번째 남편은 백만장자인 프리츠 만들이었는데, 나치를 추종해서 아돌프 히틀러에게 무기를 팔던 사람이었어요. 4년의 결혼 기간 동안 만들은 라마르를 '트로피 아내'(아내를 동등한 배우자가 아니라 자신의 사회적 위상을 높여 주는 트로피처럼 여기는 생각을 일컫는 용어-옮긴이)로 여겼고, 사업상 만남이나 고위급 사교 모임에 데리고 다녔어요. 라마르는 그런 모임에서 선진 무기에 대해 듣고 관심을 두게 되어 많은 정보를 습득했죠. 그리고 첫 번째 남편과 헤어진 뒤 영국으로 건너가 영화 제작자인 루이스 메이어를 만나게 돼요. 그 뒤 둘은 미국으로 가서 새 이름을 얻고 라마르의 첫 번째 영화를 계약합니다. 얼마 지나지 않아 미국인 작곡가 조지 앤타일을 만난 라마르는 이전에 습득한 무기 관련 지식을 활용할 수 있게 돼요. 라마르는 앤타일과 함께 전시에 적군이 통신 내용을 가로채서 엿들을 수 없도록 라디오 주파수를 급변시키는 아이디어를 발전시켰어요. 이 '비밀 통신 시스템'은 라마르가 26세 때 특허를 받았죠.

결과적으로 이 발명은 2차 세계 대전 당시에는 사용되지 않았는데, 1940년대 기술로는 이 시스템을 작동하기에 역부족이었기 때문이에요. 그렇지만 20년 뒤인 1962년, 쿠바 미사일 위기 때 이들이 만든 '비밀 통신 시스템'이 도입되었죠.

헤디 라마르는 이것으로 돈을 벌지는 못했어요. 이 발명으로 사회적인 인정을 받게 되기까지도 50년이나 걸렸죠. 1997년, 라마르와 앤타일은 전자 프런티어 재단의 개척자상을 받습니다. 그해 말 라마르는 벌비 그나스 스피리트 공로상 동상을 받았는데, 이 상은 과학 발명 분야의 오스카 공로상과 같은 거예요. 라마르는 이 상을 받은 최초의 여성이었죠.

라마르처럼 매혹적인 스타 배우가 그런 중요한 기술을 발명할지 누가 알았겠어요? 여기에 라마르가 남긴 유명한 말이 있답니다.

"매혹적인 여자가 되기는 쉽습니다. 똑바로 서서 바보처럼 보이기만 하면 되거든요."

보물찾기 놀이를 해 볼까요? 과학반 친구들과 함께 할 수 있는 멋진 놀이이지만 혼자서도 할 수 있어요.

여러 명이 함께 한다면 정해 놓은 시간에 맞춰 모두 과학 교과서를 가지고 오라고 하세요. 이 게임은 한 시간 반쯤 걸린다고 생각하면 돼요. 각자에게 교과서 내용 중 한 단원씩 집중해야 할 곳을 지정해 주세요. 사람 수가 많으면 짝을 짓거나 몇 명씩 작은 팀을 만들어서 한 단원씩 배분해도 돼요. 이제 모두 그 단원을 읽고 거기에 언급된 여성 과학자 이름을 대 보라고 하세요. 그들의 이름을 적고 그 밑에 그들이 어떤 기여를 했는지도 간단히 적게 합니다.

전부 끝냈으면 찾아낸 모든 여성 과학자들의 수를 셉니다. 많은가요? 아니면 별로 많지 않은가요? 결과를 보고 놀랐나요?

시간이 있다면 인터넷으로 '여성 과학자'를 검색해 보세요. 검색 결과 페이지 맨 위에서 그 사람들의 이름과 사진을 볼 수 있을 거예요. 이 과학자들이 과학 교과서에도 실려 있나요? 처음 보는 과학자가 있다면 이름을 클릭해서 한 번 읽어 보도록 해요. 여러분은 그 과학자들이 과학 교과서에 포함돼야 한다고 생각하나요?

그 결과를 선생님과 공유해 보길 바라요. 여성 과학자들에 관한 더 많은 정보가 교과서에 반영될지 함께 기대해 보죠.

03

순응하면
안전할까?

옳지 않다고 느낀다면 저항하기

친구들에게 압력을 받아 본 적이 있나요? 있다면, 그게 얼마나 스트레스를 주는지 알 거예요. 어떤 모임에 갔는데 거기 친구들이 모두 술을 마시거나 담배를 피우고 여러분에게도 자꾸 같이 하자고 들이대는 경험을 한 적이 있을지도 모르겠어요. 아니면, 사귀는 남자 친구나 여자 친구가 여러분은 아직 준비가 안 되어 있을 때 섹스하자고 압력을 넣을 수도 있죠. 이런 상황에서는 내 목소리를 그대로 내기가 정말 두려울 수도 있어요. 왜냐하면 친구를 잃을 위험을 감수해야 하니까요. 어떤 소년들은 친구들의 압력에 굴해서 모두가 하고 있는 일을 같이 하는 게 '편하고 안전'하다고 생각해요.

그렇지만 과연 그럴까요?

그런 식으로 '안전하게' 노는 것은 진짜 안전하지 않아요. 여기 그 이유가 있어요.

몇 년 전 어느 지역에서 열린 〈버자이너 모놀로그(질의 독백)〉 연극을 보러 간 적이 있어요. 이 연극은 여성에 대한 폭력 문제의 사회적 인식을 높이고 폭력을 중단시키고자 하는 운동의 일환이었죠. 내가 가장 좋아하는 독백은 마지막의 **'십억 명의 봉기'**(일부러 좀 진하게 썼어요) 부분이에요. 이 부분을 연기한 여성은 행동의 중요성에 대해 감동적인 연설을 해요. 그녀는 이렇게 말하죠.

"주먹을 듭시다!"

아무도 듣지 않았어요. 그녀가 다시 똑같이 말했죠. 목소리는 더 컸고 벽을 타고 울려 퍼졌어요.

"주먹을 듭시다!"

나는 주먹을 들어 올렸어요. 그러자 그녀가 한껏 소리 질러 외쳤어요.

"주먹을 듭시다!"

나는 주변을 둘러봤어요. 주먹을 높이 치켜든 채로 말이죠. 몇 백 명의 관객들 중에서 손에 꼽을 정도의 사람만이 주먹을 들어 올렸어요. 왜지? 나는 궁금했죠.

아마 관객들은 혼란스러웠나봐요. "주먹을 듭시다!"를 일종의 은유로 말하는 건지, **정말** 관객들에게 주먹을 들라고 하는 건지 혼란스러웠을 수도 있죠. 극장에서 공연을 보는데 주먹을 치켜들어 보라는 말을 듣는 게 흔한 일은 아니니까요. 사실 공연장에서 지켜야 할 규범을 어기는 행동이라고 할 수도 있어요. 그렇지만 솔직히 위험 부담이 큰일은 아니에요. 허벅지 위에 얌전히 손을 얹고 앉아 있어야 한다는 규범을 깨뜨린다고 해서 누가 다치지는 않으니까요. 그리고 어쨌든 관객들이 실제로 어떻게 반응할지 확실히 모르더라도 벽이 흔들리도록 크게 소리를 질러서 남아 있는 어떤 혼란스러움을 정리할 수도 있죠.

그렇다면 왜 사람들은 확신을 가지고 주먹을 치켜들지 않았을까요?

조용히 있는 게 안전하니까요. 적어도 우리는 그렇게 생각하죠. 어두운 극장에 조용히 앉아서 공연을 보는 것은 쉬워요. 〈버자이너 모놀로그〉를 그냥 보는 것은 안전해요. 폭력에 저항해 목소리를 내는 것, 행동하는 것, 군중 속에서 외로운 목소리가 될 각오를 하는 것은 훨씬 어렵죠. 그래서 대개는 우리가 믿는 것을 위해 일어서기보다는 다수에게 받아들여지는 쪽을 택하게 돼요.

이런 상황을 생각해 볼까요? 여러분은 어떤 연구에 참여하고 있고, 일곱 명의 사람들과 한방에 앉아 있어요. 각자는 오른쪽 그림과 같은 카드를 받았어요. 그리고 실험선과 같은 길이의 선을 비교선 중에서 고르라는 말을 듣죠. 여러분은 이건 쉽다고 생각하죠. 명백하게 선 A가 길이가 같으니까요.

"B선요."라고 첫 번째 참가자가 확신에 찬 목소리로 말합니다.

뭐라구? 여러분은 의아해서 이렇게 생각할 거예요. 제대로 볼 줄모르는 게 분명하다고 말이죠.

"B선요."라고 두 번째 참가자가 똑같이 신념에 찬 목소리로 말합니다.

흠……. "B선요."라고 세 번째 참가자가 말해요. 그리고 네 번째,

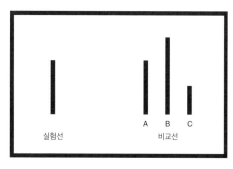

→   이 그림은 솔로몬 애시의 동조 실험 참여자들에
게 제시된 것과 비슷해요.

다섯 번째, 여섯 번째, 일곱 번째 참가자도 똑같이 말합니다.

자, 이제 여러분 차례가 되었어요. 뭐라고 답할까요? 다른 사람
들과 다른 답을 말하면 혼자 밉상처럼 튈까 봐 걱정되나요? 혹시
내가 잘못 본 건가 하고 의심이 들기 시작했나요? 어쩌면 내가 **뭘
제대로 못 보는지도 몰라**, 하고 생각할 수도 있어요.

그러고는 "B선요."라고 다른 사람처럼 답하고 있는 자신을 발견
하죠. 안전하게 가자고 결심한 거예요.

알아챈 사람도 있겠지만, 이 일곱 명의 참가자들은 진짜 참가자
들이 아니었어요. 사회 심리학자 솔로몬 애시의 지시를 받은 이들
이었죠. 애시는 실험 시작 전에 이들에게 틀린 답을 하라는 지시를
미리 주었어요. '진짜' 참가자들 중 75퍼센트는 여러 번에 걸쳐 이
뤄진 실험에서 적어도 한 번은 틀린 답을 그대로 따라 말했어요.
거의 3분의 1(32퍼센트)의 참가자들이 **매번** 틀린 답을 말하는 이들

을 따라 했어요. 이들은 자신을 상황에 맞춤으로써 다른 사람들에게 받아들여지기를 원했고, 그렇게 하기 위해서 틀린 답을 할 준비가 되어 있었던 거죠. 안전한 길을 택한 거였어요.

이에 대해 생각해 보면 동조는 굉장히 강력한 사회적 도구예요. 사회 규범이 만들어지고 유지되려면 법과 질서를 유지하는 사회적 규제 시스템 같은 것이 필요하죠. 동조는 발생할 수 있는 규범 위반 행위를 예방하는(그리고 처벌하는) 무기들 중 하나예요. 집단 내의 저항은 분열이나 위험 같은 것이고, 동조라는 경찰은 집단 내에서 우리를 안전하게 지키는 데 도움을 주니까요.

이제 왜 '안전한 길'이 안전하지 않은지로 돌아가 볼까요? 동조의 길은 억압적이고, 소외하고, 비인간적이게 만드는 사회 규범을 재강화해요. 성차별이나 비현실적인 미의 기준 또는 성폭력 같은 일에 침묵하거나 변화를 위해 행동하지 않을 때, 본질적으로 그런 현실에 나는 불만이 없다고 말하는 셈이 되죠. 억압적인 태도나 행동, 그리고 제도화한 관행을 멈추게 하고 싶다면 목소리를 내야 하고 행동을 해야 해요. 말 그대로 기존의 사회 규범을 어기고 그것에 도전하는 거죠. 동조는 자신감의 적이에요!

키티 제노비스 살인 사건

1964년 어느 날, 새벽 3시 15분쯤, 키티 제노비스라는 젊은 여성이 바 매니저 일을 마치고 집에 돌아가고 있었어요. 주차한 뒤 아파트 입구를 향해 걸어갈 때 한 남자가 다가왔어요. 그녀는 깜짝 놀라 달아났지만 그 남자에게 붙잡히고 말았죠. 남자는 뒤에서 제노비스를 칼로 두 차례 찔렀어요.

"세상에! 하느님! 칼에 찔렸어요. 누가 좀 도와주세요!" 하고 그녀는 소리쳤죠. 그 모습을 발견한 누군가가 소리쳤어요. "여자한테서 떨어져!" 그러자 그 남자는 달아났다가 다시 돌아왔어요. 그때 여자는 아파트 건물 뒤편 복도에 쓰러져 있었어요. 그 남자는 여자를 다시 여러 차례 찌르고 강간한 뒤 49달러를 훔쳐 달아났어요. 키티 제노비스는 그렇게 죽었죠.

이 모든 일이 시작되어 끝나는 데 걸린 시간은 겨우 30분이었어요. 그동안 어느 누구도 그 여자를 도우러 나오지 않았어요. 여러 사람들이 그 소리를 듣거나 공격당하는 모습을 목격했는데도 말이죠. 어떤 부분은 여전히 논란거리로 남아 있지만(당시 뉴욕타임스는 38명의 목격자 중 아무도 피해자를 돕지 않았다는 기사를 냈지만 2016년에 오보였다는 사과 기사를 냈다. 키티 제노비스의 남동생은 목격자가 6명 있었고 그중 2명이 신고를 했다고 밝혀냈다-옮긴이), 이 사건은 이후 사람들의 대화에 '냉담한 방관자'라는 말이 통용되게 만들었고 이런 일이 일어나게 된 원인에 대한 물음을 불러일으켰죠.

이 비극이 일어나고 몇 년 뒤, 컬럼비아 대학교 연구자 존 달리와 빕 라타네가 이 현상을 이해하기 위한 작업의 일환으로 일련의 연구를 진행했는데, 그중 두 개의 연구가 불의에 맞서는 일이 왜 이토록 어려운지 이해하는 데 도움을 줄 수 있어요.

종종 '연기 나는 방' 실험이라 불리는 이 연구에서 연구자들은 참가자들을 무작위로 셋 중 하나의 상황에 놓이게 만들어요. ①교실에 혼자 있기, ②교실에 두 명의 다른 사람들과 함께 있기, ③교실에 두 명의 '공모자들'과 함께 있기 상태에 각각 놓이는 거죠. 실험이 시작되고 몇 분이 지나면 교실 안으로 연기가 차기 시작해요. 달리와 라타네는 참가자들 중 얼마나 많은 이들이 신고하는지를 보고 싶었죠. ①상황에 있던 사람들의 75퍼센트가 신고를 했어요. ②상황에서는 38퍼센트가, 그리고 ③상황에서는 10퍼센트만이 신고했죠.

'발작' 연구로도 많이 알려진 두 번째 연구에서는 참가자들이 각각 다른 교실에 있는 한 사람과 구내전화를 통해 대화를 나누라는 말을 듣습니다. '연기 나는 방'에서처럼 참가자들은 무작위로 다음 세 가지 중 하나의 상황에 놓이게 돼요. ①상황에서 참가자들은 교실에 혼자 있어요. ②상황에서는 다른 한 사람과 함께 있구요. ③상황에서는 다섯 명의 다른 사람들과 같이 있죠. 다른 교실에 있는 사람과 대화를 나누는 도중 그 다른 교실에 있는 사람이 발작을 일으킵니다. 달리와 라타네는 얼마나 많은 사람들이 여기에 대응하는지를 보고 싶었죠. 결과는 ①상황에 있던 이들 중 85퍼센트가 다른 교실에 있는 그 사람을 도와주려고 자신이 있던 교실을 나왔다는 거예요. 그렇지만 방에 다른 사람들이 함께 있던 ②의 경우에는 도와주러 나간 확률이 62퍼센트로 떨어졌고, 더 많은 사람들이 함께 있던 ③의 경우엔 31퍼센트로 훨씬 더 낮았죠. '연기나는 방' 실험과는 다른 연구였지만, 기본적으로 같은 결과가 나온 거예요. 주변에 사람들이 많으면 많을수록 상황에 바로 대응하지 않는다는 의미였죠.

왜 이럴까요? **책임감의 분산** 때문이에요. 사람들은 다른 사람들이 주변에 같이 있을 때 행동을 덜 취하게 되는데, 자신 말고 다른 사람들이 행동할 거라고 생각하기 때문이에요. **나는 아무것도 안 했어요, 왜냐하면 다른 사람이 처리할 거라 생각했으니까요**, 라고 말하죠. 불행히도 모든 사람들이 다른 누군가가 행동을 취할 거라고 생각하면 결국 **아무도** 행동을 취하지 않게 돼요.

사회적 활동에 참여하는 방법은 많이 있어요. 다음의 활동 목록을 읽어 보세요. 이 목록에서 나도 편한 마음으로 할 수 있고 또 해 보고 싶은 사회적 활동 열 가지를 골라볼 수 있나요? 왜 그것들을 골랐나요? 그럼, 이제 나는 **하지 않을 거라고** 생각되는 열 가지 사회적 활동을 골라 보세요. 왜 그것들을 골랐나요? 그 이유를 한 번 써 보도록 해요. 그러고 나서 다음 목록에서 활동 하나를 택해서 해 보세요!

십 대들이 할 수 있는 사회적 활동

- 연설하기
- 청원서에 서명하기 또는 청원서 만들어 배포하기
- 신문, 잡지, 단체 등에 편지 써 보내기
- 다른 사람이 쓴 편지에 서명하기
- 신문, 라디오, 텔레비전, 인터넷 매체 등에 인터뷰하기
- 블로그 운영하기
- SNS(페이스북, 인스타그램, 트위터 등)에 사회적 사안에 관한 글 올리기
- 전단 배포 또는 전단 만들기
- 정치적 저항을 담은 예술 작품 만들기
- 피켓 들기
- 깃발이나 배너(퀴어 프라이드 배너 같은 것) 걸기

- 상징물을 입거나 옷 등에 달기
- 촛불시위 참여하기
- 정치 풍자 연극·뮤지컬 등을 공연하기
- 사회 운동 노래 부르기
- 거리 시위 참여하기
- 집단 저항 참여하기
- 현장 토론에 참여하기
- 파업에 참여하기
- 침묵시위에 참여하기
- 불매 운동과 불참 운동에 참여하기
- 불복종 운동에 참여하기
- 학생 동맹 파업에 참여하기
- 연좌 농성에 참여하기
- 정치적 단식에 참여하기
- 단식 투쟁에 참여하기
- 비폭력적 점거에 참여하기
- 트위터 해시태그 달기 시작하기
- 정치 조직에 가입하기
- 또래 교육에 참여하기
- 학생회에서 말하기
- 국회 의원에게 편지 보내기
- 국회 의원을 만나 관심 사안에 대해 이야기하기
- 설문 조사를 실시해 결과 공유하기
- 기금 모으기
- 학교에서 학생 지도자 역할 맡기
- 공동체에서 지도자 역할 맡기

04

여자니까
하지 말라고?

스스로 생각해서 행동하기

우리 엄마는 모든 것을 아꼈어요. 책도 아꼈죠. 1940년대와 50년대에 나온 옛날 어린이책을 내게 주셨는데, 그중에는 낸시 드루 전집도 있었어요. 우리 할머니와 증조할머니도 책을 많이 가지고 계셨는데 그중 몇 권은 내가 가져왔죠. 내가 제일 좋아하는 책 중 하나가 『소녀들이 하지 말아야 할 것들: 실수 안내서』(*Don'ts for Girls: A Manual of Mistakes*)였어요. 1902년에 미나 토머스 앤트림이라는 여성이 쓴 책이에요. 모두 "하지 마세요"로 시작하는 이야기로 구성된 얇은 책이었어요.

그중 몇 개의 "하지 마세요"는 내게 영감을 주었는데, 1900년대 초반에 쓰인 것치고는 꽤나 앞선 것들이었죠.

다른 사람들이 여러분을 대신해서 생각하도록 두지 마세요.

다른 사람들이 여러분을 믿기를 바란다면 스스로에 대한 믿음을 잃지 마세요.

진짜가 되세요. 다른 사람을 대충 베낀 어떤 것이 되지는 마세요.

어떤 "하지 마세요"는 꽤 웃긴데 다음과 같았어요.

여러분 자신을 '독신녀'라고 부르고 싶을 수도 있어요, 아주 좋아요! 자존감 있는 독신녀가 되는 데 실패하지 마세요.

남자들이 쳐다본다고 내가 예뻐서 그렇구나 하고 확신하지 마세요. 어떤 남자들은 상대가 누구건 치마만 두르고 있으면 쳐다보니까요.

그러나 "하지 마세요"의 많은 내용은 명백히 성차별적이에요.

너무 적극적인 사람은 되지 마세요. 너무 적극적인 소녀는 전혀 인기가 없어요.
오빠나 남동생의 의견을 비웃거나 반대하지 마세요. 남자들은 뭐가 비뚤어지면 화를 잘 내니까요.
신은 여자를 위해 치마를 만들었어요. 남자처럼 입지 마세요. 여자가 남자처럼 입는 건 여자 같은 남자만큼이나 어리석은 일이에요.

이 책에 관심을 둔 것은 "하지 마세요"라는 문구 때문이었어요. 소년들보다 소녀들이 바로 이 "하지 마세요"라는 말을 수도 없이 듣죠. 특히 위험을 무릅쓴다거나 새로운 일을 시도하거나 여성스럽지 않은 행동을 할 때면 어김없이 듣게 돼요. 옷 더럽히지 마라, 다치지 마라, 혼자 집에 걸어가지 마라, 늦게 들어오지 마라……
게다가 "하지 마세요"는 교활해요. 때로는 말로 할 필요도 없어요. 예를 들어 어떤 소녀가 흰색 드레스를 입는다면 거기에는 이미

'더럽히지 말라'는 무언의 메시지가 들어 있는 거죠. 굽 높은 구두나 드레스용 구두를 신는다면 거기에는 이미 '달리지 말라'는 무언의 메시지가 들어 있구요. 누가 그런 구두를 신고 달릴 수 있겠어요? 그리고 수업 시간에는 자신이 답을 알고 있다고 여기더라도 자신을 확신하지 못하고 '손 들지 말라'는 생각을 하게끔 배우죠. 대놓고 표현되지 않아도 이런 메시지들을 통해 성별에 따른 기대를 은연중에 강화하는 방식은 믿을 수 없을 만큼 효과적이고, 그래서 몹시 위험해요. 왜 그런지 한번 이야기해 보도록 하죠.

연구자 이든 킹과 크리스틴 존스는 **메타 분석**이라 불리는 연구 방식으로 편견과 차별이라는 주제를 깊이 파고들었어요. 해당 주제에 초점을 맞춘 모든 연구를 취합해서 그 결과를 분석하는 방식이었죠. 이들은 은근한 차별과 명백한 차별을 구분하는 90개의 연구를 찾아냈고, 이 두 형태의 차별과 다양한 결과 사이의 관계를 살펴보았는데, 여기에는 스트레스, 생산성, 만족감, 신체 건강과 정신 건강 관련 증상들이 포함되어 있었어요.

당연히 이들은 **어떤** 형태의 차별이든 그에 따른 결과는 부정적이라는 사실을 발견했죠. 그렇지만 **정말** 흥미로운 건 따로 있었어요. 킹 박사와 존스 박사의 메타 분석에 따르면 은근한 차별은 명백한 차별만큼이나, 때로는 심지어 명백한 차별보다도 **더 나쁜 것**이었어요. 기본적으로 소녀에게 밖에 나가서 놀며 옷을 더럽히면 안 된다고 말하는 것도 해롭지만, 예쁘장한 옷과 신발을 입혀 놓고서 그대로 단정하고 깨끗하게 있기를 바란다는 암묵적인 메시지를 보내는 게 더 해롭다는 뜻이죠. 또 다른 예를 들어 볼게요. 교사가 "여성은 과학 분야에서 직업을 구하면 안 된다."고 말하는 것은 분명 적절한 처사가 아니죠. 그건 명백히 차별적인 (그리고 완전히 틀린) 발언이고, 그런 말을 듣는 학생에게 부정적인 영향을 줄 거예요. 그렇지만 이런 상상을 한번 해 보자구요. 그 학생이 해당 교사의 교실에 있는데 교사가 한 번도 그 학생의 이름을 불러 주지도 않고 관심을 주지 않는다고 말이에요. 또는 이름을 부르긴 했지만 교사가 남학생들에게 주는 긍정적인 반응을 여학생은 얻지 못한다면요? 이처럼 보이지 않는 메시지들이 가장 해로운 결과를 초래하는 경향이 있답니다.

이 "하지 마세요" 목록이 은근한 것이든 명백한 것이든 간에 영향력은 그다지 크지 않아요. 그렇지만 모든 "하지 마세요"는 "하세요"로 뒤바꿀 수 있죠. 이 말이 무슨 뜻인지 말해 줄게요. 자, 『소녀들이 하지 말아야 할 것들: 실수 안내서』로 다시 돌아가 볼까요.

여기 "하지 마세요" 중 하나가 있습니다.

다른 사람이 여러분을 대신해서 생각하도록 두지 마세요.

이 말은 "하세요"로 뒤바뀔 수 있습니다.

스스로 생각하세요.

처음 말보다 바뀐 말이 얼마나 더 기운을 북돋는지 보세요. 두 가지 이유 때문에 그래요. 첫째, **틀짜기 효과**라는 것이 있는데 이것은 정보가 제공되는 방식 자체가 사람들이 그것에 어떻게 반응할지에 큰 영향을 끼칠 수 있다는 말이에요. 둘째, "하지 마세요"라고 말하는 것은 "하세요"라고 말하는 것보다 부정적인 반응을 불러일으킬 수 있는데, 사람들은 긍정적인 것보다는 부정적인 것을 훨씬 더 잘 기억하게 돼요. 이런 걸 '**부정 편향**'이라고 해요. 이 두 효과를 합친 영향력이 "**하지 마세요**"를 강력하고 전능한 말로 만드는 거죠.

일련의 단순한 행동들이 완전히 다른 결과를 만들 수 있어요. 우리는 부정적인 말을 긍정적인 것으로 새롭게 만들 수 있어요. 우리는 또한 정확하지 않은 부정적인 말에 도전할 수 있고 그것을 긍정적이고 정확한 말로 재구성할 수 있어요. 우리가 『소녀들이 하지 말아야 할 것들: 실수 안내서』를 다시 쓴다면 이런 내용이 될 수 있을 거예요.

자신을 위해 생각하세요.

자신을 믿으세요.

진짜 내가 되세요.

독신자가 되고 싶다면 자존감을 지닌 독신자가 되세요.

자신의 아름다움에 확신을 품으세요.

긍정적이고 적극적이 되어 보세요.

다른 사람의 의견에 적극적으로 이견을 내 보세요.

자신에 대해서 좋은 느낌을 얻게 해 주는 방식으로 옷을 입으세요.

이 메시지들을 1902년에 살던 여자아이들이 받았다면 어땠을지 한번 상상해 봐요!

페미니스트 역사

아담, 이브, 그리고 릴리트 이야기

야훼 하느님께서 아담을 데려다가 에덴에 있는 이 동산을 돌보게 하시며 이렇게 이르셨다. "이 동산에 있는 나무 열매는 무엇이든지 마음대로 따 먹어라. 그러나 선과 악을 알게 하는 나무 열매만은 따 먹지 마라. 그것을 따 먹는 날, 너는 반드시 죽는다."(창세기 2장 15~17절)

대부분의 사람들은 에덴동산의 아담과 이브 이야기를 들어 본 적이 있죠. ("선과 악을 판단하게 하는 지식 나무에서 나는 것을 먹지 말라."

는 아마 "하지 마세요" 관련 이야기 중에서 가장 잘 알려진 이야기일 거예요.) 신이 아담의 갈비뼈로 이브를 만들었기 때문에 이브는 아담과 동등하지 않았어요. 말 그대로라면 신은 이브를 아담의 부속물로 만들고자 했던 거죠. 신은 아담에게 분명히 해 두었어요. 에덴동산에는 온갖 과일이 있지만 어떤 경우에도 선과 악을 판단하게 하는 지식 나무에서 나는 것을 먹어서는 안 된다고 말이죠.

바로 이 상황에서 뱀이 이야기에 등장합니다. 이브는 선과 악을 판단하게 하는 지식 나무에서 나는 것은 먹어서는 안 되며 만약 먹으면 죽으리라는 걸 알고 있었지만 뱀은 그녀의 귀에 대고 이렇게 말하죠. "먹어도 죽지 않아요. 그걸 먹으면 당신이 눈을 뜨게 된다는 것을, 그리하여 신과 같이 선과 악을 알게 된다는 것을 신은 알고 있어요." 이브는 지혜로워진다는 말에 현혹되어 신의 명령을 어기고 그 과일을 먹었고 아담에게도 주었어요. 그리고는 여러분도 알고 있듯 모든 것을 망쳐 놓게 되죠. 그때부터 모든 여자들은 출산의 고통을 겪고 남편들이 여자들을 다스리게 되었어요. 기본적으로 가부장적 규칙은 모두 이브의 잘못에서 비롯한 것이에요. 왜냐하면 신이 내린 "하지 말라"는 그 명령 하나를 지키지 못한 탓에 빚어진 일이니까요.

수 세기 동안 자신의 종교가 있든 없든 학자들은 아담과 이브의 이 이야기를 재해석하고자 도전해 왔어요. 페미니스트들이 관여할 부분은 당연히 엄청나게 많아요. 특히 '유혹자로서의 여성'이라는 관념이 그렇죠. 이 주제는 학생들의 옷차림부터 (여학생들은 가느다란 어깨끈이 달린 옷을 입으면 안 되죠. 남학생들의 정신에 '방해'가 될 수 있기 때문이라네요.) 강간 사건에 이르기까지("여자의 행동거지를 보면 강간 당하고 싶어 했던 것이 틀림없어!"라고들 하죠.) 우리 문화 곳곳에 등장해요. 이 점을 생각하며 이 복잡한 사례들의 기원을 좇다 보면 창세기의 아담과 이브 이야기에 다다르게 됩니다.

여기 재미있는 사실이 있답니다. 이브가 아담의 **두 번째** 아내였다고 믿는 사람들이 있다는 걸 알고 있나요? 유대인의 옛날이야기에 따르면 맨 처음 창조된 여자의 이름은 릴리트(갓 태어난 아기들을 죽이는 유대 전설 속의 여자 악마로, 『탈무드』에 따르면 릴리트가 아담의 첫 번째 아내였다가 쫓겨났다고 한다-옮긴이)였어요. 이브와 달리 릴리트는 아담의 갈비뼈로 만들어지지 않았죠. 릴리트와 아담 둘 다 땅에서 만들어졌어요. 그렇기 때문에 릴리트는 자신을 아담과 동등하게 여겼지만, 아담의 생각은 자신과 같지 않다는 것을 이내 알아챘어요. 릴리트와 성교를 하고 싶을 때 아담은 릴리트가 자신의 밑에 누울 것이라 여겼지만 릴리트는 거부했어요. 어떤 이야기에 따르면 아담이 릴리트에게 "나는 당신 밑에 절대 눕지 않을 것이오. 반드시 위에만 있을 것이오. 당신은 내 밑에 눕는 체위에만 들어맞으니 내가 우월한 쪽이오."라고 말했다고 해요. 릴리트가 계속 거부하자 신은 릴리트를 에덴동산에서 내쫓고 악마의 모습으로 만들어 버렸어요. 여러 갈래의 릴리트 이야기는 릴리트의 악마성을 서로 다르게 묘사하죠. 어떤 이야기에서는 다른 악마와 사랑에 빠져 땅 위에 아기 악마들을 낳았다고 하고, 어떤 이야기에서는 아기를 납치해 먹는다고 하고, 또 어떤 이야기에서는 소녀들을 타락하게 만든다고도 하거든요.

어쨌든, 그러고 나서 아담은 두 번째 아내인 이브를 얻은 거예요. 확실히 복종하게 만들기 위해 이브는 아담의 갈비뼈로 만들었어요. 기본적으로 이브는 신의 두 번째 시도였던 거죠. (그리고 그 작품이 어떻게 되었는지는 여러분도 알 수 있겠죠.)

릴리트 이야기는 기독교 신앙 체계 안으로 전달되지 않았어요. 그렇지만 유대 전통에서는 매우 잘 알려져 있죠. 많은 유대인 페미니스트들은 릴리트를 독립과 강인함, 그리고 동등함의 상징으로 바라본답니다.

성차별주의적 메시지는 항상 명백하게 드러나지는 않아요. 사실상 그런 메시지는 은근히, 그리고 교활하게 전달되죠. 가장 강력한 성차별주의적 메시지는 옷 입기와 같은 것을 통해 전달된답니다. 다음 활동을 위해 여러분은 다음과 같은 물건들이 필요해요.

복사기, 스캐너 또는 프린터를 쓸 수 있는 공간(그럴 공간이 없어도 괜찮아요!), 볼펜, 두 가지 색의 형광펜

조금 더 파고들어 가 보죠. 다음과 같은 표를 하나 만드세요. 복사기나 스캐너, 프린터기를 사용할 수 없다면 손으로 직접 그려도 돼요. 이 표를 가지고 옷가게의 아동복 코너로 가세요. 여자아이 옷 코너부터 시작해 보죠. 바지, 반바지, 치마, 윗옷, 스웨터, 운동복, 재킷, 코트, 양말, 신발을 살펴보세요. '여자아이 옷'이라고 쓰인 칸 아래쪽에 옷의 종류를 적어 넣으세요. 그 옆의 '제품의 질'이라고 적힌 칸에 메모할 수 있는 공간이 있죠. 다음과 같은 점들을 고려해서 그에 대한 답을 거기에 메모해 보세요.

여자아이 옷	제품의 권 (메모)	신체 놀이	상상 놀이	아동의 놀이 (맑은 날)	아동의 놀이 (비 또는 어느날)	예술 활동	근육 활동

남자아이 옷	제품의 권 (메모)	신체 놀이	상상 놀이	아동의 놀이 (맑은 날)	아동의 놀이 (비 또는 어느날)	예술 활동	근육 활동

가장 흔한 색과 모양은 무엇인가요?

이것이 더러워지면 쉽게 보이게 되어 있나요, 아닌가요?

사용된 직물과 재료는 얼마나 튼튼한가요?

사용된 직물과 재료는 얼마나 쉽게 세탁할 수 있나요?

비나 눈 또는 다른 험한 날씨를 얼마나 잘 견딜 수 있어 보이나요?

이제 이것을 반복해서 해 볼게요. 이번에는 '남자아이 옷' 코너에 가서 똑같이 해 보죠.

여자아이나 남자아이 모두 적절히 입어도 되는 옷들인가요? 그렇다면 그것에 별표(*)를 해 둡시다.

이제 자기가 작성한 표를 가지고 검토해 보도록 해요. 각각의 옷은 신체 놀이, 상상 놀이, 맑은 날 야외 놀이, 비 또는 눈 오는 궂은 날 야외 놀이, 예술 활동, 근력 활동에 얼마나 적절한가요? 각각에 '적절하다' 또는 '아니다'로 표시해 보세요. 이 활동의 결과물에서 여러분은 무엇을 발견했나요?

05

남자용,
여자용이
어디 있어?

경계 없이 무엇이든 해 보기

어렸을 때 나는 소꿉놀이 오븐이 너무나도 갖고 싶었어요. 그렇지만 한 번도 가져 보지 못했어요. "그걸 뭐 하려고?" 어머니가 말씀하셨죠. "집에 진짜 오븐이 있잖아."

어머니는 전혀 이해하지 못했어요. 그걸로 꼬마 케이크를 구울 수 있다는 것을요! 정말 멋지지 않겠어요? 게다가 그건 분.홍.색.이었단 말이에요. 집에 있던 진짜 오븐은 분홍색이 아니었고요.

소꿉놀이 오븐은 적어도 소녀들에게는 역사에 길이 남을 만큼 상징적인 장난감이에요. 성별화한 장난감의 전형으로, 소녀들을 대상으로 만들어진 것이었죠. 아마도 역사 속에 등장한 장난감 가운데 소녀들이 그만큼 탐내고 동시에 페미니스트들에게 많은 비방을 받은 장난감은 없을 거예요. 소꿉놀이 오븐 같은 장난감은 소녀들이 집안일을 하는 삶을 준비하게끔 만들어진 것이었어요. 한편, 건설 장비 세트나 레고 같은 남아용 장난감은 직장에서 돈을 받고 일하는 삶을 준비하게끔 해 주며 건축, 문제 해결, 신체 활동 같은 것들을 강조하죠.

알게 모르게 우리는 모든 것에 '여아용' 또는 '남아용'이라는 표식을 붙이는 경향이 있답니다. 한 예를 보죠. 여자가 임신하면 모든 이들이 가장 궁금해하는 건 아기가 여아인지 남아인지에 관한 거예요. 어떤 사람들은 아기의 성을 확인하고서는 '성별 알리기' 파티까지 할 정도예요. 아기가 여아인지 남아인지가 왜 이렇게 중요한 사안일까요? 일단 아기의 성별을 알면 무슨 이름을 지어 줄지,

어떤 옷을 사 줄지, 아기 방은 어떻게 꾸밀지 따위를 생각할 수 있기 때문이에요. 이런 일들에 대해 결정을 내릴 때 일종의 성 도식, 그러니까 성별에 따른 일련의 조직화한 믿음에 의존해요. 여자아이면 한국의 경우 수지라든가 지혜 같은 이름을 붙여 주고, 분홍색이나 회색 코끼리 모양의 물건들로 아기 침대를 장식하죠. 남자아이면 민혁이나 지훈 같은 이름을 붙여 주고, 빨간색이나 파란색 자동차 이미지를 중심으로 아기 침대를 꾸며 주고요. 시작부터 아이들은 여자로 사는 것 또는 남자로 사는 것과 관련된 문화에 노출돼요. 그리고 이것은 시간이 흐르면서 아기에게 점점 내면화하죠.

성 도식을 만들어 내는 과정은 장난감에만 한정되지 않아요. 우리 문화에서는 사실상 **모든 것**에 성별을 배정하죠. 옷, 머리 모양, 색깔, 직업, 집안일, 영화('소녀풍'이라는 말을 들어 본 적 있죠?), 감정(영화 〈인사이드 아웃〉의 '슬픔이'와 '버럭이' 기억하세요?) 등등 목록은 끝없이 이어질 수 있어요. 심리학자 샌드라 벰은 1970년대에 **성 도식 이론**을 개발해 연구하면서 성 도식이 해롭다는 것을 발견했죠. **성 도식**은 사실상 성별 고정관념을 강화해요. 그리고 소녀들과 소년들로 하여금 성별 고정관념에 따른 행동에 순응하도록 만들죠.

그렇지만 벰 박사의 이론이 모든 것을 설명해 주지는 않아요. 예를 들면 우리 문화에서 성별의 경계를 넘을 때 소녀들이 소년들보다 훨씬 자유로워요. 여자아이는 레고를 쌓거나 장난감 자동차를 가지고 놀 수 있죠. 그런다고 해서 혼이 나지는 않아요. 반대로 남

자아이들이 여자들 것으로 여겨지는 장난감을 가지고 놀면 결과가 다르게 나타나요. 일종의 응징이 뒤따르죠. 그러면 그 후로는 그런 장난감을 가지고 놀지 않을 거예요. 실제로 어떤 장난감이 여성스러운 것으로 여겨지면 그걸 가지고 놀지 않으려고 할 뿐만 아니라 그 장난감에 대한 생각이 "웩!" 하는 반응으로까지 이어질 수도 있어요. 그 장난감이 여자아이들을 위한 것이어서 세균 덩어리라도 되는 것처럼 군다는 거죠. 이런 식으로 소년들은, 소녀 같은 것이나 여성스러워 보이는 것들에 대한 혐오감을 발달시키죠. 그런데 벰의 성 도식 이론은 이 점에 대해서는 설명해 주지 않아요.

이후 샌드라 벰은 『젠더 렌즈』(*The Lenses of Gender*)라는 제목의 책을 썼는데, 그 책은 성 도식 이론을 그다음 단계로 발전시켰죠. 우리는 거의 모든 것에 '남아용', '여아용'이라 표식을 붙이죠. 그것이 첫 단계예요. 그렇지만 우리가 무의식적으로 갖고 있는 가설이 있어서 이 과정을 작동시키죠. 아이들은 남성 중심적으로 배워요. 이것은 남성성 또는 남자다움을 가치 있는 것으로 여기고, 여성성 또는 여자다움을 폄하하는 것과 관련되어 있죠. 아이들은 성별 양극화를 배워요. 그러니까 소년과 소녀가 극과 극에 있다고 여기게 되는 거죠. 남성 중심주의와 성별 양극화가 합쳐지면 소년들의 행동은 소녀들이 하기에 '적절하지 않은 것'이 되는 반면에 소녀들의 행동은 소년들이 '절대 해서는 안 되는 것'이 되어 버려요. 마지막으로, 아이들은 보는 것이 생물학적으로 결정된다고 보는 생물학적 결정론을 믿게 돼요. 생물학적 결정론은 여자와 남자의 차이가 자연 발생적이고 생물학적으로 구조화해 있다고 보는 관점이에요. 뱀 박사에 따르면 이 가정들은 성 도식을 강화할 뿐만 아니라 성차별주의와 성별 억압을 부추기는 강력한 방식이죠.

그러니까 이에 대한 논리적인 반응은 이 가정들에 도전하고 아이들에게 성별 고정관념에 얽매이지 않는 장난감을 주는 것이라고 할 수 있겠어요. 그렇죠? 수많은 연구에 따르면 여성적 장난감이든 남성적 장난감이든 상관없이 다양한 종류의 장난감을 가지고 논 아이들은 고정된 성별에 따른 장난감을 가지고 논 아이들보다 훨씬 적응력이 뛰어나고 다재다능하다고 해요. 그리고 더욱 광범위하고 다양한 기술을 습득하는 경향이 있다고 해요. 흔히 놀이터에서 나타나는 행동을 보면 소년들은 소녀들에 견주어 달리고, 뛰고, 오르고, 공놀이를 하는 경향이 더 뚜렷해요. 이런 행동들은 총체적 운동 기능을 발달시키죠. 넓은 부위의 근육 운동과 힘, 조율 활동과 관련되기 때문이에요. 반면에 소녀들은 줄넘기, 돌차기, 분필 놀이, 실뜨기, 쎄쎄쎄 등에 더 끌리는 경향이 있죠. 이런 활동 중 많은 것들이 정교한 근력 기술을 발달시키게 도와줘요. 손가락, 손목, 손, 입술 등을 사용하는 작은 움직임과 관련이 있기 때문이죠. 이 기술들은 모두 다 중요해요. 그러니 아이들이 다양한 놀이를 할 수 있게 해 줄 필요가 있죠. 여자와 남자 모두 이를 통해 다양한 기술과 관심사를 발달시킬 수 있답니다.

장난감 제조 기업들은 이 도전과 맞닥뜨리게 되었어요. 특히 소녀들이 과학·기술·공학·수학(S.T.E.M)을 탐구할 수 있도록 도와주는 장난감을 만들 때 그렇죠. 예를 들어 골디블락스 같은 회사는 소녀들을 대상으로 한 쌓기 놀이 세트를 만들었어요. 또 다른 회사인 리틀비츠는 아이들이 자기장으로 연결된 회로판을 가지고 간단한 전기 장치를 만들어 볼 수 있게 해 주죠. 기존의 대형 기업들까지 이 일에 합류하고 있어요. 예를 들어 레고 회사는 소녀들을 대상으로 '레고 친구들'이라는 이름의 특화한 장난감을 내놓았는데 매우 인기가 높죠.

이런 건 좋은 일인 거죠, 그죠? 그런데 아직은 아닌 것 같아요. 이 장난감들이 모두 파스텔 톤의 색깔과 공주처럼 보이는 여성스러운 인물들을 내세웠기 때문에 성별 고정관념을 은근히 강화할 수 있거든요. 더욱이 이 장난감들 모두 이미 모양이 정해진 것들이에요. 예를 들어 레고 친구들 세트는 쌓기만 하면 완성되게끔 되어 있어요. 너무 촘촘하게 설계되어 나왔기 때문에 자유롭게 다양한 놀이를 할 수 없어요. 그러다 보니 의도하지는 않았어도 고정관념을 낳을 수 있죠.

1981년의 광고 하나를 볼까요. 1981년에는 레고가 미리 다 만들어져 나온 세트가 아니었어요. 그리고 성별화해 있지 않았어요. 문제 해결, 사회적 상호작용, 창의적 표현력을 키울 수 있도록 도와 주었죠. 때로는 가장 단순한 것이 가장 좋은 셈이랍니다.

→ 1981년에 나온 이 광고는 '레고 친구들'로 나온 것들에 도전장을 내밀며 2014년에 다시 등장했어요. 레고 친구들은 온통 분홍색으로 도배되어 특별히 소녀들을 대상으로 광고되었죠. 반면에 1981년 광고는 레고를 '누구나 짓는 놀이 세트'로 표현하고 있어요. 이 광고 속 소녀는 이제 성인이 되었어요. 이름은 레이첼 지오다노이고 의사예요.

페미니스트 역사

망치질하는 로지와 준 클리버

성 도식은 하늘에서 뚝 떨어진 것이 아니에요. 우리가 젠더를 대하는 관념은 오랜 시간 동안 많은 것들의 영향을 받아 만들어졌죠. 대중 매체는 성별화한 사회화를 부추기는 가장 강력한 매개체예요. 이를 보여 주는 사례는 역사 속에 차고 넘쳐서 찾기 쉬워요.

2차 세계 대전에서 시작해 볼까요. 당시 전쟁은 여러모로 오늘날의 전쟁과는 달랐어요. 한 나라가 전쟁을 하게 되면 전국이 전쟁터가 되었죠. 모든 사람들이 전쟁에 직접적으로 영향을 받았고 어떤 식으로든 전쟁에 참여해야 했어요. 남자들이 전장에서 싸우려고 해외로 나갔기 때문에 국내에서 일할 노동자들이 모자라는 사태가 벌어졌죠. 그래서 미국 정부는 전업주부들을 대상으로 대중매체를 동원해 캠페인을 벌이며 이에 개입했어요. 전업주부들에게 애국하기 위해서 가정 밖의 일터에 참여해야 한다고 독려했죠. 어떤 광고는 "그리워한다고 그가 당장 돌아오지는 않는다……. 전쟁에 필요한 직업을 찾으라!"고 말했고 또 다른 광고에는 "그가 남기고 간 일을 하라!"는 말이 적혀 있었어요. 1942년에 발표된 〈망치질하는 로지〉(Rosie the Riveter)라는 노래는 한 여성 조립 노동자가 여성들에게 집밖의 일터로 나오라고 부추기는 내용을 담고 있어요. 이것이 오늘날 페미니스트의 상징이 된 '망치질하는 로지' 이미지가 되었죠. 이때 대중 매체가 내보낸 모든 메시지는 여성으로 존재한다는 것의 의미와 관련해 매우 다른 문화적 각본이 만들어지는 데 기여했어요.

이 대중 매체 캠페인은 인종과 계급을 뛰어넘은 사회 운동에 영감을 주었답니다. 많은 백인 여성들과 아프리카계 미국인들이 나란히 함께 일했기 때문에 전쟁과 관련한 이런 노력이 민권 운동을 위한 토대를 만들어 주었던 거죠.

유감스럽게도, 전쟁이 끝나자 남자들이 집으로 돌아왔고, 여자들은 그동안 수고했으니 이제 각자의 가정으로 돌아가라는 말을 듣게 되었어요. 여성들을 확실히 집으로 **돌아가게** 만들기 위해서

(왜냐하면 많은 여성들이 집 밖 일터에서 충족감을 찾았고 그 일을 관두고 집으로 돌아가고 싶어 하지 않았기 때문에) 대중 매체가 다시 한 번 동원되었어요. 1940년대 말부터 시작해 1950년대까지 쭉 '행복한 가정주부' 이미지의 전형이 대중 매체에 넘쳐흐르게 되죠. 원피스를 입고, 굽 높은 신발을 신고, 진주를 차고, 고풍스러운 머리 모양을 한 여성들을 그린 광고들이 대거 등장했습니다. 이 광고 속 여성들은 활짝 미소 지으며 청소를 하고, 음식을 만들고, 먼지를 떨고 있었죠. 텔레비전 프로그램들은 모두 관습적인 '가족 가치'와 함께 관습적인 성별 역할로 이뤄진 백인 중산층 핵가족을 그렸는데, 아내는 남편에게 모든 결정을 맡기고 자식들은 부모에게 교훈을 배우는 모습을 담고 있었어요. 이 프로그램들은 재미는 있었지만 동시에 '정상' 가족의 생활이 어떠해야 하는지를 규정해서 보여 주는 것이기도 했어요.

놀랄 것도 없이, 1950년대의 이런 관습적인 성 도식은 당대의 인기 장난감들에까지 영향을 끼쳤고 이로써 아이들 사이에도 성별 고정관념을 강화했죠. 몇 개 예를 들자면 남자아이들은 비비총, 집 짓기 세트, 레고, 덤프트럭 따위를 가지고 놀았고 여자아이들은 바비, 미미 드레스룸 같은 인형을 가지고 놀았어요. 그리고 또 뭐가 있죠? 그래요. 소꿉놀이 오븐도 있었어요.

자동차 바퀴를 교체해 봐요! 운전면허가 없거나 또는 운전하기엔 너무 어린 나이라도 바퀴 교체하는 기술을 아는 것은 좋은 일이잖아요. 아무것도 못한 채 그저 누가 와서 구조해 주기만을 기다리며 도로가에 발이 묶여 있는 것보다 말이죠. 일단 바퀴를 한 번 교체해 보면 여러분은 이제 세상을 바꿀 수도 있다는 느낌을 얻게 될 거예요!

준비물(이것들이 뭔지 모르면 정보를 찾아보세요.)

여분의 바퀴(스페어타이어), 차량용 바퀴 거중기(타이어 잭), 십자 렌치, 바퀴 받침대, 벽돌 또는 중간 크기의 돌

하는 방법

• 평평한 지면에 차가 주차해 있는지, 시동은 꺼졌으며 주차 브레이크는 걸려 있는지 확인하세요.

• 차가 제자리에 있도록 바퀴 받침대 또는 돌을 바퀴 밑에 받쳐 주세요.

• 바퀴 덮개가 있는 차라면 그걸 조이고 있는 너트를 풀어 주세요. 렌치를 사용할 때는, 왼쪽이 푸는 방향이고 오른쪽이 조이는 방향이라는 점을 명심하세요. 너트가 너무 빡빡하게 조여져 있다면 십자 렌치 위로 뛰어오르세요. 어느 정도 길이가 되는 원형관 파이프가 있다면 십자 렌치에

이어 붙여서 지렛대로 써 보세요. 윤활제를 써서 너트를 풀 수도 있어요. 다 써 봐도 안 되면 너트 위로 콜라를 부어 보세요. 너트를 아예 빼내지 말고 그냥 풀어 두기만 하세요.

- 차량용 거중기(잭)를 사용해서 차를 공중으로 조금 들어 올리세요. 모든 차량용 거중기는 작동하는 방법이 달라요. 그러니 필요하다면 해당 거중기의 사용 설명서를 참고하세요. 대개 차체에는 단단한 금속판이 있는데, 뒷바퀴 앞쪽과 앞바퀴 뒤쪽에 있죠. 일단 찾았으면 이 금속판 아래에 거중기를 대고 펌프질을 시작하세요. 차가 공중으로 뜰 거예요. 거중기가 금속판에 잘 연결되어 있는지 확인하세요. 차가 18~24센티미터 정도 뜨면 펌프질을 멈추세요.

- 너트를 빼내서 안전한 곳에 두세요. 바퀴를 잘 잡고 당겨서 빼내세요.

- 스페어타이어 구멍을 볼트에 잘 맞춘 다음에 완전히 멈출 때까지 밀어 넣어요. 너트를 다시 끼우고 조이세요. 단, 아직 꽉 조이지는 마세요.

- 거중기를 사용해 차를 조심스럽게 땅바닥으로 내리고 바퀴 네 개가 모두 땅에 닿으면 거중기를 멈추세요.

- 너트를 마저 조이세요. 시계 방향으로 조이지 말고, 첫 번째 너트를 조이고 나서 대각선 맞은편에 있는 너트를 조이는 방식으로 조이세요.

축하합니다! 해냈어요! 슈퍼걸이 된 듯한 기분이 들지 않나요? 이제 친구에게도 가서 가르쳐 주세요.

06

왜
쉬쉬해야
하지?

우리에겐 진짜 성교육이 필요해!

가정생활. 고등학교 2학년 때 내가 가장 두려워하던 수업이었어요. 여자 체육 교사인 샌더슨 선생님이 새 학년 첫날에 이 수업을 하셨더랬죠. 그런 선생님은 왜 어디에나 한 분씩 있기 마련이잖아요. 어디에나. 선생님은 온갖 옳은 말을 해 주셨죠. 예를 들면 이런 것들 말이에요.

"여러분이 날 필요로 할 때 언제든 곁에 있을 거예요."
"물어보고 싶은 건 무엇이든 물어보세요."
"나는 우리가 서로에게 가능한 한 마음을 열고 솔직하기를 바라요."

그렇지만 샌더슨 선생님의 몸짓이나 목소리는 이렇게 말하고 있었죠. 자, 이 시간을 그냥 얼른 해치우자, 알았지? 우리는 아무도 질문하지 않았어요. 아무도 이야기를 털어놓지 않았어요. 아무도 수업 후에 면담하러 가지도 않았어요. 우리가 왜 그랬겠어요? 말은 그렇게 했지만 선생님은 그런 주제에 대해서 열린 태도가 아니었고 질문을 환영한다는 느낌도 주지 않았거든요.

그 주제란 바로 성교육이었어요. 솔직히 말해 그때 배운 건 전혀 도움이 되지 않았어요. 그 수업을 암호명으로 부른다는 자체가 이미 자동적으로 진짜-이야기는-여기서-하면-안 됨이라는 메시지를 아주 분명하게 주는 셈이죠. 그래서 우리는 현실적인 것에 대해서는 어떤 말도 하지 않았어요. 심지어 '성'이라는 말 자체에도 열린 마음이 되지 않았죠. 우리는 여성 생식기와 남성 생식기 그림을 가지고 쪽지 시험을 봤어요. 각각의 해부학적 부분을 식별하고 이름을 써야 했죠. 우리는 다양한 피임법의 유효율을 암기해야 했지만 정작 사용하는 방법은 아무것도 배우지 않았어요. 남성 생식기와 여성 생식기에서 자라는 징그러운 것들을 이미지로 봤지만 그런 걸 방지하려면 어떻게 해야 되는지도 전혀 배우지 못했고요. 이건 1987년에 있었던 일인데, 에이즈 위기가 한창이던 시기였어요. 그때 내가 받은 전체적인 메시지는 그냥 무조건 하지 마, 그게 제일 나아, 내 말 믿어, 였죠.

그렇지만 언제부터 십 대들이 가정생활 수업에서 (거기 있고 싶어 하지도 않는) 체육 선생님이 한 말을 믿은 거죠? 선생님의 말 속에 숨겨진 뜻이 진짜-이야기는-여기서-하면-안 됨이었다고 하더라도, 학생들의 마음은 어쨌든-우리는-할-거지만-선생님이-시킨 대로-말은-안 할 거임이었어요.

요즘 학생들에게 성교육 시간에 뭘 배웠냐고 물어보면 다양한 응답을 듣게 돼요. 어떤 학생들은 한 번도 성교육을 받은 적이 없어요. 학교에서 제공하지 않았거나 부모들이 못 듣게 한 경우죠. 또 어떤 학생들은 믿기 힘들 만큼 종합적인 교육을 받아서, 많은 정보로 무장해 있어요. 그렇지만 내 학생들 중 대다수는 나와 똑같은 경험을 했어요. 내가 겪었던 30년 전의 경험 말예요.

많은 부모들과 교사들은 아이들에게 성에 대해서 이야기해 주면 아이들이 당장 밖으로 뛰쳐나가서 성행위를 할까 봐 두려워하지만 그렇지 않아요. 사실은 아이들이 성에 대해 정확하고, 종합적이고, 적절한 정보를 얻으면 성에 대해 훨씬 나은 결정을 내릴 수 있어요. 그리고 성교육을 한 번도 받아 본 적이 없는 학생들과 비교해 보면 (또는 질 낮은 성교육을 받은 학생들과 비교해 보면) 교육을 잘 받은 학생들은 첫 성행위를 훨씬 나중에 한다는 사실을 알 수 있어요. 십 대 임신율과 성병 감염률도 훨씬 낮아지구요.

페미니스트들은 정확하고, 종합적이며, 적절한 성교육을 해야 한다고 수십 년 동안 주장해 왔어요. 페미니스트들은 페미니즘적 성 긍정 개념을 개척한 이들이기도 하죠. 페미니스트들과 성 긍정 교육자들은 소녀들에게 "넌 임신하게 될 거고 끝장날 거야."라고 말하는 대신 성은 좋은 거고, 건강한 거고, 자연스러운 거라는 믿음을 전달해요. 그리고 성적 활동에 대한 긍정적 결정을 내리기 위해 가능한 한 많은 정보를 받아 볼 수 있어야 한다고 생각하죠.

게일 러빈은 성을 긍정적으로 보자는 운동을 펼친 최초의 페미니스트들 중 한 명이에요. 1975년에 러빈은 (문화 인류학과 정신 분석학에 기반한) 「여성 교환: 성의 '정치경제학'에 관한 소고」(The Traffic in Women: Notes on the 'Political Economy' of Sex)라는 획기적인 글을 썼어요. 젠더와 섹슈얼리티에 관한 담론을 새롭게 구성할 수 있게 해 준 중요한 글이죠. 1984년에는 지금은 고전의 반열에 오른 「성에 대해 사유하기」(*Thinking Sex*)라는 제목의 글을 썼는데, 이 글은 성 긍정주의 페미니스트들에게 중요한 논의의 토대를 마련해 주었답니다. 러빈의 작업 덕분에 오늘날 우리는 작가인 수지 브라이트부터 유튜버 성교육자 라시 그린에 이르기까지 다양한 범주의 성 긍정주의 페미니스트 활동가들을 얻게 되었죠.

모든 교사들이(샌더슨 선생님을 포함해서 말이죠) 성 긍정주의 관점을 발전시키면 어떨까요? 수치심을 느끼지 않고, 부끄러워하지도 않고, 더럽다는 느낌도 갖지 않고 성에 대해 말하는 법을 배운다면 어떨까요? 우리 모두가 정말 묻고 싶은 질문을 던질 수 있고 그에 대한 정확하고 온전하고 미안해할 필요 없는 답을 얻을 수 있다면 어떨까요? 그것이 가능한 세상을 상상해 봐요.

페미니스트 역사

마거릿 생어

1872년으로 돌아가 보죠. 그해에 앤서니 컴스톡이라는 남자가 '외설 문학과 비도덕적 행위에 대한 글의 거래 및 유통 규제'라는 법안의 초안을 만들었어요. 컴스톡은 그중에서 특히 피임약이 음란하고 외설적이며 문란한 행동을 부추긴다고 믿었죠. 그런 믿음을 바탕으로 만들어진 이 법안은 미국 내에서 다음과 같은 물건을 우편으로 보내는 것을 불법화했어요. 예를 들면, 성애물, 섹스 토이, 성적인 내용이나 정보가 담긴 편지, 피임약, 그리고 낙태를 유도하는 물질 등이었죠. '컴스톡법'은 1873년 3월 3일에 통과되었어요. 미국 내 절반 정도의 주에서 피임약을 포함한 '외설' 물품의 광고와 소지, 판매를 금하는 좀 더 엄격한 반외설법을 통과시켰죠. 1960년대에도 30개 주에는 여전히 서적에 관한 이런 종류의 법이 존재했어요.

1916년까지 누구도 이를 문제 삼지 않았죠. 마거릿 생어가 미국에서 최초의 산아 제한 기관을 열기 전까지는 말이죠. 생어는 여성들이 자신의 몸에 대한 선택을 할 수 있어야 하고, 아이를 가질 것인지 말 것인지 결정할 수 있어야 한다고 믿었어요. 생어는 또 여성들에게 낙태에 관해 교육하고 싶어 했고 음지에서 자행되는 낙태를 예방하고 싶었어요. 생어의 관점에서는 이 모든 것이 여성의 평등을 얻기 위한 움직임에 있어 매우 중요했죠. 얼마 지나지 않아 생어는 피임 정보를 배포한 죄로 체포됩니다. 그리고 생어가 체포되어 재판을 받은 여파로 근대 재생산권 운동이 일어나게 되죠. 1921년에 생어는 전미 산아 제한 연맹을 창립했는데, 이 연맹은 1942년에 미국 가족계획 연맹으로 이름이 바뀌었어요. 미국 가족계획 연맹은 미국 전역에서 병원을 운영하고 여성들에게 광범위한 재생산적 건강 관리 서비스와 정보를 제공했어요.

마거릿 생어는 여성 운동 지도자들 중 한 명이기는 하지만 논쟁적 인물이기도 해요. 아프리카계 미국인에 대한 차별에 반대하고 동성애를 받아들여야 한다는 공식적인 견해를 표명했죠. 또한 피임에 대해 공적으로 발언하는 것이 불법이었기 때문에 여러 번 체포되었고 따라서 검열에도 강력히 반대했어요. 그렇지만 생어는 성적 '방종'에도 반대했어요. 자위도 무척 싫어했는데 안전하지 않다는 이유였죠. 그리고 아프리카계 미국인 공동체의 많은 사람들은 생어가 인종차별주의적이라고 여겼어요. 생어는 할렘가에서 산아 제한 기관을 열었고 이후에는 니그로 프로젝트에도 참여했는데, 바로 가난한 아프리카계 미국인 공동체에 대한 산아 제한 프로젝트였습니다. 이를 두고 어떤 사람들은 현장 활동의 한 형태라고 봤지만 또 어떤 사람들은 생어가 한 일이 흑인 인구수를 줄이려는 의도라고 의심해 그를 비판하기도 했어요. 또한 생어는 우생학적 실천을 지지하기도 했죠. 우생학적 실천이란 '적절하지 않은' 사람들이 아이 낳는 것을 방지하고자 하는 일련의 실천을 일컫는 말이에요. 여기에는 이주민들, 가난한 사람들, 그리고 '중증 지적 장애인'들이 포함되었어요. 이 모든 것이 유색인 빈민 공동체들이 재생산권 운동에 참여하기를 꺼리게 만들고 페미니스트들 사이에서도 갈등의 원인이 되었죠.

1965년에 미국에서 산아 제한을 합법화했어요. 그리고 일 년 뒤 마거릿 생어는 86세의 나이로 사망했답니다.

성교육 수업안을 기획해 볼 거예요! 그러나 그전에 생각해 볼 점이 몇 가지 있어요.

성교육을 받아 본 적이 있나요? 그 교육이 '성교육'이라고 불렸나요, 아니면 다른 이름으로 불렸나요? 다른 이름으로 불렸다면, 왜 그랬을 거라고 생각하나요?

그 수업에서 무엇을 배웠나요? 다음의 질문들에 1에서 10까지의 점수를 매겨 보세요. (1이 가장 낮고 10이 가장 높아요.)

- 수업 분위기는 얼마나 개방적이고 솔직했나요?
- 수업에서 제공된 정보가 얼마나 쓸모가 있었나요?
- 어떤 성적 가치를 배우게 되었나요? 공개적으로 소통했나요, 아니면 은근하게 메시지가 주어졌나요?

이제, 다음과 같은 질문들에 대해 생각해 보죠.

- 그때 배우지 않았던 것 중에 알고 싶거나 배우고 싶은 것이 있나요? 여전히 풀리지 않는 의문이 있다면 무엇인가요?
- 성교육 수업 외에 어디에서 성에 관한 정보를 얻나요?

• 십 대들이 배워야 할 중요한 성적 가치는 무엇이라고 생각하나요?

좋아요. 이제 질문들에 답을 했으니 입이 쩍 벌어지게 멋진 성교육 수업을 만들어 보죠! 꼭 포함해야 할 중요한 주제라고 생각하는 것들을 구상해 보세요. 그런 다음 그중 하나의 주제를 선택하세요. 이게 바로 여러분의 성교육 시간에 중심 주제가 될 거예요.

이 주제와 관련해 가능한 한 많은 정보를 모으세요. 여러분이 신뢰할 수 있는 정보의 출처를 찾아보세요. 십 대들을 위한 인터넷 정보도 많이 있어요. 영어 사이트로는 스칼렛틴(Scarletteen, www.scarletteen.com), 성 그리고 기타 등등(Sex, Etc., www.sexetc.org), 라시 그린의 유튜브 채널 등이 있고 한국어 사이트로는 서울시립청소년성문화센터(www.ahacenter.kr), 한국성교육센터(www.ksec.or.kr) 등에서 찾아볼 수 있어요.

이 수업안을 만들어 봤다면 이제 여러분이 전문가예요. 여러분 생각에는 이 주제를 가르치는 가장 좋은 방법이 무엇이라고 생각하나요? 학생들에게 촌극을 해 보라고 할 수도 있고 역할극이나 예술 활동, 놀이 등을 해 보게 할 수도 있겠죠. 방법은 무궁무진해요. 창의력을 발휘해 보세요!

07

남들과
다르면
뭐 어때?

자신 있게 별종 되기

어느 날 학교를 끝마친 내 딸이 친구인 마리의 집으로 친구들과 함께 놀러갔어요. 내가 딸을 데리러 갔을 때 마리의 언니인 시드니가 막 집에 도착한 참이었어요. 시드니와 잠깐 이야기를 나누며 "왜 수업 끝나고까지 학교에 있었니?"라고 물었죠.

"마인크래프트(정해진 목표 없이 정육면체 블록과 도구를 이용해서 건축 활동을 하며 싱글 플레이와 멀티 플레이 등의 활동을 즐길 수 있는 온라인 게임-옮긴이) 클럽에 있었어요. 전 마인크래프트가 정말 좋아요."라며 시드니가 말했죠. 그러고는 머리를 추켜세우고 웃으면서 "난 이렇게나 별종이에요."라고 말하더군요.

나도 말하자면 그런 부류라고 할 수 있어요. 내가 시드니 나이일 때는 다른 식의 별종이긴 했지만 그래도 별종이었던 건 맞아요. 시종일관 책에 머리를 박고 있었어요. 수학은 내가 제일 좋아하는 과목이었는데, 기하학 증명과 다항식 인수 분해가 재미있다고 생각했죠. (정말요.) 시드니는 게임 별종이었어요. 나는 책과 수학 별종이었고요.

그러나 시드니와 나 사이에는 큰 차이점이 있어요. 나는 **절대** 그런 나 자신을 별종이라고 부르지 않았을 거예요. **절대요.** 그럴 조짐이 조금이라도 있었다면, 별종이라고 불리지 않기 위해 할 수 있는 일은 다 했을 거예요. 별종이란 추방된 자, 거부된 자, 하층 중에서도 하층이었으니까요. 그런데 시드니는 부끄러워하거나 수치스러워하는 기색이 전혀 보이지 않았죠. 시드니가 자신을 별종이라고 할 때, 시드니의 목소리는 자신감에 차 있고 자세 또한 씩씩했어요. 사실 시드니는 허세 가득한 자신의 방식으로 마인크래프트의 세계를 과감하게 통과할 준비를 마친 채, 번뜩이는 검처럼 그 말을 휘둘렀죠. '별종'은 영광의 징표였어요.

내 방식은 '별종'이라는 역병 같은 말을 피하는 거였죠. 시드니의 방식은 변명하지 않고 그 말을 자기 것으로 만드는 거였어요. 본래는 남들이 상처를 주기 위해 썼던 말을 당사자들이 되찾아와 다르게 사용하는 것을 재전유라고 해요. 이런 일은 역사적으로 탄압받았던 집단에서 많이 볼 수 있죠. 예를 들어 '퀴어'라는 말은 역사적으로 게이 남성을 나쁘게 말하기 위해서 쓰였어요. 그러나 나중에는 성소수자(레즈비언, 게이 남성, 양성애자, 트랜스젠더 등) 공동체가 이 말을 오히려 긍정적인 방식으로 자신들을 일컫는 말로 사용하기 시작했어요. 어떤 페미니스트들은 '소녀'라는 말을 여성들을 작게 만드는 개념으로 쓰기보다는 힘을 주는 개념으로 사용해요. ("소녀의 힘!"을 예로 들 수 있겠죠.) 재전유는 탄압받는 공동체가 말을 소유할 수 있게 함으로써 그 말들이 더 이상 상처 주는 데 쓰일 수 없게 만들죠.

시드니처럼 많은 소녀들과 여성들이 남성들이 독차지하다시피 했던 게임, 수학, 과학, 컴퓨터, 만화, 과학 소설과 같은 영역에서 '별종' 이력을 아우르고 있어요. 여성들은 종종 '별종 문화' 안으로 뚫고 들어가는 데 어려움을 겪기도 하고 남성들의 저항을 경험하기도 해요. '가짜 별종 소녀들'이 한 예죠. 이들은 멋져 보이려고 말만 번지르르하게 하거나 남자 친구를 만들려고 애쓰거나 남자 친구 뒤를 꼬리표처럼 졸졸 따라다니는 애들로 여겨져요. 그리고 '별종 자질'도 없다고 여겨지죠. 적어도 '남자-별종-문화' 기준에 따른다면 말이에요.

그래서 여러 여성들이 소녀들이 별종 활동을 할 수 있도록 안전하고 힘을 북돋워 주는 공간을 만들었어요. 그중 두 가지 사례를 말해 볼게요.

킴벌리 브라이언트는 '블랙 걸스 코드'로 불리는 단체의 설립자예요. 이 단체는 소외 계층 소녀들이 컴퓨터 프로그래밍 기술을 습득하여 발전시킬 수 있도록 워크숍, 해커톤(해킹과 마라톤의 합성어로, 팀을 이뤄 마라톤을 하듯 긴 시간 동안 컴퓨터 프로그래밍을 하는 행사-옮긴이), 방과 후 프로그램 등을 제공하죠. 전기 기술자인 브라이언트는 자신의 영역에 아프리카계 미국인 롤 모델이나 동료가 없어서 생기는 문화적 고립과 자기 회의를 이해했어요. 그리고 고용 현황은 브라이언트의 이런 경험에 의미를 더해 주었죠. 대다수의 하이테크 기업들은 다양성 측면에서 부끄러운 수치를 가지고 있었거든요. 구글, 페이스북, 애플 같은 주요 기업들에 대한 한 조사에서 기술 분야 직업과 고위직에 백인계 미국인과 아시아계 미국인의 수가 압도적으로 많다는 것이 드러났어요. 반면에 아프리카계 미국인, 라틴계 미국인, 아메리카 원주민, 혼혈 미국인 등 백인계와 아시아계에 속하지 않는 여성들은 고위직에서 겨우 7퍼센트, 기술 직종에서는 8.5퍼센트를 차지할 뿐이었어요. 브라이언트의 프로그램은 아프리카계 미국인 소녀들에게 컴퓨터 프로그램 코딩 방법을 알려주었는데, 프로그램의 장기적인 목표는 기술 산업의 얼굴을 바꾸는 거였죠. 기술에 안정적으로 접근할 수 있는 이들과 그러지 못하는 이들 사이의 간극인 디지털 간극에 다리를 놓으면서 말이에요.

또 다른 예도 있어요. 랄라 카스트로와 타냐 살시도는 라틴계 여성들이 기술 정보를 접할 수 있게 하는 '#라티나 별종들'이라는 웹사이트의 공동 설립자예요. 두 명 모두 기술 산업과 영업, 소셜 미디어에 오랫동안 몸담아 왔던 이들로, 어느 날 문득 별종 세계에 라틴계 여성들이 없다는 사실을 깨달았죠. 예를 들면 행사와 회의 등에서 기술에 관심을 보인 이들 중 여성은 극소수였는데, 그중에도 라틴계 여성은 **아무도** 없었죠. 디지털 간극을 인식하면서 랄라와 타냐는 함께 '#라티나 별종들'을 만든 거예요. 여성 게이머, 기술자, 수학 별종 들을 목록화해서 라틴계 사람들이 잘 드러나게 해주고 더 많은 라틴계 여성들을 별종의 세계로 데려오는 것을 목표로 하고 있죠.

문화적 재전유 덕분에―'별종'이라는 말을 긍정적으로 가져와 쓰게 된 것처럼―별종 소녀들은 자긍심을 가질 수 있어요. 그리고 별종을 위한 공동체 공간과 롤 모델의 수가 많아질수록 별종 소녀들은 더 이상 숨죽이며 지낼 필요가 없게 되죠.

『위민스 코믹스』

1930년대에서 1950년대 초기는 만화책의 황금기였어요. 그 시기에 소개된 만화 캐릭터들인 슈퍼맨, 배트맨, 원더우먼, 캡틴 아메리카, 캣 우먼 등은 여러분도 들어 봤을 거예요. 만화책의 세계는 캐릭터 자체뿐만 아니라 만화가와 만화 판매자들에 이르기까지 남자들의 독무대였죠. 그뿐만 아니라 고전 만화도 여성에 대한 편견에 찬 묘사와 여성 영웅의 성적 대상화 등으로 악명이 높았어요.

그러다가 1954년에 만화 규율 위원회가 새로운 시대를 열었죠. 1950년대의 할리우드 제작 규약을 모델로 삼아 만화 규율 위원회는 성, 폭력, 마약 또는 사회적으로 진보적인 내용이라면 그 어떤 것이든 묘사를 금지했어요. 그 뒤로 모든 만화책의 내용은 만화 규율 위원회의 검토와 승인을 받아야만 했죠. 그래야 주요 판매 업체들에 배포할 수 있었어요.

누군가는 퇴행적이라고 볼 이 보수적인 정책은 지하 조직인 '코믹스(comix) 운동'(판매 금지 만화로 판정받은 만화 또는 심의 제도를 거부하는 만화라는 상징적인 의미로 comics에서 'cs' 대신 'x'를 붙였다-옮긴이)을 불러왔는데 이 운동은 1960년대 말에 탄력을 얻기 시작했죠. '고난에 빠진 처녀를 구하는 영웅' 이야기라는 케케묵은 전형 대신 이 만화들은 성, 마약, 폭력에 대한 노골적인 묘사를 담았어요.

이 만화들은 잡화점과 지하 유통망을 통해 판매되었고, 주요 작가들은 반문화 진영 내에서 인기를 얻었지만, 만화 규율 위원회에서는 요주의 인물로 감시를 받았죠.

급진적이고 진보적인가요? 그런데 페미니즘 관점에서 보면 꼭 그렇지도 않아요. 오히려 나체의 여성이 강간당하고, 고문당하고, 멸시당하고, 살해당하는 이미지들이 그 만화들을 가득 채웠으니까요. 대부분의 경우, 남자들이 만화가였고 여자들은 이들이 만든 작업의 대상물이었죠. 용기를 내어 이에 대해 목소리를 낸 소수의 여성들은 무시당했어요. "넌 너무 예민하다."거나 "넌 유머 감각이하나도 없다."는 판에 박은 듯한 대답만 들었죠.

몇 안 되는 여성 만화가들 중 한 사람인 트리나 로빈스는 그런 상황을 더는 참을 수가 없었어요. 로빈스는 페미니스트 간행물인 『난 아니야, 자기야』를 발견하고 성차별주의적 현실에 눈떴죠. 그때부터 로빈스는 성차별주의를 그냥 **보아 넘길 수가 없었어요**. 특히 만화책의 세계에서는 말이죠. 로빈스는 신문에 만화를 그려 싣기 시작했어요. 1970년에는 로빈스와 공동 작업을 하는 바버라 '윌리' 멘데스가 만화책을 발행했는데, 이 책은 여성들이 만든 최초의 페미니스트 만화였어요. 오늘날의 팬 픽션처럼 만화는 올리브 오일(만화 〈뽀빠이〉에서 뽀빠이의 여자 친구―옮긴이)부터 원더우먼에 이르기까지 익숙한 캐릭터들을 등장시켰는데, 그동안 주어졌던 판에 박은 역할을 깨고 **가부장제**(이 말은 남성 권력과 지배 체제를 뜻해요.)

에 맞서 싸우는 모습으로 그렸죠. 2년 뒤 로빈스는 일곱 명의 여성과 함께 『위민스 코믹스』 첫 호를 발행했고, 여기에는 "샌디가 커밍아웃했어요."라는 제목의 커밍아웃한 레즈비언에 관한 이야기가 실렸어요.

『위민스 코믹스』는 대다수 남자 중심의 만화 출판사들과는 매우 다른 방식으로 움직였어요. 권력이 최상위에만 있는 위계적인 구조 대신에 공유 권력 모델을 기반으로 움직였죠. 조직은 연합체로 경영되었고, 편집자들이 돌아가며 일을 맡고 또 협업했어요. 만화 작업이나 일러스트 경험이 없는 작가들도 참여를 독려받았어요. 그림이 아마추어처럼 보이는 것은 문제가 아니었죠. 목표는 만화

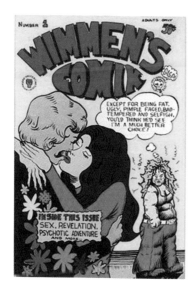

→ 『위민스 코믹스』 첫 호의 표지예요. 공개적인 레즈비언 연인이 만화 세계에서 묘사되는 첫 순간이었죠. (출처: 『위민스 코믹스』 1호, 1972, 표지 디자인-패트리셔 무디안)

세계에서 여성들에게 목소리를 주는 것이었어요. 그리고 그렇게 만들었죠. 낙태, 여성의 섹슈얼리티, 레즈비언, 페미니즘 정치 같은 주제를 다루면서 만화 세계에서도 여성의 목소리가 들리게 되었답니다.

『위민스 코믹스』는 17호를 낸 뒤 1992년에 절판되었지만, 만화계 내의 페미니즘 정신은 꾸준히 이어지고 있어요. 만화에서 여성이 성적 대상화되어 묘사되는 일이 완전히 없어지지는 않았지만, 이제는 그에 대항하는 메시지들 역시 굉장히 많죠. 앨리슨 벡델의 〈조심해야 할 다이크들〉 같은 연재 만화부터 1990년대 『데모 소오오오오녀』 같은 정치적 잡지나 벡델의 인기 그래픽 노블 『재밌는 집』에 이르기까지, 만화는 페미니스트의 권력 쟁취 투쟁 무기고에 있는 강력한 무기가 되어 왔어요.

다른 사람이 여러분을 부르는 호칭 중에서 정말 최악인 것은 무엇인 가요? 왜 그런가요? 몇 분 동안 생각해 보고 그 이름 또는 호칭으로 불릴 때 어떤 느낌이 들었는지 적어 보세요.

그런 이름으로 불려서 불편하거나 상처가 된 적이 있나요? 그때 어떻게 했나요?

이제, 문화적 재전유 놀이를 해 보죠. 최대한 사랑스럽고 자신감에 찬 목소리로 그 이름을 부르면 어떤 느낌이 드나요? 그 이름에 대해 긍정적인 점을 찾을 수 있나요? 예를 들어 누가 여러분을 '이상한 애'라고 부를 때, '이상하다'는 것에 대해서 자긍심이 생기고 기분이 좋아질 수 있는 점은 없을까요?

08

왜 항상
'남자 영웅'이
여자를 구하지?

온정적 성차별주의

"나의 영웅!"

이 대사는 많은 동화와 만화, 그리고 사랑 이야기의 마지막을 장식해요. 그렇죠? 액션 영화는 '곤경에 빠진 소녀 구하기'의 줄거리로 만들어지죠. 많은 고전 동화는 왕자님이 소녀를 구하는 내용이에요. 신데렐라, 백설공주, 라푼첼 등이 그렇죠. 심지어 〈스타워즈〉에서도 레이아 공주가 그 유명한 대사를 해요. "도와줘요, 오비완 케노비! 당신이 내 유일한 희망이에요!" 영웅은 고난에 처한 처녀를 구하고, 그 후로 둘은 '영원히 행복하게' 살죠.

물론 주인공들이 석양 속으로 사라지면서 이야기가 끝나기 때문에 '그 후로 영원히 행복하게' 부분의 자세한 내용은 우리 상상에 맡겨져요. 그러나 언제 동화가 현실이 된 적이 있나요?

많은 사람들은 기사도가 여성을 존중하는 방식이라고 생각해요. 여성을 위해 문을 열어 주고, 데이트 때 밥값을 내고, 자리를 양보하는 것들 말이에요. 남성들은 종종 이런 행동을 예의범절로 배우기도 해요. 그렇지만 이른바 상대를 존중하는 이런 식의 행동은 **온정적 성차별주의**라고 알려진 것들이에요. 남자가 여자에게 기사도적인 행동을 하면 으쓱한 기분이 들 거예요. ('자상하다'는 말 자체도 그래요). **정말 멋진 남자다!** 여자들은 종종 그렇게 생각하죠. 그러나 그런 행동 뒤에는 여자는 연약하고 깨지기 쉬워서 남자의 보호와 보살핌을 필요로 한다는 전제가 깔려 있어요. (이 부분이 '성차별주의'인 거죠.) 남자는 영웅이고 여자는 그 남자에게 의존해요. 여러분에게는 이런 게 평등한 것으로 보이나요?

이것의 완벽한 사례가 내게 일어났어요. 어느 날 아침 수업에서 비디오 장비가 잘 작동하지 않았어요. 이것저것 시도해 본 뒤 이제 어떻게 해 볼까 생각하면서 잠깐 멈춰 있는데, 남학생 두 명이 나를 "구조해 주기 위해 다가왔어요." 이내 장비가 작동하도록 해 준 것은 고마웠지만 한편으로 뭔가 잘못되었다는 느낌이 계속 남아 있었죠. 그 일은 두 학생이 예의가 바르고 남을 잘 도와준다는 것으로 이해될 수도 있었지만, 빛나는 갑옷을 입은 기사들이 무력한 공주를 구하러 온 것으로 이해될 수도 있었어요. '나의 영웅!' 현상이었죠.

드디어 비디오가 작동하도록 도와줬는데 왜 그 기사들이 구하러 온 것에 기분이 상해야 할까요? 온정적 성차별주의와 공존하는 구체적인 성별 불평등에 대해 이야기해 보죠.

- '나의 영웅!' 태도가 더 흔한 나라들에서 남자는 여자보다 더 오래 살고 더 많은 교육을 받고 문해력도 높으며 더 많은 권력을 가져요.
- '나의 영웅!' 태도에 가치를 두는 사람들은 레즈비언, 게이, 양성애 관계에 대해 덜 긍정적이에요.
- '나의 영웅!' 태도에 가치를 두는 사람들은 남자의 여성성

에 부정적으로 반응해요.

- '나의 영웅!' 태도에 가치를 두는 사람들은 **이성애 중심주의**를 장려할 가능성이 더 많아요. 이성애 중심주의란 모든 사람들이 이성애자이고 이성애가 '정상'적인 것이며 여자는 남자에 속해 있다고 전제하는 생각이죠.
- '나의 영웅!' 태도에 가치를 두는 사람들은 트랜스젠더를 혐오할 가능성이 더 많아요.

요약하자면, 온정적 성차별주의는 위험해요. 왜냐하면 성별 불평등으로 이어지기 때문이고 동성애 혐오증, 이성애 중심주의, 트랜스젠더 혐오증과 연관되어 있기 때문이죠. 그러나 온정적 성차별주의가 위험한 가장 큰 이유는 많은 여성들이 그것을 성차별주의라고 보지 않는다는 점 때문이에요. 사실 그들은 온정적 성차별주의를 무척 좋아할 수도 있어요. 그리고 일단 그 잘나가는 맛을 보게 되면, 동성애 혐오증과 트랜스젠더 혐오증과 같은 다른 종류의 성별 탄압 형태도 받아들일 만하다고 여길 수도 있구요.

남자가 여자를 위해 절대 문을 잡아 주지 말아야 한다는 뜻이 아니에요. 남자 바로 뒤에 여자가 있다면, 문을 잡아 주는 게 친절한 일이잖아요. 그렇죠? 그리고 뒤에 오는 사람이 남자라고 해도 그 남자를 위해 역시 문을 잡아 줘야 해요. 요점은 온정적 성차별주의를 인식하고, 여성들이 자신이 나사라서 도움이 필요하거나 보호가 필요하지는 않다는 점을 이해하는 것이랍니다. 그렇지만 성별과 무관하게, 정말 도움이 필요할 때 도움이 주어진다면 받아들이고 다른 사람들에게 도움이 필요할 경우 기꺼이 도우면 됩니다. 그것이 훨씬 더 힘을 얻는 길이겠죠.

페미니스트 역사

파뮬란 이야기

소년은 소녀를 만난다.

소년은 소녀에게 홀딱 반한다.

소년은 소녀를 구한다……. 그리고 영원히 행복하게 산다.

동화나 현대 소설, 영화 속에서 '남자가 여자를 구한다'는 가장 흔하게 등장하는 서사예요. 그러나 모든 영웅이 다 남자도 아니고 모든 여자가 구조를 받을 필요가 있는 것도 아니죠. 파뮬란 이야기를 볼까요. 이 이야기는 중국을 지키기 위해 전사가 된 중국 소녀에 관한 거예요. 6세기에 처음 번역된 시인 「뮬란의 노래」부터 디즈니 만화 영화 〈뮬란〉에 이르기까지 파뮬란의 이야기는 수세기 동안 이야기되고 또 이야기되어 왔죠.

영화 〈뮬란〉의 내용은 본래의 뮬란 이야기와는 여러모로 상당

히 다르기 때문에 어떤 사람들은 디즈니가 채택한 이야기가 정확하지 않다고 지적하기도 해요. 그런 비판은 정당하지만, 많은 고대 전설은 기록이 안 되어 있다는 사실을 이해하는 것도 중요해요. 그것은 **구전**을 통해 공유되고 한 세대에서 다음 세대로 전달되죠. 생각, 지식, 정신적 믿음, 수수께끼, 기도, 전설, 노래, 속담, 동요, 공연 등의 방법으로 공유돼요. 파뮬란의 이야기는 누가 기록으로 남기기 전에 이미 몇 세기 동안이나 입에서 입으로 전해졌어요. 그래서 하나의 이야기지만 여러 가지 다른 변형이 있죠.

일반적으로 그 내용은 이래요. 뮬란은 북방 위나라 때 살았던 인물인데, 당시는 정치적으로나 문화적으로 격변의 시기였죠. 뮬란은 일곱 살 때 여전사가 되는 훈련을 받기 시작했어요. 말을 탈 줄 알았고 검을 쓰는 법도 알았으며 활 쏘는 법과 무예를 익혔죠. 중국이 몽골과 유목 민족의 침략을 받자 각 가정에서는 가족 중 한 명을, 대체로 아들을 전쟁터로 보내야 했어요. 그런데 뮬란의 남동생은 너무 어렸고 아버지는 전쟁터에 가기엔 나이가 너무 들었죠. 그래서 뮬란은 남자로 가장하고 아버지를 대신해 전쟁에 참여합니다. 12년간의 싸움 끝에 뮬란은 12계급 특진 기회를 얻었지만 거절하고 다시 여성의 모습으로 평화로운 삶을 살기 위해 집으로 돌아왔어요. 뮬란의 용맹함은 많은 소녀들에게 전사의 기술을 연마하는 데 영감을 주었어요.

20세기로 시간을 빨리 돌려서 중국계 미국인 페미니스트 작가인 맥신 홍 킹스턴을 만나 보죠. 킹스턴은 자신의 어머니가 중국에서 미국으로 온 직후인 1940년에 캘리포니아의 스톡턴에서 태어났어요. 어린 소녀일 때부터 킹스턴은 작가가 되고 싶었죠. 킹스턴이 최초로 쓴 「나는 미국인이다」(*I am an American*)라는 제목의 글이 상을 받아서 『걸 스카우트 매거진』에 실렸어요. 이후 그녀는 버클리 대학에 진학해서 영어를 전공했죠. 1976년, 킹스턴은 『여전사: 유령들 사이에서의 소녀 시절에 대한 회고』(*The Woman Warrior: Memoirs of a Girlhood Among Ghosts*)라는 제목의 첫 책을 썼어요. 이 책에서 킹스턴은 자신의 어린 시절 이야기와 파뮬란 이야기를 포함한 고대 중국의 전설에 대한 이야기를 섞었죠. 킹스턴의 이야기는 이렇게 시작합니다.

어른들이 해 주는 이야기를 들으면서 우리 중국인 소녀들은 자라서 아내나 노예가 되는 것은 실패한 인생이라고 배웠다. 우리는 영웅, 그리고 검객이 될 수 있을 것이었다.

파뮬란 이야기를 통해 킹스턴은 소녀와 여성들이 강해질 수 있고(그래야 하고), 자기 가족을 지키고 정의를 위해 싸울 수 있다는 것을 배웠어요. 전사가 될 수도 있는 거였죠! 그러나 킹스턴은 곧 이 환상적인 여전사 이야기가 1940~50년대의 중국계 미국인 소녀의 현실과는 충돌한다는 것을 발견했어요. 『여전사』에 나오는 문장

몇 개를 보면 두 문화 세계 사이에서 살아가는 것이 소녀에게 얼마나 혼란스러운 일인지 알게 될 거예요.

여자인 나를 가리키는 중국 말이 있다. 그것은 '노예'다.
여자들은 말을 못하게 해야 해!
나는 대학에 갔다. 1960년대의 버클리에서 공부했고, 세상의 변화를 향해 전진했다. 그러나 남자로 변하지는 않았다.
"나쁜 계집애!" 어머니는 내게 소리를 질렀는데 그것은 종종 나를 울리기보다는 흡족하게 만들었다. 나쁜 계집애란 거의 남자애라는 말 아니겠는가?

파뮬란 이야기는 킹스턴에게 엄청난 영감을 주었죠. 그러나 자신이 실제 경험한 삶과는 맞지가 않았어요. 왜냐하면,

중국어로 여자가 '노예'라는 뜻이라면 어떻게 여자가 전사가 될 수 있겠는가?
파뮬란은 전쟁터로 나갔고 세상을 바꿨다. 그런데 왜 킹스턴은 자신의 용감함에 대해 12계급 특진상을 받지 못했는가?
소녀가 그토록 받아들여질 수 없는 거라면, '나쁜 소녀'가 되면 남자로 취급되는 것인가? 그러면 세상에 더 잘 받아들여지게 되는가?

이 질문들은 우리 사회의 수많은 소녀와 여성이 맞닥뜨리는 모순이에요. 그러나 우리 모두는 내면에 파뮬란을, 옳고 정의로운 것을 위해 싸울 의지를 갖춘 여전사를 가지고 있죠. 맥신 홍 킹스턴은 그 점을 알고 파뮬란의 전설을 자율권에 대한 비전으로 사용했어요. 여러분도 영웅일 수 있어요!

∘ ∘ ∘ ∘ ∘ ∘ ∘ ∘ **바로 해 보는 페미니즘**

고전과 현대를 아울러 많은 책과 영화들은 여자를 구하거나 '세상을 구하는' 남자 '영웅'에 관한 내용을 담고 있죠. 특히 동화는 '영웅'의 이야기 구조에 많이 의존해요. 그런데 몇몇 다시 쓰여진 유명한 동화들은 '각본 뒤집기'를 포함하고 있어요. 다시 말해 같은 이야기가 다른 관점에서 쓰이는 거죠. 마리사 마이어는 『하트리스』(*Heartless*)에서 『이상한 나라의 앨리스』 이야기를 하트의 여왕을 중심으로 다시 썼을 뿐 아니라 '루나 연대기'(The Lunar Chronicles) 시리즈(『신더』(*Cinder*), 『스칼렛』(*Scarlet*), 『크레스』(*Cress*), 『윈터』(*Winter*))(순서대로 『신데렐라』, 『빨간 모자』, 『라푼첼』, 『백설공주』 이야기를 다시 쓰기 한 것이다-옮긴이)에서도 이 일을 멋지게 해냈죠. 또 다른 예는 〈위키드〉라는 브로드웨이 연극인데, 이 작품은 『오즈의 마법사』를 사악한 마녀의 관점에서 풀어낸 이야기예요. 같은 이야기가 다른 관점에서 이야기되면 새로운 통찰력이 생겨나는데, 특히 젠더와 관련해서는 더욱 그렇죠.

이제 여러분 차례예요! 여러분이 잘 아는 것 중에서 여기에 딱 들어맞는 책이나 영화를 하나 고르세요. 그리고 같은 이야기를 쓰되 본래 이야기와는 다른 관점에서 써 보세요. 영화 〈슈퍼맨〉을 여주인공 로이스 레인의 관점에서 쓰면 어떻게 될까요? 영화 〈스타워즈〉를 레이아 공주의 관점에서 이야기하면 어떻게 될까요?

09

내 정체성을
하나로
정의할 순
없어

교차적 페미니즘이 필요해!

대부분의 페미니스트들의 필독서 목록에는 베티 프리단이 쓴 『여성성의 신화』(The Feminist Mystique)가 들어 있죠. 1963년에 나온 『여성성의 신화』는 '이름 없는 문제', 곧 1950~60년대에 살았던 전업주부들의 불행과 절망을 다루고 있어요. 프리단은 책 전체를 통해 '여성성의 신화', 즉 행복한 가정주부라는 미화한 이미지를 만들어 내는 미디어의 역할을 거론하면서 가정주부 역할로는 삶이 채워지지 않는 여성들의 이야기를 들려줘요. 프리단에 따르면 페미니스트들은 교육받을 기회와 양질의 직업을 가질 권리를 위해 싸워 왔고, '여성성의 신화'를 극복할 단 하나의 방법은 교육을 받고 의미 있는 일을 하는 것이라고 해요. 1966년, 프리단은 미국에서 가장 크고 유명한 자유주의 페미니스트 단체 중 하나인 전미 여성 기구를 공동 설립하고 초대 대표가 되었어요. 많은 이들은 『여성성의 신화』 출간과 전미 여성 기구의 설립이 제2물결 페미니즘의 시작을 알렸다고 믿죠.

『여성성의 신화』가 출간된 1963년에 돌로레스 후에르타와 세자르 차베스는 농장 노동자 노조 연맹을 설립했어요. 이 단체는 임금 인상과 노동 조건 개선, 농업 이주 노동자들의 권리를 위해 싸웠고, 단체 회원의 대다수는 멕시코계나 필리핀계 노동자들이었죠. 그 즈음 필리스 라이언과 델 마틴은 '빌리티스의 딸들'을 설립했는데 이 단체는 미국 최초의 전국적인 레즈비언 사회 정치 조직이었어요. 그해 말에 마틴 루서 킹 주니어는 "나는 꿈이 있습니다

(I Have a Dream)."라는 유명한 연설을 하여 아프리카계 미국인들의 시민권 운동에 활기를 불어넣었죠.

서로 중첩되는 여러 사회 운동 중에서도 베티 프리단은 『여성성의 신화』에서 오직 고등교육을 받은 중산층 백인 여성들에만 초점을 맞추고 그들의 상황이 모든 여성의 상황이라고 넘겨 생각했죠. 유색인 여성이나 빈곤한 여성, 레즈비언 여성, 노동자 여성, 이주 여성 들이 겪는 문제들은 전혀 다루지 않았어요. 사실 베티 프리단은 특정 집단의 여성들에게 공개적으로 적대감을 드러냈는데, 레즈비언을 "보라색 골칫덩이들!"이라고 부른 사실은 아주 잘 알려져 있어요. 만약 프리단이 교차적 방식으로 페미니즘에 접근했더라면 프리단의 책은 꽤 달라졌을 거예요.

'페미니즘에 교차적 방식으로 접근한다'는 것은 무슨 뜻일까요? 아프리카계 미국인 레즈비언 여성의 경우를 예로 들어 보죠. 이 사람은 성소수자 공동체에서는 '게이다움'을, 아프리카계 미국인 공동체에서는 '흑인다움'을, 여성단체와의 관계에서는 '여성다움'을 중심으로 인식될 거예요. 그러나 한 사람의 경험을 각기 다른 측면으로 낱낱이 찢어 낼 수는 없죠. 사람은 하나의 통합체예요. 그리고 그 통합체는 광범위하게 중첩되는 여러 정체성으로 구성되어 있죠. 교차적으로 접근할 때라야 한 사람의 통합적 인성이 각각의 정체성으로 쪼개져서 인식되는 문제를 극복할 수 있어요. 통합적으로 존재하는 사람을 여러 정체성으로 조각조각 나누어 인식하는 것은 제한적일 뿐만 아니라 억압적이기도 하죠. 더욱이 교차적 접근은 인종차별주의, 성차별주의, 동성애 혐오증, 계급 억압이 상호 연결되어 있다는 것을 드러내면서 억압 '체제'를 해체할 것을 요구해요.

베티 프리단이 여성과 페미니즘에 대해 처음으로 비교차적 관점을 취한 것은 아니에요. 1900년대 초에 여성들이 참정권을 위해 싸울 때 많은 참정권 운동가들은 백인 여성이 투표할 권리를 얻으면 아프리카계 미국인들의 정치권력을 억제하는 데 도움이 될 거라고 주장했죠. 여성 유권자 연맹을 설립한 캐리 채프먼 캐트는 이런 말을 했어요. "백인의 우월성은 여성의 참정권 획득으로 약해지는 것이 아니라 강화될 것이다."라구요. 그리고 유명한 참정권 활동가였던 엘리자베스 캐디 스탠턴은 "이 타락한 흑인 남자들이 권리를 얻으면 영국인 아버지들보다 더 나쁜 인간들이 될 것이고, 그러면 우리와 우리 딸들이 더욱 고통받게 될 것이다."라고 말하기도 했죠.

또 다른 예도 있어요. 1973년, 페미니스트 로빈 모건은 트랜스젠더 여성을 가리키는 단어 선택에 대해 이렇게 말하기도 했어요. "나는 남자를 '그녀'라고 부르지 않을 거예요. '여성'이란 내가 32년 동안이나 남성 중심 사회에서 고통받으며 생존하면서 얻어 낸 이름입니다. 한 남자가 여성 복장을 하고 길에 나와 기껏 5분 정도 괴롭힘을 당하고서는(그가 그걸 즐겼을 수도 있죠) 감히, 정말 감히 우리의 고통을 이해한다구요? 아니요. 어머니의 이름과 나 자신의 이름을 걸고 우리는 그를 결코 자매라고 부르지 않을 것입니다."

이처럼 주류 페미니즘 안에서 탄압을 겪으면서도 여성들은 페미니즘 운동에 개입하는 많은 방법을 찾아냈어요. 어떤 이들은 백인 여성들의 테이블과 나란한 곳에 장소를 마련했죠. 어떤 이들은 자기만의 페미니즘 흐름을 만들었어요. 예를 들어 우머니즘은 아프리카계 미국인 여성들의 경험에 초점을 맞추었죠. 무헤리스타스는 라틴계 페미니스트들로 이주, 종교, 가족, 성 역할 등의 문제를 다뤄요. 퀴어와 트랜스 페미니즘(이 책 뒷부분에서 다뤄요)은 성소수자와 젠더 퀴어들이 필요로 하는 사안을 다루죠. 이들 모두 페미니즘을 교차적인 접근 방식으로 다룬답니다.

교과서가 교차적 페미니스트 렌즈를 장착하고 있다면 역사 수업이 얼마나 달라질지 상상해 보세요. 예를 들자면, 많은 아이들이 엘리자베스 캐디 스탠턴과 수전 앤서니가 참정권 운동에 기여한 바를 배웁니다. 그러나 우리 대부분은 아이다 B. 웰스에 대해서는 전혀 배우지 못했어요. 아이다는 해방 선언 직전인 1862년에 노예로 태어났습니다. 청년기의 어느 날, 기차 차장이 그녀를 일등칸 숙녀석에 앉지 못하게 하면서 흡연석으로 이동시키려 했어요. 그녀는 거부했죠. 앨라배마주 몽고메리에 살던 로사 파크스가 버스에서 같은 저항 행위를 하기 71년 전이었어요. 아이다는 탐사 기자가 됐으며, 린치 반대 운동의 지도자가 되었어요. 엘리자베스 캐디 스탠턴과 수전 앤서니처럼 그녀도 참정권 활동가였고 여성을 위한 사회 정의에도 헌신적이었어요. 그러나 불행하게도 아이다 B. 웰스가 참정권 운동에 기여한 바는 역사책에 전혀 기록되어 있지 않아요. 전형적이죠. 아이다의 정체성에는 많은 측면이 함께 있고 교차적 페미니즘은 이들의 연결성을 설명해 준답니다. 교차적 렌즈를 쓰지 않을 때 우리는 사람들을 일차원적으로 보게 되는데, 일차원적 관점은 억압을 결코 적절히 설명해 주지 않아요.

컴바히강 집단과
『내 등이라 불리는 이 다리』(*This Bridge Called My Back*)

우리는 흑인 페미니스트 연합이며 1974년부터 모임을 해 왔습니다. 그동안 우리는 우리의 정치를 규정하고 명확히 하는 작업을 해 오는 동시에 우리 단체 안에서, 그리고 다른 진보적 조직과 운동과 연합하며 정치 사업을 해 왔습니다. 현재 우리의 정치를 설명하는 가장 적절한 말은 우리가 인종적, 성적, 이성애 중심적, 계급적 억압에 대한 저항에 적극적으로 헌신한다는 것이며, 특별히 우리가 해야 할 일은 주요 억압 체제가 상호 연동한다는 사실에 기반한 통합적 분석과 실천을 개발하는 것입니다. 이 억압들의 총합이 우리 삶의 조건을 만듭니다. 흑인 여성으로서 우리는 흑인 페미니즘이 모든 유색인 여성들이 맞닥뜨리는 다층적이고 동시적인 억압과 싸울 논리적 정치사상이라고 봅니다.

위의 글은 1974년에 매사추세츠주 보스턴에서 흑인 페미니스트들과 레즈비언들이 설립한 단체인 컴바히강 집단이 쓴 선언문이에요. 이 집단의 이름은 750명 이상의 노예를 해방한 해리엇 터브먼이 이끌었던 저항 행동인 '컴바히강 습격'을 참조해 만들어졌죠. 이 단체는 백인 페미니스트 운동 내에서의 인종차별주의와 소외, 그리고 시민권 운동과 흑인 민족주의 운동과 인권 활동에서의 성차별주의라는 두 가지 문제를 해결하기 위해 시작된 전국 흑인 페미니스트 기구의 한 분파에서 출발했어요. 설립 회원들은 처음부터 자신들의 토대가 교차적 관점임을 분명히 드러내면서 인종적, 성적, 이성애 중심적, 계급적 억압 문제를 중심에 둔다는 점을 알고 있었죠.

1977년에 데미타 프레지어, 베벌리 스미스, 바버라 스미스 등 세 명의 회원이 컴바히강 집단 선언문을 공동 작성했어요. 이 선언문에서 이들은 중요한 몇 가지 생각을 강조하고 있어요.

다층적이고 상호 연동된 억압 개념

- 인종적 억압과 성적 억압에 도전하는 것의 중요성
- 자본주의의 역할과 문화적 제국주의의 역할(권력을 덜 가진 집단에 주류 문화적 기준을 강요하는 관행), 그리고 가부장제
- 시간과 돈의 부족, 가족에 대한 책임, 다층적 억압을 다루는 데서 기인하는 피로감 등을 포함해 흑인 여성들이 운동하면서 맞닥뜨리는 문제들

컴바히강 집단은 1980년에 해산했지만 다른 유색인 페미니스트들은 중단된 지점부터 다시 시작했어요. 1981년, 치카나(멕시코계 미국인 여성을 일컫는 말-옮긴이) 페미니스트 셰리 모라가와 글로리아 안잘두아는 『내 등이라 불리는 이 다리: 급진적 유색인 여성들의 글』이라는 선집을 출간했죠. 이 책은 교차적 페미니즘에 기반하여 유색인 여성들의 경험을 전면으로 불러내고, 백인 페미니스트들에게 이들을 지지하고 힘을 주는 활동을 할 것을 요청했죠. 원래의 컴바히강 집단 선언문에 더해, 『내 등으로 불리는 이 다리』는 이제 고전이 된 다음과 같은 글들을 포함하고 있어요.

- 오드리 로드의 유명한 에세이의 제목은 「주인의 도구로는 주인의 집을 절대 부술 수 없다」(*The Master's Tools Will Never Dismantle the Master's House*)예요. 여기서 로드는 인종을 페미니스트 사안으로 생각하지 않고 간과하면 결국은 가부

장제를 다시 강화하게 되리라 주장했죠.

• 글로리아 안잘두아의 「라 프리에타」(*La Prieta*)는 안잘두아의 어린 시절을 담은 강력한 글입니다. 이 글에서 안잘두아는 자신을 "여러 개의 팔과 다리가 있는 몸으로 발 하나는 갈색 땅에, 하나는 흰색 땅에, 하나는 이성애자 사회에, 하나는 게이 세계에, 남자의 세계에, 여자의 세계에, 한 끝은 문학 세계에, 다른 하나는 노동 계급에, 사회주의자에, 그리고 신비주의 문화에 내딛고 있는" 시바 신에 비교했죠.

컴바히강 집단 선언문과 『내 등이라 불리는 이 다리』는 더욱 포괄적이고 교차적이고 민중적인 페미니즘에 맞추어져 있어요. 이 둘은 오늘날 페미니스트들이 읽어야 하는 필독서로 간주되죠.

이번 활동을 위해서 여러분은 다음의 도구가 필요해요.

　20개의 색인 카드, 펜

각 색인 카드 앞면에 "나는 ~이다."를 쓰세요. '~'자리는 나중에 추가로 써 넣을 수 있는 여유 공간으로 남겨 놓고요. 그리고 카드를 한 장씩 꺼내서 여러분의 정체성들 중 하나를 적어 문장을 완성해 보세요. 그렇게 만든 카드에 예컨대 "나는 여자다.", "나는 학생이다.", "나는 알바 노동자다.", "나는 이주민이다." 또는 "나는 트랜스젠더다." 등의 말을 적는 거죠. 이것들은 단지 보기일 뿐이에요. 각자의 정체성 모음은 다를 수 있죠. 여러분 각자의 정체성 모음은 자신에게 유일하고 특별한 거랍니다.

이제, 쌓아 둔 카드를 들어서 '가장 중요한 정체성'부터 '가장 덜 중요한 정체성' 순서로 놓아 보세요. 끝나면 다음 질문들에 답해 보세요.

- 가장 중요한 정체성 5가지는 무엇인가요? 그것들은 왜 여러분에게 그렇게 중요한가요?
- 정체성 중요도에 순위를 매기는 것이 왜 쉬웠고 또는 왜 어려웠나요?

- 어떤 정체성 카드가 순위 매기기가 쉬웠고 어떤 것이 더 어려웠나요?
- 매겨진 순위를 보고 놀랐나요? 놀랐다면 왜 그런가요?

이제 이 활동을 한 번 더 해 볼 텐데, 이번에는 거꾸로 해 볼 거예요. 정체성 카드 순위를 매기는 대신 앞에 펼쳐 놓고 여러분을 오늘의 여러분으로 만든 정체성을 중심으로 정리해 볼 거예요. 원을 만들 수도 있고 정체성 카드끼리 겹치게 할 수도 있고, 아니면 여러 겹의 원을 만들 수도 있어요. 완전히 다르게 할 수도 있고요. 그건 전적으로 여러분에게 달렸어요. 이것들은 여러분의 정체성이고, 여러분이야말로 이것들이 어떻게 자신의 삶에 영향을 주었는지 가장 잘 아는 사람이죠. 어떤 것을 생각해 냈나요? 순위를 매기는 것보다 더 쉬웠나요, 아니면 더 어려웠나요?

10

그냥
농담인데
뭐 어떠냐고?

일상 대화 속 은근한 성차별에 맞서기

"쓰레기와 저지 여자애 사이의 차이가 뭐게?"

"쓰레기는 누군가는 줍는다."

나는 뉴저지 출신이에요. 십 대 시절에 나는 이 농담(저지 여자애
[Jersey girl]: 잘난 척하기 좋아하는 뉴요커들이 누군가에게 촌스럽다는 조
소를 보낼 때 곧잘 사용하는 속어-옮긴이)을 항,상, 들었죠. 그럴 때마다
나는 대개 그냥 한숨을 쉬거나 눈을 치켜뜨거나 했구요. 그러나 한
번쯤은 말을 해 줬어요. "넌 참 예의가 없어."라거나 "그건 성차별
적인 발언이야!"라고 했죠. 내가 무슨 말이라도 하면, 그 농담을 한
사람들 모두 전형적인 대꾸를 해 와요. "왜 그렇게 진지해? 농담도
못 받아 주냐?" 아니면 자기 친구한테 이렇게 말할 수도 있죠. "얘,
생리 중인가 봐."

페미니즘은 지난 몇 세기 동안 거대한 진보를 이루었지만 소녀
와 여성들은 여전히 이런 종류의 농담에 둘러싸여 있어요. 그리고
그런 농담을 한 사람에게 성차별주의에 대해 책임감을 가지라고
말하기도 어렵죠. 용기를 내서 말하고 의견을 밝힌다 해도 그런 농
담을 한 사람은 오히려 여러분을 비판하면서 책임을 회피할 거예
요. 그건 실제로 매우 효과적인데, 그렇게 하면 문제가 농담거리에
그쳐 버리기 때문이죠. 이제 그 농담이 아니라 여러분이 문제가 되
어 버리는 거예요. 왜냐하면 여러분이 너무 예민하거나 너무 긴장
해 있거나 유머 감각이 꽝인 거니까요.

성차별주의에 대한 책임을 회피하는 것은 불쾌한 행동이 더욱 은근하게 이뤄질 때 더 쉬워져요. 예를 들어, 열 살의 베라는 집 밖에서 노는 걸 무척 좋아해요. 옷이 더럽혀지는 것쯤은 베라에게 신경 쓸 일도 아니죠. 여자아이들하고 노는 것보다 남자아이들과 골목을 뛰어다니는 것을 더 좋아해요. 어느 날 발야구를 할 때 친구 루카스가 "오, 정말 잘하는데! 여자치고는 말이야."라고 말했죠.

루카스는 자기가 베라를 칭찬한다고 생각했어요. 그러나 사실 루카스는 성차별주의적 태도를 표현한 거예요. 그러니까 루카스의 정의대로라면 여자는 운동을 잘하지 못하는 사람인 거죠. 이제 베라는 이중으로 구속당한 셈이 되고 말았어요. 루카스의 칭찬을 받아들이면 루카스의 성차별적 태도를 조용히 지지하는 것이 되니까요. 그렇지만 베라는 루카스의 말에 도전했어요. 베라는 무례하고 감사를 모르는 사람이 되는 것을 감수했죠.

이런 은근한 성차별적 발언은 심리학자들과 다른 여러 학자들이 **미세공격**이라고 일컬어요. 인종주의나 동성애 혐오증 같은 다른 형태의 억압은 미세공격을 통해서 잘 드러나요. 예를 들어 마르타는 라틴계 사람으로 오리건에서 평생을 살아왔는데, 이런 질문을 자주 받아요. "어디서 왔어?" 마르타가 "오리건에서."라고 대답하면 그다음에 반드시 따라 나오는 질문은 "아니, **정말** 어디서 왔냐고?"예요. 미세공격은 무의식적인 태도가 튀어나올 때 일어나요. "라틴계는 멕시코에서 온 것이 틀림없어."라든가 "여자들은 운동을 잘 못해." 같은 인식과 태도 말이죠.

그럼 성차별주의를, 인종차별주의를, 동성애 혐오증을, 또 다른 억압 형태를 지적하면서도 유머를 유지할 수 있을까요? 당연하죠! 웃길 수 있는 방법은 많아요. 농담은 다른 사람을 깎아내려야만 할 수 있는 게 아니니까요.

여기 몇 가지 생각해 볼 거리가 있어요.

• 미세공격을 겪은 적이 있나요? 예를 들어 보세요.

• 성별에 관한 거였나요, 아니면 인종이나 민족에 관한 거였나요? 아니면 성적 성향이나 또 다른 어떤 것에 관한 거였나요?

• 미세공격에 어떻게 대응했나요? 그 방식이 아니라면 어떤 다른 방식으로 대응할 수 있었을까요?

• 그 말이 나올 때 기분이 어땠나요?

• 자신도 모르게 미세공격적인 행동을 해 본 적이 있나요? 이제 미세공격이 무엇인지 알았으니 다음에는 어떻게 다르게 행동할 수 있을까요?

'좋은 머리카락'의 정치학

"아빠, 왜 나는 좋은 머리카락이 없어요?"
세 살짜리 롤라가 유명 코미디언인 아버지 크리스 록에게 이렇게 묻자, 록은 뭐라고 대답해야 할지 몰랐어요. 그러나 롤라가 꼬불꼬불 꼬인 검은 곱슬 머리카락은 '좋은 머리카락'이 아니라는 생각을 이미 가졌다는 사실은 명백했죠. 아프리카계 미국인이 받는 머리카락을 향한 잦은 미세공격을 생각하면 왜 그런지 쉽게 알수 있어요.

- 2012년, 개비 더글러스는 각종 개인 경기와 팀 대항 경기에서 금메달을 따느라 바빴습니다. (더글러스는 체조에서 금메달을 딴 최초의 미국인 금메달리스트였어요.) 한편, 인터넷은 더글러스의 머리카락에 대한 심술궂은 말들로 폭발 직전이었죠.
- 2014년, 플로리다의 어느 학교는 12세의 소녀를 제적하겠다고 협박했어요. 그 학생의 원래 머리카락이 다른 학생들의 집중력에 방해가 된다는 이유였죠.
- 2016년, 개비 더글러스는 올림픽에 다시 등장했죠. 그와 동시에 더글러스의 머리카락을 향한 미움에 찬 말들도 함께 돌아왔어요.

분명히 롤라의 질문은 뜬금없이 나온 게 아니었어요. 그런데 '좋은 머리카락'과 '나쁜 머리가락'이라는 생각은 도대체 어디서 나왔을까요?

아프리카는 다채로운 대륙이에요. 엄청나게 다양한 아프리카식 머리 모양도 그 다채로움에서 왔죠. 역사적으로 아프리카 대륙 전체의 머리 모양은 땋고 꼬고 곱슬거리게 말거나 조개, 구슬, 끈 등의 장식으로 꾸미는 등 아주 다양한 형태가 뒤섞여 있어요. 머리 모양을 보는 것만으로도 그 사람에 관해 많은 것을 알 수 있죠. 머리 모양은 그 사람의 나이, 종족, 종교, 혼인 상태(구애를 해도 되는지), 부족 또는 씨족, 재산, 해당 공동체에서의 지위 등에 관한 정보를 알려 주거든요. 많은 공동체에서 여성의 머리 모양이 깨끗하지 않거나 매만지지 않았거나 태만하게 두었거나 지저분하거나 하면 분명 심각하게 잘못된 것으로 여겨요. 아프리카에서는 머리 모양이 그런 가치를 지니기 때문에 미용사가 높이 존경받고 공동체에서 신뢰를 받죠.

1400년대로 되돌아가 보죠. 노예 무역은 400년 동안 지속되면서 모든 것을 바꿔 놓았습니다. 10세부터 24세 사이의 아프리카인 2천만 명이 강제로 집에서 잡혀 나와 유럽에서 온 노예 무역상들에게 팔렸어요. 팔려 간 뒤에는 머리가 깎였는데, 그것은 그 사람들에게서 아프리카 정체성을 벗겨 버리는 강력한 방법이었죠. 이것은 또한 아프리카식 머리 모양을 폄하하는 전조였어요. 머리카락이 다시 자라나도 노예들은 길어진 머리를 손질할 시간이나 재료가 없었죠. 양털 빗는 도구로 머리를 빗기도 하고 머리카락을 곧게 만들기 위해 베이컨 기름이나 등잔 기름을 쓰기도 했어요. 대개는 스카프나 머릿수건으로 머리를 그냥 감싸 놓았죠. 반면에 가내 노예들의 행색은 깨끗하게 잘 유지되어야 했어요. 그래서 머리를 바짝 땋거나 콘로(머리카락을 여러 가닥으로 땋은 머리 모양-옮긴이)를 하는 게 허용되었죠. 이내, '좋은 머리 모양' 대 '나쁜 머리 모양'이라는 관념이 만들어졌어요. 피부색이 밝고 머리카락이 곧은 노예들은 높은 가격에 낙찰되고, 흑인들은 검은 피부와 엉킨 머리카락이 매력적이지 않다는 관념을 내면화하기 시작했습니다.

남북 전쟁이 끝나자 노예들은 해방되었어요. 그렇지만 흑인들이 아메리칸 드림을 이루고 싶다면, 그리고 흑인종 전체의 지위를 높이고 싶다면 가능한 한 '희게' 보일 필요가 있었죠. 신문과 카탈로그 광고는 이런 메시지를 강화했어요. 1923년의 황금빛 미인 뷰티 제품 광고에는 "우리 인종이 자긍심을 가지려면 우리가 밝고 빛나고 매력적이어야 합니다."라고 써 있어요. 그리고 마담 C.J. 워커의 화장품 광고에는 "노예 선실에서 부자로"라는 말과 함께 "호화로운 머리 모양"과 "티 없는 피부"를 가질 수 있다고 강조하고 있어요(참! 워커는 미국 최초의 자수성가한 여성 백만장자였답니다).

그 뒤 '좋은 머리 모양'은 열망의 대상에서 현실적인 요구로 옮겨 갔죠. 교회를 예로 들어 볼게요. 몇몇 백인 거주지의 교회에서는 현관 밖에 갈색 종이 가방과 촘촘한 머리빗을 걸어 두었어요. 그 종이 가방의 갈색보다 진한 피부이거나 머리카락이 그 빗으로 빗겨지지 않는 사람은 교회 안으로 들여보내지 않았죠. 이런 종류의 다양한 '심사'가 학교, 나이트클럽, 친목 단체, 여성 클럽, 사업 네트워크 등에서 어두운 피부색과 엉킨 머리카락을 가진 아프리카계 미국인들을 배척하는 데 쓰였어요.

1960년대의 시민권 운동 때 아프리카식 머리 모양은 흑인의 자긍심과 저항의 상징으로 떠올랐어요. 이 이미지는 페미니스트 활동가 안젤라 데이비스에 대한 그 유명한 FBI 현상 수배 포스터에 강력하게 구현되어 있어요. 콘로, 레게 머리, 머리 두건 등 특징적

→ 이 포스터는 FBI가 페미니스트인 안젤라 데이비스를 당시 가장 잡고 싶은 도망자 열 명의 목록에 포함하면서 만들어졌어요. (출처: 국립 스미스소니언 아프리카계 미국 역사 및 문화 박물관)

인 흑인 머리 모양이 광범위하고 다양한 이미지로 등장하기 시작했어요. 그런 한편 아프리카계 미국인의 두발 관리 산업은 여전히 전열식 머리빗이나 완화제 같은 제품에 계속 투자했는데, 이 모든 것은 아프리카계 미국인들의 자연스러운 머리 모양인 엉키고 곱슬곱슬한 땋은 머리를 길들이는 것들입니다.

세 살 난 롤라 이야기로 돌아가 보죠. 롤라의 질문은 확실히 무게가 있는 질문이었어요. 그러나 미국의 흑인 머리 모양에 관한 역사를 더 배우면 이 미세공격들이 어디에서 비롯됐는지를 이해하게 되죠. 그러나 여기 더 큰 질문이 있어요. 흑인의 머리 모양이 미세공격의 대상이 되지 않게 하려면 어떤 방향으로 가야 할까요? 몇 가지 예를 살펴보죠.

- **교육** 억압과 싸우기 위해서 여러분은 그것의 역사를 알아야 해요. 바너드 대학에 재학 중일 때 아야나 D. 버드는 흑인 머리 모양을 졸업 프로젝트의 주제로 삼았어요. 그 뒤 버드와 저널리즘 교수 로리 엘 탑스는 이 프로젝트를 확장해서 『머리 모양의 역사: 미국 흑인 머리 모양의 뿌리 이해하기』(Hair Story : Untangling the Roots of Black Hair in America)라는 제목의 책을 함께 펴냈죠. 이 책은 아프리카계 미국인 역사에서 흑인 머리 모양의 역할을 심층적으로 탐구한 내용을 제공해 줘요.

• **오락물(그리고 교육)** 크리스 록은 딸 롤라에게 해 줄 수 있는 즉각적인 답이 없었어요. 그러나 롤라의 질문은 '좋은 머리카락'과 '나쁜 머리카락'에 대해 생각해 볼 기회를 주었죠. 그리고 드디어는 〈좋은 머리카락〉이라는 다큐멘터리를 만들게 되었어요. 록은 특기인 유머를 장착하여 5000억 달러에 이르는 아프리카계 미국인의 두발 산업을 파헤쳤죠. 그리고 흑인 머리카락을 대하는 태도가 어떤 식으로 미국의 인종차별주의를 반영하는지 살펴보았어요.

• **지지하기** 어린이 프로그램 〈세서미 스트리트〉의 작가 조이 마자리노는 에티오피아에서 입양한 어린 딸 세기가 찰랑거리는 금발 머리를 동경하는 것을 봤어요. 이런 생각에 도전하고 딸이 자기 머리카락에 자긍심을 느끼도록 돕기 위해서 마자리노는 〈나는 내 머리카락을 사랑해요〉라는 노래를 만들었는데, 이 노래는 2010년 10월 4일에 〈세서미 스트리트〉에서 첫 방송을 탔죠.

미술관에 가 본 적이 있나요? 있다면 아마 "작품에 손대지 마시오."
라고 쓰인 푯말을 봤을 거예요. 그런데 페미니스트들과 다른 사회 정
의를 위해 활동하는 활동가들은 예술을 정치적 표현의 한 방식으로
써 왔고, 사람들에게 작품을 직접 만지고 그것에 뭘 더하거나 망가뜨
리거나 하며 예술 작품에 직접 개입하라고 말해 왔죠. 그 과정에서 예
술 작품이 변형되거나 파괴되는 것은 그들에게는 문제가 되지 않았
는데, 왜냐하면 참가 자체가 예술의 일부이기 때문이에요.
공공 참여 예술의 예를 몇 개 들어 보죠. '누가 페미니즘을 원하는가'
캠페인은 듀크 대학교 학생들이 시작한 SNS 사진 캠페인이었어요.
그들은 참가자들에게 "나는 페미니즘이 필요합니다. 왜냐하면 ~"
이라는 문구를 주고 빈칸에 각자 하고 싶은 말을 넣어서 사진을 찍
어 SNS에 올려 달라고 말했죠. 또 다른 참가형 공공 예술의 양식으로
'나는 죽기 전에' 프로젝트가 있는데, 이것은 삶과 죽음이라는 사안
을 성찰하고 어떻게 현재의 삶을 온전하게 살지에 대한 통찰을 공유
하게 하는 거예요. '나는 죽기 전에' 설치물은 커다란 벽화 크기의 칠
판에 "나는 죽기 전에 ~ 하고 싶다."라고 쓰인 메시지가 특징이에요.
참가자들이 분필로 그 문장을 완성하는 거죠. 이와 비슷하게, '인종
카드' 프로젝트는 사람들이 색인 카드를 하나씩 받아서 인종에 대한

자신의 생각, 경험, 관찰한 것 등을 단박에 설명할 수 있는 낱말 여섯 개를 쓰는 거였어요. 그리고 그 카드를 다른 사람들이 읽을 수 있도록 공개 게시판에 붙이는 거죠.

이제 우리의 예술 프로젝트를 만들어 봐요! 성차별주의적 미세공격에 대해 사람들을 교육할 만한 참가형 공공 예술 프로젝트를 직접 또는 친구들과 함께 만들어 보세요. 눈에 잘 띄고 쉽게 기억될 수 있는 프로젝트 이름을 생각해 보세요. 앞에서 나온 프로젝트를 따라 할 수도 있고 완전히 다르게 해 볼 수도 있죠. 창의적으로 생각해 봅시다! 친구들 몇 명 또는 가족 몇 명과 함께 시작할 수도 있고, 학교나 공동체의 승인을 받아서 더 큰 규모의 행사를 할 수도 있어요. 이 프로젝트를 만들면서 다음과 같은 질문에 대해 생각해 봅시다.

- 프로젝트의 목표는 무엇인가요? 사람들이 이 프로젝트를 통해 무엇을 알기를 바라나요?
- 여러분이 전하고 싶은 메시지를 가장 효과적으로 전달할 수 있는 창의적인 표현 양식은 무엇일까요? 왜 그렇게 생각하나요?
- 참여형 공공 예술은 종종 반발을 살 수도 있어요. 예를 들자면, 어떤 사람들은 '누가 페미니즘이 필요한가' 캠페인에 "나는 페미니즘이 필요하지 않다. 왜냐하면~"이라고 쓴 것을 만들어 대응하기도 했죠. 고의적인 파괴, 부정, 또는 다른 형태의 반발이 일어난다면 여러분은 어떻게 반응할 건가요? 직접 행동을 취할 건가요? 아니면 참가자들이 여기에 반응하도록 놔둘 건가요?

11

여성적인 건
열등한
거라고?

여성성 긍정하기

"내가 13살 때 엄마와 이모가 뜨개질하는 법을 가르쳐 주셨어요. 그때부터 나는 뜨개질을 무척 좋아했죠. 그렇지만 그 사실을 아무에게도 말하지 않았는데, 왜냐하면 그렇게 '지루하고' '나이에 걸맞지 않은' 것을 하느냐고 비난받을까 봐 두려웠거든요."

'여성의 심리'라는 내 수업을 듣는 한 학생이 시험지 한 귀퉁이에 이런 내용을 써 놨어요. 솔직히 말하면, 그 학생이 쓴 답안보다 이 말이 더 내 관심을 끌었죠. 난 생각했어요. **지루하다고? 정말? 나**는 그 나이 때 뜨개질을 **정말** 좋아했거든요. 자수, 바느질, 섬유 관련 공예라면 모두 좋아했죠. 나는 지금도 이런 것들을 좋아해요. 그렇지만 나도 그 나이 때는 아무한테도 이 사실을 말하지 않았어요. 왜였을까요? 한번 살짝 살펴보도록 해요.

10여 년 전에 소녀들은—소년들은 포함되지 않았어요—반드시 가정 수업을 들어야 했어요. 1972년에 미국에서 '타이틀 나인'(Title IX: 미국 내 교육계에서 성차별을 없애기 위해 제정된 법률-옮긴이)이 공표되었고, 모든 것이 바뀌었죠. 그 내용은 이래요.

미합중국에서는 누구도 성을 이유로 중앙 정부의 재정 지원을 받는 교육 프로그램이나 활동에 참여할 기회를 박탈당하거나, 혜택을 거절당하거나, 차별을 받거나 해서는 안 된다.

그 법에는 특히 소녀들과 소년들이 동등한 교육 기회를 가져야 한다고 되어 있죠. 그래서 내가 중학생일 때는 여학생들이 남학생들과 나란히 목공, 제도, 컴퓨터 수업 등을 들었고 남학생들은 여학생들과 함께 바느질과 요리 수업을 들었어요. 동등했어요. 좋은 일이었죠. 법률 '타이틀 나인' 때문에 (그리고 페미니즘의 성과 덕분에) 나는 광범위한 공교육을 받았습니다. 스포츠 수업도 들었고 가정 과목도 들었어요. 그리고 대학에 갔고 대학원도 다녔죠. 반면 1925년에 태어난 내 할머니는 대학에 다녔을 만큼 운이 좋았지만, 그때 여자는 사범대나 가정대에만 입학할 수 있었어요. 오늘날 여성들에게 열려 있는 선택지와 비교해 보면 우리가 정말 기나긴 여정을 걸어왔다는 사실을 알 수 있죠. 그렇죠, 여러분?

그러나 시간이 지남에 따라 학교에서는 바느질, 요리, 가정 수업 자체를 더 이상 가르치지 않아요. 왜일까요? 그런 것은 이제 미천해 보이기 때문이에요. 전통적인 여성이 했던 일이니 현대 여성들은 이제 그따위 일은 하지 않는다는 거죠. 이런 관점, 그러니까 현대의 해방된 여성들은 그런 기능을 배우지 말아야 한다는 관점은 내가 보기에 위험하고 철저히 성차별주의적이에요. 왜냐하면 여성적인 것을 나쁜 것과 같다고 여기기 때문이죠.

뜨개질은 나쁘지 않아요. 요리도 나쁘지 않죠. 집 청소를 하는 방법, 셔츠를 다리는 방법, 살림 예산을 짜는 방법, 단추를 다는 방법을 배우는 것, 이 가운데 나쁜 것은 아무것도 없어요. 그렇지만 이

모든 것은 여성적인 것으로 성별화했죠. (이 개념 기억하죠?) 모든 것을 특정 범주에 담기를 좋아하는 사회에서는 이 모든 활동이 여성적 범주에 들어가곤 해요. 만약 우리가 여성적인 것을 없애 버리려 하고 소녀들에게 (그리고 소년들에게) 여성적인 것을 추구하는 것은 천하고 중요하지 않고 불필요하다고 말한다면, 그것은 몹시 위험한 문화 풍조를 만드는 데 일조하는 셈이랍니다.

페미니스트 역사

데비 스톨러와 '소녀 페미니즘'

나는 데비 스톨러를 '타이틀 나인 세대'라고 일컬어요. 데비는 1960~70년대에 아동기를 보낸 사람으로, 페미니즘이 없는 세상을 살아 본 적이 없죠. 교육에서의 차별을 금하는 법률 '타이틀 나인' 덕분에 데비는 스포츠를 배울 수 있었고, 과학 수업과 수학 수업을 들을 수 있었으며, 성희롱을 당할 경우 법적 보호를 받을 수도 있었어요. 데비는 페미니즘 문화에 둘러싸여 있었고, 원한다면 무엇이든 할 수 있다고 배웠어요.

그러나 페미니즘을 강화하는 힘의 내면에는 강력한 메시지가 깔려 있었죠. 소녀가 뜨개질과 바느질을 하고 싶어 하면 재능을 낭비하고 시간을 버리는 것이라고 말이에요. 그 시간에 목공예를 배우거나 축구를 하거나 과학 클럽에 들어가는 편이 낫다고 여겼죠. 우주 비행사나 신경 의학자나 내통령이 되려는 꿈을 품어야 한다는 거였어요. 만약 소녀가 전통적인 여성적 활동을 하는 데 시간을 쏜다면 집안일이나 하며 살 운명이 되는 거였고, 그것은 페미니즘이 지금까지 싸워 온 것에 반하는 것이 되는 셈이었죠.

그래서 데비는 뜨개실과 바늘을 내려놓고 페미니스트 구성원이 되었어요. 예일대에 입학한 뒤 심리학 석사 학위와 여성 심리 박사 학위를 땄어요. 1993년, 데비는 다른 여성 두 명과 함께 『버스트』라는 잡지를 창간했습니다. 『보그』, 『코스모폴리탄』, 『글래머』 같은 잡지의 대안으로 만들어진 페미니스트 여성 잡지였죠. 『버스트』는 제3물결 페미니즘의 전통에 뿌리를 두었어요. 제3물결 페미니즘은 인종, 계급, 젠더, 섹슈얼리티 등의 사안이 통합된 철학에 기반해야 한다고 보는 풀뿌리 운동인데, 제1, 2 물결 페미니즘보다 훨씬 가시적이죠.

그러나 이 모든 시간 동안 데비는 은밀히 섬유 공예를 그리워했어요. 뜨개질을 하거나 수를 놓거나 바느질을 할 때마다 데비는 여자인 가족들과 연결되어 있다는 느낌을 받았죠. 결국 데비는 이 일들을 다시, 그러나 남몰래 시작했어요. 자기가 이런 미친한 집안일을 하는 것을 보면 페미니스트들이 자격을 박탈하려 들 거라는 두려움 때문이었어요.

마침내, 데비에게는 의문이 생겼어요. 왜 소녀가 전통적으로 남성적인 것이라 여겨 온 활동을 하는 것은 아주 멋진 일로 여겨지고, 전통적으로 여성적인 것이라 여겨 온 활동을 하는 것은 거지발싸개 같은 일로 여겨질까? 하는 의문이었죠. 왜 수학적 지식과 공간 지각력, 조율 능력, 집중력 등을 필요로 하는 뜨개질과 바느질이 비교하자면 비슷한 능력을 필요로 하는 목공예보다 이처럼 폄하된 것일까? 데비는 자기 어머니와 할머니, 그리고 증조할머니를 생각했죠. 뜨개질을 하고 바느질을 했던 가족 안의 긴 계보를 말이에요. 그리고 깨달았어요. 바로 이것이 그런 활동에 그처럼 억울한 누명이 씌워진 이유라는 것을 말이죠. 이 일들은 전통적으로 여성들이 해 왔기 때문에 페미니스트 비행 금지 구역에 들어갈 활동으로 적당했던 거예요.

그래서 데비는 '뜨개질을 되찾아 오기'로 결심했습니다. 『버스트』를 발판 삼아 전통적으로 여성적인 활동이라고 여겼던 것들을 되찾고 재전유하는 일이 얼마나 중요한지에 대한 글을 썼어요. 이를테면 뜨개질한 비키니와 해골이 그려진 스웨터의 패턴과 함께 말이죠. 데비는 더욱 공개적으로 뜨개질을 했어요. 공공장소에서 뜨개질을 하고 〈한 땀 한 땀 뜨는 년들〉이라는 프로그램을 조직해 진행했죠. (이것은 그 뒤에 큰 인기를 얻은 단행본 시리즈의 제목이 돼요.)

데비는 '소녀 페미니즘'이라는 개념을 대중화했어요. 이 개념은 2000년에 제니퍼 바움가드너와 에이미 리처드가 쓴 책『선언: 어린 여성들, 페미니즘, 그리고 미래』(Manifesta: Young Women,

Feminism, and the Future)에서 처음 사용한 말이에요. 소녀 페미니즘은 제3물결 페미니즘의 일부로서 전통적으로 여성적인 활동이라 여겨져 온 것들의 가치를 높이 재평가하고, 여성의 일에 가치를 두며, 성에 관한 실험과 여성적 표현을 포용하고, 공예 분야에서의 여성의 역사를 존중하는 것을 포함한답니다.

자수 놀이를 해 봅시다! 겁먹지 마세요. 자수는 천, 실, 뜨개실을 어떻게 쓰는지 전혀 몰라도 가장 쉽게 배울 수 있는 것 중 하나예요.

첫째, 몇 가지 재료가 필요해요. 집 가까이에 있는 공예품점에 가면 찾을 수 있어요.

자수틀, 바늘, 자수 실, 가위, 천(무명천이라도 좋아요), 다리미와 다림판, 연필

수놓을 낱말이나 문구를 생각해 보세요. 간단하게 한 단어만 생각해도 괜찮아요. 인용문이나 선언문 전체여도 좋고요. 예를 들자면 나는 "소년들도 바느질을 할 수 있다"를 쓸 건데, 무엇이든 여러분이 원하는 문구를 고르면 돼요. (그럼요. 소년들도 바느질을 할 수 있답니다! 지금 이 책을 읽고 있는 여러분이 남자라면, 자수는 그동안 한 번도 안 해 봤지요? 그럼 이번에 한번 해 보세요!)

천을 자수틀보다 살짝 큰 크기로 네모나게 잘라서 다림질하세요. 그러면 표면이 매끄럽고 좋아져요. 그런 다음 연필로 수를 놓고 싶은 말이나 문장을 살짝 써 주세요.

이제 천을 자수틀에 끼워 보죠. 자수틀을 분리하세요. 그런 다음 안쪽 틀(둘 중 작은 것)에 천을 씌우고 큰 자수틀을 그 위에 얹으세요. 그러

면 천이 가운데에 있는 상태에서 바깥의 자수틀 두 개와 더불어 '자수틀 샌드위치'처럼 보일 거예요. 이렇게 한 다음에는 틀을 눌러서 조이고 천이 팽팽해지도록 당겨 주세요.

이제 수를 놓을 차례예요! 자수 실은 여섯 가닥으로 되어 있어요. 여섯 가닥을 전부 써서 두껍게 수를 놓을 수도 있고 두 개나 세 개만 써서 섬세한 표현을 할 수도 있어요. 아무튼 좋아하는 자수 실을 길게 뽑아서 바늘에 꿴 다음 가닥 끝을 매듭지어 보세요.

우리는 박음질하는 방법을 배울 거예요. 쉬워요. 글자를 수놓을 때 아주 좋아요.

첫 글자인 ㅅ의 위쪽부터 시작해 보죠. 바늘을 뒷면에서 앞면으로 찔러 넣은 후 매듭이 천에 딱 닿을 때까지 실을 당기세요. 이제 1센티미터보다 조금 짧게 땀을 만드세요. 바늘을 천 앞면에서 뒷면으로 찔러 팽팽해지게 당기세요. 오! 첫 땀을 놓았네요!

이제 재미있어져요. 먼저 놓은 땀에서 시작해 바늘을 천 뒷면에서 앞면으로 1센티미터 조금 덜 되게 찔러 넣고 실을 당겨 빼내세요. 그런 다음 첫 땀에서 생긴 구멍을 통해 앞쪽에서 뒤쪽으로 바늘을 찔러 넣고 실이 팽팽해지게 당기세요. 그러면 나란히 딱 붙은 두 개의 땀이 생겼죠. 멋지지 않아요?

글자가 완성될 때까지 계속 반복하세요.

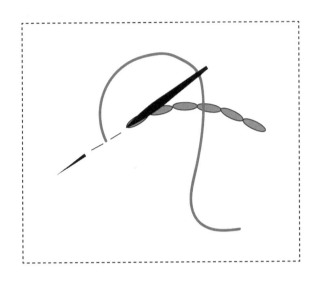

→ 박음질하는 법

단순한 박음질로 할 수 있는 게 엄청 많아요. 혹시 다음 단계의 자수 기술도 익히고 싶다면 가능성은 무궁무진하답니다! 새틴 스티치, 시드 스티치, 갈지자 수, 사슬뜨기, 레이지데이지 스티치, 내가 제일 좋아하는 프랑스 매듭 등 엄청 다양하죠. 기초적인 자수 바느질만 잘 익히면 온갖 종류의 멋진 페미니스트 메시지를 자수로 놓을 수 있어요.

12

진지한 책은
여자들이나
읽는 거라고?

책 좀 같이 읽읍시다!

"학교는 소년들에게 너무 적대적인 곳이 되었다."

이 강력한 표제는 『타임』지에 실린 크리스티나 호프 소머즈의 기사 제목이에요. 소머즈 자신의 『소년들에 대한 전쟁: 잘못된 정책이 어떻게 우리 어린 남자들을 해치는가』(The War Against Boys: How Misguided Policies Are Harming Our Young Men)라는 책에 기반한 글이었죠. 소머즈는 우리 모두가 '눈속임당한 소녀 신화'에 걸려들었다고 믿었어요. 그러니까 학교에서 소녀들이 맞닥뜨린, 성공하지 못하게 가로막는 보이지 않는 성별 장애물이 신화라는 거죠. 소머즈에 따르면, 사실은 그와 정반대라고 합니다. 소년들의 포부와 능력이 궤멸당하고 있다는 거예요. 소년들의 성적은 떨어지고 소녀들보다 책을 덜 읽으며 대학 입학률도 점점 떨어지고 정학당하는 일도 소녀들보다 잦으며 학교를 그만두는 비율도 소녀들보다 높고 주의력 결핍 과잉 행동 장애 진단을 받을 가능성도 높다는 거예요. 목록은 계속 이어집니다.

왜 이런 걸까요? 소머즈의 주장은 1994년에 출간한 『누가 페미니즘을 훔쳤나?』(Who Stole Feminism?)라는 논쟁적인 책에 처음 등장했어요. 그 책에서 소머즈는 자신이 '젠더 페미니즘'이라고 이름 붙인 페미니즘에 문제를 제기해요. 젠더 페미니즘이 남성 우월주의를 없애 성차별주의를 극복하고 여성과 남성의 동등한 권리를 추구하는 '동등 페미니즘'에 동조한다고 주장하죠. (곁다리지만, '젠더 페미니즘'과 '동등 페미니즘'은 아마 급진적 페미니즘과 자유주의 페미니즘을 각각 다르게 이름붙인 것으로 보여요.) 6년 뒤,『소년들에 대한 전쟁』에서 소머즈는 한 단계 더 나아간 주장을 하며 이를 교육 환경에 적용하죠. 젠더 페미니즘 때문에 학교가 점점 '소녀 같아'지고 있고(더 학술적인 용어를 쓰자면, '여성화하고' 있고) 소년들에게 적대적인 교육 환경이 되고 있다고 주장한 거예요. 그리고 그 결과로 소년들의 성적이 낮아지고 사회 문제가 증가하고 법적 문제를 일으킬 가능성이 높아졌다고 했어요.

이 모든 것은 매우 심각한 주장인데, 그중 하나를 집중해서 살펴보도록 하죠. 바로 '읽기'예요. '독서 기피자'라는 문구는 교육계에서 많은 관심을 얻었고, 소녀들보다 소년들이 비교적 이런 꼬리표를 받을 가능성이 높죠. 모 윌럼스는 유명한 그림책의 저자이자 '독서 기피자'인데 이렇게 말하기까지 했어요. "'독서 기피자'는 '소년'을 가리키는 별칭이다."라구요. 왜 그런지는 분명하지 않아요. 어쩌면 소년들은 책을 읽을 수 있을 만큼 오랫동안 앉아 있지 못하는 것일 수도 있어요. 어쩌면 밖에 나가서 신체적인 활동을 하는 걸 좋아할 수도 있죠. 어쩌면 소년들이 좋아하는 책이 충분하지 않을 수도 있어요. 또 어쩌면 소년들이 독서는 하지만 읽는 책이 문제일 수도 있고요. 그러니까 만화책이나 그림책은 독서에 포함되지 않을지도 모르죠. 이유가 무엇이든, 우리는 이 사실을 잘 알아요. '독서 기피자'가 되는 것은 악순환의 시작섬이 될 수 있다는 사실을요.

이제 이 연구를 한 발 더 깊숙이 들어가 살펴보죠. 브루킹스 연구원의 브라운 교육 정책 연구소에 따르면, 독서와 수학 부문에서 성별 격차는 **실제로** 존재해요. 소녀들은 수학에서는 소년들보다 좀 뒤처지지만 독서에서는 앞서죠. 1940년대부터 그래 왔어요. 시간이 흐르면서 독서 격차는 점점 줄어들었어요. 대부분은요. 중산층과 상류층 아이들을 보면 독서 능력에서 아무런 성별 격차가 없고 전반적인 학업 성과에서도 비슷한 수준이라는 것을 볼 수 있어요. 그렇지만 저소득층 아이들 사이에서는 격차가 고집스럽도록 계속되었어요. 이 아이들에게 '독서 기피자'라는 이름표가 붙여질 가능성이 많죠.

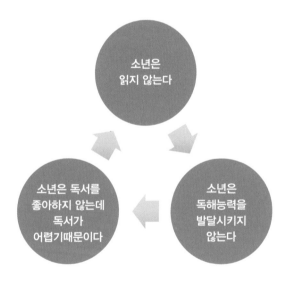

최근에 매트 드 라 페냐가 쓴 글을 읽었는데, 페냐는 뉴베리상을 받은 『시장길 마지막 정류장』(*Last Stop on Market Street*) 등 여러 책을 쓴 저자이며 또한 독서 기피자였어요.(많은 유명 작가들이 한때는 독서 기피자였죠!) 페냐가 자신의 어린 시절과 독서에 대해 하려는 말을 듣고 생각해 보죠.

나는 고등학교 때까지 줄곧 소설을 읽지 않았다. 신성 모독에 가까운 말임을 나도 안다. 나는 이제 작가다. 책과 글자들은 나의 세계다. 그러나 그때의 나는 공놀이를 하고 친구들과 노느라 정신이 없었다. 책을, 그것도 즐거워서 읽는 녀석들은 유약했다. 섬세했다. 사나이 세계인 나의 멕시코인 가족 안에서 남자가 될 자격을 잃게 하는 단 한 가지가 있었다면, 그것은 섬세해지는 것이었다.

'사나이'는 과장된 남성성을 지닌 남성이죠. 많은 멕시코계 미국인들 사이에서는 강력한 문화적 가치예요. 사나이들이 '책은 여자애 같은 것이다'라고 생각하면, 이 사나이들로 하여금 책을 읽게 만드는 것은 매우 어려운 일이 됩니다. 결과적으로 이런 일이 생기기 때문이에요.

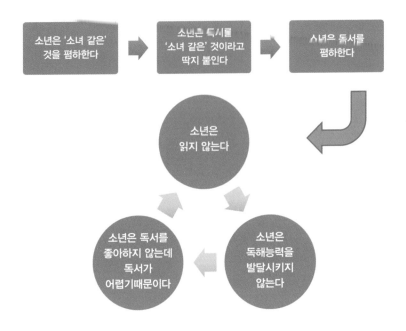

이런 관점에서 보면, 학교는 소년들에게 적대적인 곳이 되지 않았어요. 오히려 소년들이 여성적이 되는 것을 두려워하도록 배우면 '소녀 같은' 것으로 여겨지는 그 어떤 것에도 저항하겠죠. 자기한테 이로운 것이라고 해도 말이에요. 독서처럼 말이죠.

역사와 세계적 관점에서 본 문해력

"책을 많이 읽은 여자는 위험한 창조물이다."

리사 클리퍼스, 뉴욕타임스 베스트셀링 작가

 너무 위험해서 실제로 어떤 이들은 여성들이 글을 깨치거나 교육받지 못하게 폭력을 쓰려 하기도 해요. 파키스탄의 십 대 소녀이자 11세 때 여성 교육 운동 활동가가 된 말랄라 유사프자이를 보세요. (활동가가 되기에 너무 어린 나이는 없어요.) 탈레반 정권 아래에서 소녀들은 학교 가는 게 금지되었고 여학교들은 탈레반 군부에 의해 폐쇄되었어요. 말랄라는 가명으로 자신의 경험을 이야기하는 블로그를 운영하면서 점점 더 교육 운동에 참여하게 되었죠. 말랄라의 이야기는 사람들에게 강력한 영향을 주었고 그녀의 활동은 교육 정책을 바꾸는 데 기여했어요. 2012년, 말랄라가 통학 버스를 타려고 할 때 누가 그녀에게 총을 쐈어요. (말랄라는 목숨을 건졌고 오늘날 전 세계를 돌며 활동에 더 매진하고 있어요.) 이 사건은 소녀들이 교육받지 못하게 하려는 이들이 이렇게나 많다는 사실을 말해 주죠.

 인류 역사를 통틀어, 사람들은 여성들이 읽지 못하게 하려고 오랫동안 엄청난 노력을 기울여 왔어요. 기록된 역사를 보면 인류 최초의 작가는 여성(기원전 2300년 메소포타미아의 엔헤두아나 공주)이었는데도 여성들의 문해력은 가부장적 지배에 강력한 위협으로 여겨졌죠. 고대에는 여성들에게 읽기와 쓰기를 절대 허용하지 않았어요. 글로 쓰인 말에는 마력이 있다고 생각하고, 여자가 글로 쓰인 자료를 가지고 마력의 세계에 참여한다는 것을 끔찍하게 여겼죠. 사실 당시 대다수의 사람들은 (남자와 여자 모두) 문맹이었고 오직 극소수 종교 엘리트들만이 읽거나 쓸 수 있었어요. 그래서 쓸 수 있는 사람은 문맹인 보통 사람들에게 글을 읽어 줄 책임이 있었죠. 이것은 여자들이 사회가 지정한 자리에 머무르게 만드는 매우 강력한 방법이었어요. 생각해 보세요. 글로 쓰인 내용을 여러분은 읽을 수가 없고 대신 다른 사람이 읽어 주는 것에 의존해야 한다면, 독립적으로 생각하고 판단할 기회를 박탈당하겠죠.

서기 9세기에 이 모든 것이 완전히 변하게 돼요. 최초의 신성 로마 제국 황제였던 샤를마뉴가 남녀 모두 글을 읽는 능력이 있어야 한다고 말했거든요. 샤를마뉴는 많은 인구가 읽을 수 있도록 가르치는 것이 질서 있고 결속력 높은 사회를 만드는 데 중요하고 또 필요하다고 믿었죠. 여러분이 상상할 수 있듯이 이는 여성의 문해력에 엄청난 영향을 주었고, 그 덕분에 언어 교육이 성장했어요. 그렇지만 여성 독자들은 여전히 2급 계층에 속했죠. 그 무렵 여성들은 라틴어를 배우지 못했기 때문에 당시 읽을거리 중에서 '최고 본좌'라 할 수 있는 성서와 다른 종교 서적들은 읽을 수가 없었어요. 그렇지만 쉽게 이해할 수 있는 평이한 언어로 쓰인, 남자들이 '저급한' 것으로 여긴 책들은 읽을 수 있었죠. 다른 말로 하면, 그때 나라말로 쓰인 것들은 오늘날의 '칙릿'(chick lit: 여자들에게 큰 호응을 얻는 문학 작품을 일컫는 말로, 『브리짓 존스의 일기』(*Bridget Jones's Diary*)가 대표적이다-옮긴이) 같은 거죠. 대다수의 남자들은 절대 읽지 않을 책들 말이에요.

여성들의 문해력은 그때부터 만회되어 높아져 왔어요. 예를 들면, 16세기에 독서는 여성들에게 완전히 금기시된 행동이었죠. 그러나 여성들은 독서를 그만두지 않고 몰래 읽었어요. 보통 책보다 작고 저렴했던 '주머니 소설'은 여성들이 남편 몰래 숨길 수 있는 책이었는데 이때 굉장히 대중화되었죠. 그 뒤 18~19세기 산업혁명이 일어난 시기에 중산층과 상류층 가정의 남자들은 공장으로 일하러 나갔고, 여자들은 가정의 지킴이로서 집에 있어야 한다는 인식이 생겨났어요. 이와 동시에 소설이 부상해요. 특히 새로운 '유한 계급'의 일부였던 부유층 여성들에게 인기가 있었죠. 몇몇 이름을 들자면 샬럿 브론테와 에밀리 브론테 자매, 루이자 메이 올컷, 제인 오스틴 등의 작가가 있어요. 그러나 여성들은 여전히 적당한 수준에서만 독서할 것을 강요받았죠. 빅토리아 시대의 어떤 의사들은 독서가 여성의 건강에 해롭다고 믿었는데, 호흡 곤란부터 감정 기복에 이르기까지 다양한 증상이 동반되는 '침울감'을 일으킬 수 있다고 믿기도 했어요.

오늘날에 독서를 심리적 곤란의 원인으로 생각하는 것은 어리석은 일이겠죠. 오히려 읽기와 쓰기가 긍정적인 심리 효과를 낳는 다는 사실이 입증되었어요. (독서 요법과 일기 쓰기를 예로 들 수 있겠죠.) 그러나 오늘날에도 여전히 여성들이 읽고 쓰기를 배우는 것을 금지하는 곳들이 있어요. 문해율은 시간에 지남에 따라 서서히 늘어나고 있고 이는 좋은 일이에요. 그런데 문해력이 없는 이들의 대다수는 여성입니다. 유네스코 통계에 따르면 전 세계 4억 7700만 명의 여성들이 읽거나 쓸 줄을 모릅니다. 현재 미국에 거주하는 인구가 3억 2000만 명인 것과 비교하면 쉽게 이해되려나요? 상상해 보세요. 미국 사람들 전체와 여기에 1억 5000만 명을 더한 수의 사람들이 읽을 줄도 쓸 줄도 모른다는 것을요. 말도 안 되죠.

그런데 왜 여성의 문맹률이 특히 높은 걸까요? 문맹률이 가장 높은 곳은 사하라 이남 아프리카, 동남아시아, 서아시아 지역인데, 이 지역은 빈곤율과 인구 밀도가 너무 높고 여성들에 대한 부정적인 태도가 높을 가능성이 많아요. 농촌 지역의 많은 촌락과 번화가에조차 학교가 없고 기본적인 시설, 그러니까 책상, 책, 조명, 그 밖의 다른 물자들이 부족해요. 인구가 급증하고 자원이 감소하는 곳의 가족이 많은 가난한 사람들은 어린 자식들을 공장이나 탄광에 보내 일하게 해요. 어떤 나라들에서는 학교에 써야 할 돈을 제 주머니에 넣는 부패한 정치인들에 의해 통제받구요. 어떤 곳에서는 성별 편견이 여성들에게서 교육받을 기회를 빼앗죠. 분명히 교육받은 여성을 향한 두려움이 있어요.

왜 여성들의 문해력에 대한 두려움이 전 세계적으로 만연해 있을까요? 읽기란 강력한 행위이기 때문이에요. 여성들이 안내자나 쓰는 사람의 도움 없이 혼자서도 읽을 수 있게 되면 독립적으로 생각하는 것을 배울 수도 있겠죠. 더 이상 유순하게 순종하며 살지 않으려 할 수도 있어요. 읽는 법을 배우는 것은 여성들에게는 강력한 도구입니다. 왜냐하면 읽기는 여성들이 자신이 겪는 불의를 더 잘 깨닫도록 돕기 때문이에요. 놀라울 것도 없이, 일단 여성들이 문해력을 갖추면서 여성 혐오에 저항하는 데 더 적극적으로 관여하게 됐다는 것은 놀라운 일도 아니죠. 읽기는 여성들이 자신을 위한 다른 삶을 전망할 수 있게 해 왔고, 그 꿈을 향한 걸음을 내딛기 위해 행동할 수 있게 해 주었어요.

아동 도서 출판사에서는 종종 소녀들은 어떤 책이든 읽을 거고 소년들은 소녀들에 관한 책은 읽지 않을 거라 말하곤 해요. 그래서 제목에 '남아용 책' 또는 '여아용 책'이라는 표시가 붙고 그 각각을 대상으로 한 홍보가 이뤄지기도 하죠. 그 결과 어떻게 되냐구요? 소년들은 '남아용 책'을 읽고 소녀들은 '여아용 책'을 읽어요. 애초에는 문학에 존재하지 않았던 성별화한 분리가 이런 방식으로 일어나죠.

뭐가 '남아용 책'이고 '여아용 책'일까요? 어떤 책이 어떤 범주에 속하는지 출판사가 어떻게 결정할까요? 소년들은 '남아용 책'만 읽어야 한다고 생각하세요? 그리고 소녀들은 '여아용 책'을 고수해야 한다고 생각하세요? 그렇게 생각한다면 그 이유는 무엇인가요?

이제 SNS에서 #소년들은소녀들을읽는다(#BoysReadGirls) 캠페인을 검색해 보세요.

여러분이 소년이라면, 이 질문에 답해 보세요. 소녀가 주인공으로 나오는 책들 가운데 어떤 책을 좋아하세요? 왜 그런가요?

이제 SNS에 #소년들은소녀들을읽는다 해시태그를 달아 그 답변을 포스팅해 보세요.

여러분이 소녀라면 알고 지내는 소년들에게 같은 질문을 해 보세요. 그 친구들에게도 SNS에 위와 같이 해 보라고 말해 보세요.

13

예쁘고
날씬한 여자만
나오는
이상한 세계

미디어의 성 상품화

"엄마, 오늘 저녁밥은 안 먹니요. 날 빼아 대요."

열한 살인 사샤가 엄마에게 한 말이에요. "예쁜 딸, 왜 그런 생각을 해?" 하고 엄마가 물었죠.

"학교에서 애들이 나더러 뚱뚱하대요. 넌 뚱뚱해, 네 엄마는 날씬하고 예쁘지만, 이런 말도 했어요."

우리 사회는 소녀들과 여성들에게 다른 사람들(특히 남성들)에게 아름답고, 성적으로 매력 있고, 흠잡을 데 없는 욕망의 대상이 되는 방법에 관한 강력한 메시지를 보내는 해로운 미디어로 가득 차 있어요. 더욱이 우리 사회는 문화적 이상형에 들어맞지 않는 몸 형태를 가진 사람들에게 냉혹하죠. 과체중인 아이들은 날씬한 또래들에 비해 괴롭힘을 당하기 쉬워요. 그리고 뚱뚱한 성인들도 의료서비스 차별, 고용 차별, 다른 미세공격적인 행동에서 편견을 겪기 쉽죠. 아베크롬비앤피치의 대표가 자신들의 회사는 '멋지고 잘생긴 사람들'을 대상으로 한 옷을 팔기 때문에 특별히 큰 사이즈의 의류는 팔지 않을 거라고 했을 때, 여러분도 다양한 사이즈의 수용이라는 측면에서 우리 사회가 갈 길이 멀다고 느꼈을 거예요.

여성들은 심지어 더 까다로운 미와 매력 기준에 붙잡혀 있어요. 여성들은 외모로 판단될 뿐만 아니라 미디어에 나오는 여성들의 이미지도 성적 대상화한 것일 가능성이 높죠. 여성을 성적 대상화한 미디어 속의 메시지는 다음을 포함하고 있어요.

- 남자들의 성적 관심을 끌 때만 너는 소중하며 가치 있다.
- 성적으로 매력적이 되기 위해 모델들처럼 예뻐야만 한다.
- 너의 값어치는 지성, 창의성, 야망에서 나오는 것이 아니라 성적 대상이 되는 것에서 비롯된다.
- 남자들은 "싫어!"라고 말하는 여자들을 좋아하지 않는다.
- 소녀들은 나이보다 더 들어 보이게 차려입고 행동해야 매력적이다.

성적 대상화는 텔레비전, 영화, 노랫말, 뮤직 비디오, 인터넷, 잡지, 비디오 게임, 스포츠 방송, 광고 등 어느 곳에서나 일어납니다. 우리 사회가 기술적으로 발달하면 할수록 미디어는 수많은 콘텐츠로 포화될 거예요. 여성을 성적 대상화한 콘텐츠의 과잉 공급은 터무니없는 결과를 낳았죠. 미국 심리학 협회 여아에 대한 성적 대상화 전담팀에 따르면, 여성이 성적 대상화한 미디어에 꾸준히 노출되면 학교 성적 저하, 낮은 자존감, 우울증, 식이 장애, 위험한 성적 행동(콘돔 미사용, 자기주장을 하지 않음), 여성을 성적 대상으로 묘사하는 편견에 대한 더욱 강력한 지지, 다른 어떤 자질보다 외모에 가치를 두는 것 등의 결과로 이어진다고 해요.

그럼 여러분은 무엇을 할 수 있을까요?

여러분은 미디어를 비판적으로 보는 눈을 키울 수 있어요. 텔레비전에서 보는 것, 잡지에서 읽는 것, 또는 광고에서 보는 것에 대해 말해 보세요. 여러분이 생각하기에 성차별주의적이거나 성적 대상화하는 메시지가 있다면 이를 문제 삼아 보세요.

여러분은 편안하게 느끼는 옷을 선택할 수 있어요. 각자 자신만의 패션 감각을 키우세요. 여러분 자신을 위해 입으세요. 다른 사람을 위해서가 아니라요.

여러분을 불편하게 만드는 것을 본다면 목소리를 내고 행동을 하세요. 여러분이 보기에 적절해 보이지 않는 광고가 있다면 해당 회사에 메시지를 보내세요. 소녀들을 성적 대상화하는 메시지를 보내는 잡지를 봤다면 그 잡지는 당장 그만 읽으세요. 여러분 스스로에게 좋은 느낌을 지니게 해 주는 미디어를 골라서 보세요.

여러분은 좋아하는 것을 할 수 있어요. 여러분이 흥미를 느끼도록 만드는 활동에 참여하세요. 그러면 관심사가 같은 사람들을 만나게 될 거예요.

여러분은 어느 누구도 아닌 바로 여러분 자신이 될 수 있어요. 비현실적인 이미지를 따라서 모델과 같아지려고 애쓰지 마세요.

페미니스트 역사

진 킬본과 미디어 정보 해독력

우리 중 많은 이들처럼, 진 킬본은 여러 여성 잡지를 읽었어요.

그러나 광고는 그렇게 유심히 보지 않았죠. 1968년 어느 날, 의학 잡지에 광고 넣는 일을 하다가 어떤 광고 하나에 시선이 끌렸어요. 거기에는 "오뷸런21은 생리 주기가 아니라 일주일 단위로 생각하는 여성의 방식으로 작동합니다."라는 문구가 적혀 있었어요. 각 요일을 나타내는 일곱 개의 말풍선을 달고 있는 여성의 사진과 함께 말이에요. 월요일 말풍선에는 빨래 통이 있는데 '빨래하는 날'을 가리켰죠. 화요일 말풍선에는 다리미가 있고 '다림질 하는 날'을 나타냈죠. 그렇게 계속되었어요. 킬본은 그처럼 성차별주의적인 광고를 보고는 한 대 얻어맞은 듯한 느낌이 들었습니다. (그건 피임약 광고였거든요!) 킬본은 광고들을 모아서 냉장고에 붙여 보기 시작했어요. 시간이 지남에 따라 킬본의 눈에는 반복적으로 이어지는 성차별주의의 유형이 점점 또렷이 보였죠. 킬본은 그 이미지들을 슬라이드로 만들어서 광고 속 여성에 관한 강연을 하러 다니기 시작했어요. 이것은 미디어 정보 해독력에 대한 전국적인 관심을

→ 옆의 사진은 진 킬본의 다큐멘터리 영화 <부드럽게 여성을 죽이는 법>에서 다룬 광고예요. 광고 속의 명백한 성차별주의는 킬본이 광고를 더욱 비판적인 시각으로 보게 만들었죠. (출처: 진 킬본, <부드럽게 여성을 죽이는 법: 광고 속 여성 이미지>, 노스햄튼, MA: 미디어 교육재단, 2010)

불러일으키고, 사람들이 광고를 주의해서 보게 만들었죠.

오블런21의 광고를 처음 본 지 10년이 지난 1978년, 킬본은 자신의 첫 다큐멘터리 영화 〈부드럽게 여성을 죽이는 법〉을 만들었어요. 이 다큐멘터리에서 킬본은 광고가 여성에 대한 우리 사회의 태도를 어떻게 반영하고 재강화하는지 보여줍니다. 예를 들어 이 다큐멘터리에는 러브의 베이비 소프트라는 향수 광고가 포함됐는데, 여기에는 어린 소녀가 나이보다 훨씬 성숙하고 유혹적인 외모로 보이기 위해 화장하는 모습이 나와요. "여자의 냄새는 모두의 문제죠."라고 쓴 탈취제 광고도 있고, "그녀가 속한 곳에 그녀를 붙들어 두세요."라고 쓴 신발 광고도 있죠. 그날부터 킬본은 처음 나왔던 다큐멘터리를 세 번 업데이트했는데, 가장 최근의 것이 〈부드럽게 여성을 죽이는 법: 광고 속 여성 이미지 4편〉이에요. 킬본이 만든 다른 영화들도 모두 광고에 문화적 현미경을 들이대고 있어요. 킬본의 영화는 십 대와 청년층 관객들에게 엄청난 인기를 얻었고, 킬본의 작업은 미디어 정보 해독력과 페미니즘 사이의 관계를 광범위한 관객들에게 보여 주었죠.

킬본의 작업 결과, 광고들이 바뀌었을까요? 〈부드럽게 여성을 죽이는 법 4편〉에서 킬본은 다음과 같은 냉정한 말을 남겼어요.

때로 사람들은 내게 말한다. "이걸 40년 동안이나 말해 왔는데 뭐가 좀 나아졌나요?" 사실 내가 말할 수 있는 것은 더 나빠졌다는 것이다. 광고는 상품 이상의 것을 판다. 광고는 가치를 팔고 이미지를 팔고 사랑과 성에 대한 관념을 팔고 성공에 대한 관념을 팔고, 가장 중요하게는 정상성을 판다. 광고는 우리가 누구이며 어떤 사람이 되어야 하는지를 엄청나게 쏟아내고 있다.

다큐멘터리를 통해 뭐가 더 나아진 것은 없다는 사실이 명백해 보이죠. 현대 광고에서 모델은 더 가늘어지고 여성성, 성 그리고 폭력 사이의 연결은 더 노골적이 되었어요. 그리고 과감한 성적 표현은 포르노그래피를 닮았죠.

좋은 소식은 더 많은 사람들이 주의를 기울이고 목소리를 내고 있다는 거예요. 더 많은 브랜드들이 현실의 일반 여성들을 모델로 쓰고 있죠. 2012년에 잡지『세븐틴』은 '몸 평화 협약'을 선언하면서 잡지에 싣는 이미지를 더 이상 포토샵하지 않을 것이고, 현실 속 소녀들과 건강한 모델들의 사진을 실을 거라고 발표했어요. 수없이 많은 여성들이 성차별주의적 광고에 반대하는 행동을 조직하고 참여했죠. 그리고 진 킬본의 작업 덕분에 미디어 정보 해독력은 학교에서 일반적으로 가르치는 기술이 됐어요. 천천히, 그러나 확실히, 대중 매체에서 표현하는 여성의 모습은 달라지고 있어요.

연구에 따르면 전통적인 여성 잡지의 정기 구독자인 여성들은 이런 잡지를 전혀 읽지 않는 여성들보다 자신의 몸을 부정적으로 느낄 가능성이 더 많다고 해요. 이런 잡지들 중 많은 경우는 여성들에게 몸 이미지, 성, 자기 가치, 매력, 폭력 등과 관련해 유해한 메시지를 전달해요. 하지만 인터넷에서도 여성 잡지는 여전히 인기가 많죠.

그럼 반대 메시지를 보내기 위해 페미니스트 잡지를 한번 만들어 보자구요.

시작하기 전에 몇 분만 할애해서 다음과 같은 질문들을 생각해 보도록 해요.

• 목표 독자가 누구인가요? 여러분이 만드는 잡지를 모든 이들이 읽기를 바라나요, 아니면 특정한 집단을 대상으로 하나요?

• 어떻게 생긴 잡지를 원하나요? 고급스러운 전문가 잡지처럼 보이길 원하나요, 아니면 누구나 직접 만드는 잡지 스타일을 원하나요? 인쇄본을 만들 건가요, 아니면 온라인 버전으로 만들 건가요, 아니면 둘 다 만들 건가요?

• 잡지에는 누가 나오나요? 독자들은 어떤 이미지를 보게 되나요? 광고를 실을 건가요? 그렇다면 광고주들이 지켜야 할 규약에는 어떤 내용을 넣

을 건가요? 많은 페미니스트 잡지들은 이 작업을 꼭 한답니다.

• 광고를 싣지 않겠다고 결정했다면 인쇄비 등의 비용은 어떻게 감당할 예정인가요? 잡지 『미즈』는 광고를 받지 않기로 하고도, 그러니까 성차별주의적인 이미지들을 삭제하고도, 각 호의 발행 비용을 벌었죠.

이제 첫 호를 만들어 봐요! 여러분의 잡지니까 원하는 대로 만들면 돼요. 어떤 생각이 들었다면 그렇게 만들어 보세요. 어떻게 시작해야 할지 잘 모르겠다면 조금 안내를 드려 볼게요.

• 잡지 이름을 정하세요.
• 표지를 디자인하세요. 제목은 어떤 글씨체를 사용할 건가요? 본문 내용은 어떤 글씨체를 쓸 건가요? 표지에 어떤 이미지를 쓸 건가요?
• 여러분은 이제 편집자예요! '편집자의 글'을 한 쪽 쓰세요. 여기에는 이 잡지를 발행하는 목적과 독자들이 이 잡지에서 어떤 것을 기대하며 읽으면 될지를 쓰면 돼요.
• 친구들에게 여러분이 정한 주제에 대한 글을 써 달라고 하세요. 물론 여러분도 쓸 수 있어요. 친구들에게 각자가 택한 페미니스트 주제에 대하여 써서 투고하라고 할 수도 있어요.
• 잡지에 볼거리를 넣으세요. 사진도 좋고 그림, 만화, 그래픽 예술 등 여러분이 원하는 어떤 거라도 좋아요. 그 예술 작품이 여러분이 목표로 한 독자들을 데싱으로 하는지 확인하고요.

- 핀면을 널게히세요. 펑ㅗ 좋이히는 잡지를 한번 살펴보고 시가저으로 어떤 점이 마음에 들었는지 찾아내 보세요. 색깔일 수도 있고 글씨체나 인쇄 방법일 수도 있고 무늬나 페이지 배치일 수도 있어요.
- 스캐너와 컴퓨터를 쓸 수 있다면 각 페이지를 스캔해서 컴퓨터에 저장하세요. 그런 다음 모든 페이지를 출력해서 수작업으로 묶을 수도 있고, 컴퓨터에 있는 출판 프로그램이나 워드를 사용해서 디지털 잡지를 만들 수도 있어요.
- 잡지를 다른 사람들에게도 나눠 주세요! 사람들에게 잡지에 관한 의견을 듣고 잡지에 기부하는 것도 요청해 보세요.

14

호감을
얻는 게
나보다
더 중요해?

싫은 건 싫다고 단호히 말하기

"목소리를 내세요."
멜린다 게이츠, 빌앤드멜린다게이츠 재단 공동 대표

변화를 원한다면 목소리를 내야 해요. 훌륭한 충고죠? 다만 목소리를 내기가 그렇게 항상 쉽지 않을 뿐이에요. 특히 우리 문화는 여성들에게 그와는 정반대로 하라는 메시지로 가득 차 있으니 더 그렇죠. 디즈니가 만든 〈인어공주〉는 그 완벽한 보기예요. 주인공 아리엘은 왕자인 에릭이라는 인간과 사랑에 빠진 인어죠. 바다 마녀 우르술라와 계약을 합니다. 목소리를 포기하는 대신 사흘 동안 인간으로 살 수 있는 거였죠. 목소리를 되찾을 수 있는 유일한 길은 (그리고 다리를 유지할 수 있는 유일한 길은) 에릭 왕자의 키스를 받는 것이었어요. 이건 아주 고전적인 이중 구속으로, 수많은 여성들이 맞닥뜨리는 일이죠. 목소리를 지키거나 아니면 남자를 가지거나. 한번 골라 보세요.

이제 우리 대부분은 이런 꽉 막힌 딜레마를 겪지는 않아요. 적어도 노골적인 방식으로는요. 그러나 여성들이 조용히 있고 눈에 띄지 않으면 상을 받고, 목소리를 내거나 저항하면 벌을 받는 일은 비일비재하죠.

여성들이 발언하는 일을 얼마나 두려워하는지에 대한 사례가 있어요. 지나는 자기방어 기술을 가르치는 내 친구예요. 십 대들을 대상으로 6주 동안 진행하는 프로그램을 이끌었죠. 지나는 첫날 수업에서 학생들을 한 줄로 세우고 자신을 마주 보게 했어요. "싫어!라고 말하는 연습을 할 거예요."라고 지나가 말했죠. "크게 말해요. 자신감 있게."

대부분의 소녀들이 키득거렸죠. 지나는 개의치 않았어요. "시작!" 하면서 맨 앞에 서 있는 브리트니를 지목했어요.

"싫어?"

"지금 질문을 하고 있나요?" 지나가 장난스럽게 말했죠.

브리트니는 얼굴이 빨개졌어요. "나쁜 년처럼 말하긴 싫어요."

연습은 줄이 끝날 때까지 계속됐어요. 어떤 소녀들은 '싫어'를 크고 분명하고 단호하게 말하고, 어떤 소녀들은 조금 주저하면서 말했어요. 그다음, 지나는 동그랗게 둘러앉으라고 한 뒤 연습하면서 어떤 느낌이 들었는지 소녀들과 이야기를 나눴어요. 정말 멋진 대화였어요. 소녀들은 이렇게 말했죠.

"그런 식으로 '싫어'라고 말하니까 좀 버릇없이 들렸어요."

"좀 부드럽게 말하고 싶어요. 소란 피우고 싶진 않아요."

"싫어! 하고 소리를 지르면 사람들이 놀랄 거라고 생각해요."

한 소녀가 말했어요. "'싫어'라고 그런 식으로 말해 본 적은 지금 껏 한 번도 없어요." 그리고 잠시 멈췄다가 "느낌이 좋았어요."라고 말했죠.

소녀들은 대체로 친절하고 다른 사람의 감정을 배려하도록 사회화하죠. 이건 나쁜 게 아니에요. 모든 사람이 서로를 배려할 수 있으면 세상이 훨씬 좋아지지 않겠어요? 그렇지만 소녀들은 친절함이 ─ 그리고 그 점에 호감을 얻는 것이 ─ 안전함보다 더 중요하다고 배우죠. 그래서 많은 소녀들이 사람들을 불편하게 하고 싶지 않아서, 창피를 주거나 과민 반응을 하고 싶지 않아서 어떤 경우에는 자신의 신체적 안전과 감정적 안전을 위험에 빠뜨리기도 해요.

"싫어."라고 말하는 것은 힘을 북돋죠. 그러나 그 말을 잘하게 될 때까지는 연습이 필요해요. 처음엔 꼴사납고 어색한 느낌이 들 수 있어요. 그러나 연습을 꾸준히 더 할수록 말하기 쉬워져요. 다음 안내를 잘 기억해 두면 도움이 될 거예요.

- 가능한 한 자신감 있고 차분하게 들리도록 연습하세요. 차분한 느낌이 들지 않는다 하더라도 말이에요. 설사 "싫어."라고 말할 때 목소리가 떨려도, 그 말을 했다는 사실 자체에 자부심을 느껴도 돼요. 여기 좋은 예가 있어요. 마리아 엘레나 살리나스가 유니비전 방송국에 텔레비전 리포터로 처음 취직했을 때 무대 공포증이 있었어요. 말실수를 하면 목소리가 떨렸죠. 그래도 포기하지 않고 그냥 계속했어요. 이제 살리나스는 스페인어 공동체에서 가장 유명한 뉴스 앵커 중 한 명이 되었고, 라틴계 공동체의 강력한 옹호자가 됐어요.
- 다른 사람의 도움을 받으세요. 재즈 제닝스는 남자아이 딱

지를 붙이고 태어났지만 어렸을 때 벌써 자기가 여자라는 것을 알게 된 십 대 트랜스젠더예요. 재즈는 다른 사람들에게 자신의 이야기를 들려주고 싶었고 부모님도 여기에 전적인 지지를 보내주셨죠. 처음 몇 번은 공식적인 자리에서 말할 때 정말 떨렸어요. 그러나 가족들의 많은 격려에 힘입어 계속해서 자리를 만들어 이야기를 했죠. 이제 재즈는 전국을 다니면서 청중 앞에서 연설하고, 자신의 경험을 쓴 아동 도서 『나는 재즈입니다』(*I am Jazz*)를 공동으로 펴냈어요.

- 몸짓 언어와 목소리 톤이 "싫어."라고 말하는 것과 잘 어울리게 만들어 보세요. 예를 들어 브리트니처럼 "싫어?"라고 묻는 듯이 말하면 여러분이 "싫다."고 하는 것이 협상 가능한 것처럼 들리게 만들어요. 많은 연구에 따르면 말을 질문하듯이 하는 것은 소년들보다 소녀들에게서 더 흔해요. 언어 학자들은 이런 유형을 '끝 올려 말하기'라고 하죠. 예를 들면 이렇게 말하는 거예요. 단어에서? 마지막 음절을? 더 높은 억양으로? 말하는 거? 이렇게 말끝을 올려 말하면 불확실하다는 느낌을 줍니다.

생각해 보면 "싫어."라고 말하는 것은 우리 자신의 경계를 정하는 방법이에요. 그러나 모든 사람들이 이 경계를 존중하지는 않아

요. "싫어."라고 말했는데 듣지 않으면 어쩌죠?

• 반복하세요. 다시 한 번 "싫어."라고 말해서 자신이 정해 놓은 경계를 한 번 더 강화하세요.
• 집중하세요. 상대방이 질문하거나 도전해 와도 벗어나지 마세요.
• "싫어."라는 것은 이미 완전한 답이라는 점을 기억하세요. 물론 예의 바르게 시작하세요. 그렇지만 "싫어."라고 말했는데도 그 말이 존중되지 않는다면 "싫어."라고 말하는 것에 사과할 필요가 전혀 없다는 점을 명심하세요. 또한 "싫어."에는 설명이 필요 없어요.
• 필요하다면 대화를 끝내세요. 대화에 참여할지 말지를 결정하거나 그 자리를 벗어나는 것은 언제나 여러분의 권리예요.

페미니스트 역사

어떻게 여성들이 침묵을 강요당했고 또 목소리를 되찾았는가

여성의 목소리는 유사 이래 내내 침묵을 강요당해 왔어요. 사실 메소포타미아 지역 라가시의 왕인 우루카기나(기원전 2350년경) 시절에 발달했던 최초의 정부와 법 제도에서도 성차별주의를 근본적으로 합법화하는 법이 통과되었죠. 그중 하나는 여성이 가질 수 있

는 남편의 수를 규정했어요. 여성이 이 법을 이기면 돌에 맞아 주는 벌을 받았어요. 다른 하나는 여성을 효과적으로 침묵시키는 법이었죠. 이 법의 본래 내용은 이렇게 쓰여 있어요. (원문 내용은 읽기가 힘들어요.) "만약 여자가 남자에게 말을 하면, 그 입은 달군 벽돌로 짓이겨질 것이다." 근대의 많은 역사가들은 이 두 법이 여성의 종속을 증명하는 가장 이른 시기의 법이라 보고 있죠.

여기에서 여성은 조용히 있어야 한다는 오래된 세계관이 시작된 거예요. 호메로스의 『오디세이』(*Odyssey*)에서도 이를 볼 수 있어요. 오디세이와 페넬로페의 아들인 텔레마코스는 어머니에게 말하죠. "어머니, 어머니의 공간으로 돌아가서 실로 옷감을 짜는 어머니의 할 일을 하세요. 말하기는 남자의, 모든 남자의, 그리고 무엇보다도 나의 일입니다. 내 말이 이 집의 권력입니다." 소포클레스의 『아이아스』(*Aeas*)에서 주인공은 트로이 전쟁에서 포로로 붙잡혀 온 테크메사를 "여자, 여자에게는 침묵이 가장 좋은 장식물이다."라고 힐책합니다. 그리스 철학자들은 여성의 침묵을 한층 더 강화했어요. 플라톤은 여자는 남자보다 지적으로 열등하다고 믿었고, 아리스토텔레스는 여성은 이성적 능력이 없으며 따라서 남성에게 계속해서 복종해야 한다고 생각했죠.

그리고 종교가 있습니다. 성경의 「디모데전서」 2장 12절에는 "나는 여자들이 가르치거나 남자에게 권위를 행사하는 것을 허락하지 않는다. 여자는 조용히 있어야 한다."고 나오죠. 그리고 「고린 도전서」14장 34절에는 "여자는 교회에서 조용히 있어야 한다. 말하는 것을 허락받지 않았기 때문이다. 법률이 또한 말하듯 여자는 복종해야 한다." 여성들이 성직자들 사이의 남성 지배 체제에 도전하려고 할 때마다 그에 맞서는 이들은 전형적으로 이 구절을 인용하죠. 많은 종파에서 여성이 목사와 성직자로 복무하는 것을 허용해요. 그렇지만 가톨릭교회에서는 여전히 여성들이 신부가 되는 것을 허용하지 않고, 몇몇 복음주의 종파에서도 여성이 직권을 갖는 것, 특히 공적인 자리에서 말하는 것을 금지하고 있어요.

우리는 심리학 영역에서도 여성을 침묵시키는 것의 영향을 볼 수 있습니다. 1900년대 초기로 돌아가 유명한 정신 분석 학자인 지그문트 프로이트의 환자, 열다섯 살 도라의 사례를 보죠. 도라는 아버지의 친구들 중 한 명이 저지른 성적으로 부적절한 행동의 피해자였어요. 그 일을 겪은 직후 도라는 당시 히스테리라고 알려진 심리 증세를 겪기 시작했죠. 그래서 도라의 아버지가 프로이트 박사에게 도라를 데려간 거예요. 도라의 주요 증세는요? 목소리를 잃은 것이었어요. 치료가 계속되면서 도라는 자신이 겪은 성폭력과 목소리 상실을 연결했어요. 말이 되죠? 그런데 프로이트는 그렇게 보지 않았어요. 프로이트는 도라에게 그 사건은 실제로 일어나지 않았다고 말했죠. 그리고 상처에 모욕을 더해, 사실은 도라가 아버지의 친구에게 비밀스럽게 끌렸지만 그 사실을 인정할 수가 없었던 거라고 말했어요. 도라는 '강간'당했는데 프로이트는 도라가 그걸 진심으로 원했다고 말한 거죠. 이러니 두라가 말을 못하게 된 것이 그리 놀라운 일도 아니죠. 목소리를 빼앗겼기 때문이에요. 그것도 몇 번씩이나.

여성들은 침묵을 강요받는 것에 대항해서 어떻게 싸웠을까요? 이에 답하기 위해 1800년대로 여행을 떠나 보도록 하죠. 여성 참정권 운동이 견인력을 얻기 시작하던 때 말이에요. 초기 참정권 운동가인 루시 스톤은 여성권 강사가 되려는 목표를 세우고 오벌린으로 갔어요. 오벌린은 미국 최초로 여성과 아프리카계 학생의 입학을 허용한 대학으로, 당대에는 진보적인 학교였지만 여성들이 공적인 자리에서 연설하는 것을 허용하지는 않았어요. 실질적인 연설 경험을 얻기 위해서 스톤은 수사학 강의를 들었죠. 그러나 그곳에서도 선택의 여지는 제한되었어요. 수업 시간에 여학생은 남학생들이 말하는 동안 듣는 역할만 담당해야 했죠. 그리고 수동적인 관찰을 통해서만 배울 수 있었어요. 많이 진보했다고는 하지만 수십 세기 동안 여성에게 침묵을 강요해 온 전통이 오벌린에서도 생생하게 유지되고 있었던 거죠.

스톤은 문제를 직접 해결하고자 했어요. 대중 연설을 배우고 싶어 한 친구 앙투아네트 브라운과 함께 비밀 모임으로 여성 전용 토론 클럽을 만들었어요. 이들은 숲속에서 망보는 사람을 당번으로 세워 두고 회합을 가졌죠. 바깥에서 만나기에 날이 너무 추울 때는 루시의 아프리카계 동급생의 집에서 만났어요. 그 집은 시내 변두리에 있었는데, 한 번에 한두 명씩만 움직여 사람들의 관심을 끌지 않도록 애썼죠. 몇 달에 걸친 비밀 모임 끝에 스톤은 수사학 교수로부터 수업 시간 토론에 참여할 수 있다는 허락을 받았어요. 그러나 얼마 후 대학 당국은 부랴부랴 남학생과 여학생이 같이 하는 수업에서 여학생의 토론을 금지하는 교칙을 실시했죠.

스톤은 오벌린에서 공적으로 말할 수 있는 권리를 계속해서 주장했어요. 그러나 그 노력은 대개 헛수고로 돌아갔죠. 1847년, 오벌린을 졸업한 스톤은 매사추세츠주에서 대학을 졸업한 첫 여성이 되었어요. 스톤은 졸업 연설문 쓰는 것을 거부했어요. 왜냐하면 연설문을 읽는 것이 허락되지 않으리라는 걸 알았기 때문이죠. 10년 뒤인 1857년, 드디어 오벌린은 여성이 공식 기념식이나 포럼에서 말하는 것을 허용했어요.

그동안 루시 스톤은 역사상 가장 강력한 여성 연설자가 되기 위한 길을 꾸준히 걸었어요. 스톤은 미국 전역을 다니며 연설과 강의를 했습니다. 특히 여성 참정권, 노예제 폐지, 여성 의복 개량(몸을 꽉 죄는 보디스와 코르셋을 없애고, 대신 느슨한 '블루머' 입기) 등을 중심에 두었죠. 결혼했을 때는 남편의 성을 따르지 않겠다고 거부했는데, 이는 그때로서는 아주 획기적인 행동이었어요.

싫다고 말하는 것에는 연습이 필요해요. 그러고 나서도 싫다고 말하는 것이 정말 어려운 때는 여전히 있죠. 쉬운 것에서 시작해 봐요.

일주일 동안 평소에는 "싫어."라고 말하지 않을 것 한 가지를 고르세요. 크거나 중요한 것이면 안 돼요. 보통은 "좋아."라고 대답하는 것이어야 해요. 그리고 "좋아."라고 말하는 대신 "싫어."라고 말하세요. 예를 들어, 친구가 여러분이 좋아하지 않는 과자를 주면 대개는 그냥 받아먹죠. "싫어."라고 말해서 친구의 감정을 상하게 하고 싶지 않으니까요. 또는 이런 예도 있겠죠. 친구들과 영화를 보러 간다고 해 봐요. 그리고 대체로 여러분은 어떤 영화인지는 그리 상관하지 않죠. 이번에는 제안된 영화가 여러분이 보고 싶은 게 아니라면 "싫어."라고 말하도록 노력해 보세요. 그리고 다른 영화를 제안해 봐요.

일주일 동안 "싫어."라고 말할 때마다 어떤 느낌이 들었는지 일기를 써 보세요. 일주일이 끝날 때 읽어 보세요. 일주일 동안 여러분의 감정이 변해 갔나요? 연습할수록 싫다고 말하기가 더 쉬워졌나요? 쉬워지지 않았다면 한 주 더 연습해 보세요.

죄책감 없이 "싫어."라고 말하도록 애써 보세요. 기억하세요. 여러분은 원할 때마다 "싫어."라고 말할 권리가 있어요. 그리고 그렇게 하는 걸 괜찮아할 권리도 있어요.

15

선택의 자유?
구조적 한계?

충분히 알고 나에게 최선을 선택하기

여성 심리 수업에서 진 킬본의 다큐멘터리 〈부드럽게 여성을 죽이는 법〉을 보고 난 뒤였어요. 우리는 활발한 토론 시간을 가졌어요. 광고의 힘에 초점을 맞추고, 여러 주제 중에서도 광고 속에 나타나는 여성의 성적 대상화와 폭력이 연결되는 방식, 몸의 이미지에 끼치는 광고의 영향력, 그리고 점점 늘어나는 소녀에 대한 성적 대상화 등에 대해서 토론했죠. 그러고 나서 한 학생이 손을 들었어요.

"말하고 있던 여자 말인데요, 화장을 하고 있었어요. 그리고 염색을 한 것 같았어요. 어떻게 미디어를 비판하면서 여전히 그런 것들을 하죠? 틀림없이 진짜 페미니스트는 아니에요."

그러자 다른 학생이 뛰어들었어요.

"화장을 하고 싶어 한다면 그건 그 여자의 선택이라고 생각해요. 페미니즘은 선택의 자유를 갖는 것에 대한 거 아닌가요?"

여러분이 페미니스트라면 화장을 할 수 있나요? 체중 조절을 해도 될까요? 치렁치렁한 치마를 입고 하이힐을 신거나 다리털을 밀거나 머리카락을 염색할 수 있나요? 진 킬본은 선택의 자유를 실천하고 있었나요, 아니면 '남자'에게 잘 팔리려고 한 건가요?

많은 페미니스트들은 페미니즘이란 무엇보다도 선택에 관한 것이라고 말할 거예요. 자유주의 페미니즘을 예로 들어 보죠. 자유주의 페미니즘은 여성과 남성이 동등하고 똑같은 역량과 능력이 있다고 믿어요.

그렇기 때문에 여성은 동일 임금을 받아야 하고, 취업 기회와 교육 기회가 동일해야 하고, 정치적으로 동일한 대표성을 가져야 하죠. 자유주의 페미니즘에 따르면 성별과 무관하게 모두가 평등한 기회를 누려야 하며, 여성으로 산다고 해서 선택의 폭에 제한을 받으면 안 돼요. 여성이 매순간 선택한다는 점을 강조하면서, 여성이 개별적으로 행위성을 실천하는 것이 페미니스트의 행동이라고 보기에 '선택 페미니즘'이라고 일컬어지기도 해요.

화장하고 싶거나 염색하고 싶거나 치마를 입고 하이힐을 신고 싶다면 그건 그 여성의 선택이죠. 여기에서 우리는 논란의 여지가 있는 선택 역시 허용하게 돼요. 어떤 여성이 스트리퍼나 노출 수위가 높은 무용수나 매춘 여성 같은 성노동자가 되고 싶어 한다면 그것도 그녀의 선택이라는 것이죠.

그러나 우리가 하는 모든 선택이 정말 자유로운 선택일까요? 개인을 넘어서 이 선택들이 만들어지는 맥락을 살펴보면 '선택들'이 어떻게 구조적 불평등으로 제한되는지 더 쉽게 볼 수 있어요. 성노동을 예로 들어 보죠. 많은 페미니스트들은 성노동이 합법적인 일이자 여성들이 선택할 수 있는 직업이라고 인정받기 위해 열심히 싸워 왔어요. 좋은 예가 고전 다큐멘터리 영화 〈살자! 벗자! 여자들아! 뭉치자!〉에서 잘 묘사되고 있죠. 이 영화는 일터에서의 권리를 주장하기 위해 노조를 결성한 스트리퍼 집단의 이야기를 담고 있어요. 여성들은 공정한 임금, 합당한 노동 시간, 성희롱 없는 직장에 대한 권리를 주장하고 있죠.

그때시 이 린점에서 보면 성노동은 재미있고 힘을 돋울 가능성이 있는 페미니스트 선택이에요. 그렇지만 또 다른 면도 있죠. 매매춘 종사자의 대다수는 가난한 유색인 여성이고 성적 학대를 당한 적이 있는 여성이에요. 이 여성들에게 성노동은 자유로운 선택이 되기 어려워요. 다른 선택지가 없었기 때문에 그 '선택'을 하게된 거죠. 더욱이 성 산업에 종사하는 많은 여성들은 인신매매를 당했는데, 이 말은 불법적으로 팔려서 노예가 되었다는 뜻이에요. 이각본에 자유로운 선택은 명백히 전혀 들어 있지 않죠.

화장, 염색, 치마와 하이힐 사안으로 돌아가 볼까요. 페미니스트로 살면서 이런 것들을 해도 되는 걸까요?

여러분 자신이 무엇을 할지는 여러분이 선택해야 합니다. 내 연구실에는 '엄청나게 멋진 페미니스트가 되는 방법'이라는 제목의 포스터가 있는데, 거기에 이런 문구가 있어요. "좋을 대로 치장하세요."라구요. 여러분의 몸은 여러분 것이에요. 여러분의 몸을 위해어떤 선택을 할지 어느 누구도 이래라저래라 할 수 없어요. 여러분의 허락 없이는요.

우리가 내리는 모든 선택에는 결과가 따라요. 우리 모두는 우리가원하는 것을 자유롭게 선택해야 합니다. 그렇지만 선택에는 결과가 따르죠. 화장을 하면 여성들이 자신의 외모에 불만을 느끼게 만들어 이윤을 축적하는 거대 규모의 산업에 기여하게 돼요. 다른 한편으로는, 화장을 하면 더 매력적으로 보일 수도 있고, 매력적으로 보이는 사람들은 일자리를 더 쉽게 얻을 수도 있고, 돈을 더 쉽게 벌 수도 있고, 연인을 더 쉽게 사귈 수도 있겠죠. 분명히 **옳은** 선택이란 없어요. 그러나 **충분히 알고 내리는** 선택은 있죠. 선택지를 알고 선택의 결과를 알면 여러분 스스로에게 맞는 선택을 더 쉽게 내릴 수 있어요.

진정한 선택은 여성들이 마주한 구조적 제약을 제거하는 데서 와요. 불평등과 선택권 부족에 대해 말하기 위해서 우리는 선택에 제약을 가하는 구조를 해체할 필요가 있어요. 페미니스트들은 다음과 같은 것이 너무나 중요한 선택지(또는 권리)라고 여기죠.

- 자유로울 권리
- 정치에 자유롭게 참여할 권리
- 교육받을 권리와 광범위한 교육 경로에 접근할 권리
- 원하는 직업을 추구할 권리
- 우리 몸을 어떻게 돌볼지 선택할 권리, 곧 불편한 상황에 대해 싫다고 말하거나 예상치 못한 임신을 했을 때 선택할 수 있는 다양한 선택지에 대한 권리

샬럿 퍼킨스 길먼과 소저너 트루스

샬럿은 어려운 시간을 지나고 있었어요. 모든 것이 걱정스러웠죠. 먹을 수도, 잘 수도 없었어요. 매일 힘이 점점 **빠져나가는** 것 같았죠. 그래서 가족들이 샬럿을 병원으로 데려갔어요.

신경 쇠약이라고 의사가 최종 진단을 내렸고 샬럿은 '휴식 처방'을 받았어요. 자기 방에서 침대에만 누워 있어야 하고 화장실 갈 때 말고는 절대 일어나서는 안 된다는 명령을 받았죠. 그러나 나아지지 않고 나빠지기만 했어요. 훨씬 나빠졌죠. 샬럿은 공황 상태가 됐어요. 비극적인 생각에 빠지고, 존재하지도 않는 것들을 벽지에서 보는 등 환각을 일으켰죠.

이것은 실제 이야기예요. '샬럿'은 19세기 작가 샬럿 퍼킨스 길먼입니다. 샬럿은 자신의 이야기를 『노란 벽지』(*The Yellow Wallpaper*)라는 짧은 소설로 써냈어요. 오늘날 샬럿의 증상을 생각해 보면, 샬럿이 우울증을 겪고 있었다는 것을 알 수 있죠. 그리고 오늘날의 우리는 샬럿에게 활동을 제한하고 방에만 격리되어 있으라는 충고는 절대 하지 않을 거예요. 그러나 1800년대 말의 사람들은 여성들이, 특히 중산층 백인 여성들이 섬세하고 유약하다고 생각했죠. 또한 여성들이 책을 읽거나 학교에 가거나 지적으로 자극을 주는 활동에 참여하면 정신병에 걸릴 수 있다고 생각했어요. 그래서 여성들이 불안이나 우울증 신호를 보이면 의사는 신체 활동과 두뇌 활동을 줄이고 되도록 아무것도 하지 말라는 처방을 내렸죠. 그럼으로써 여자들은 선택지를 사실상 박탈당했어요.

하지만 그 시기의 모든 여성들이 유약하다고 여겨진 것은 아니에요. 반대로 아프리카계 미국인 소녀들과 여성들이 강도 높은 노동을 하는 건 당연시됐거든요. 노예 해방 선언 이후에도 말이에요. 노예제 폐지주의자이자 여권 활동가인 소저너 트루스는 다음과 같은 유명한 연설을 했죠. "나는 여자가 아닌가요?"

저쪽의 저 남자는 여성이 탈것에 오를 때나 도랑을 건널 때 도움이 필요하다고 말합니다. 그리고 어디서나 가장 좋은 자리에 있어야 한다고 말하죠. 나는 탈것을 탈 때든 진흙탕을 건널 때든 아무도 도와주지 않으며 아무도 좋은 자리를 내주지 않습니다! 나는 여자가 아닌가요? 나를 보세요! 내 팔뚝을 보세요! 나는 쟁기질을 하고 씨앗을 심고 헛간에 물건을 밀어 넣는 일을 할 수 있었죠. 어떤 남자도 나보다 잘하지는 못했어요! 그러니 나는 여자가 아닌가요? 나는 남자만큼 걸을 수 있었고 남자만큼 먹을 수 있었어요. 채찍질도 다 감당했죠! 나는 여자가 아닌가요? 13명의 아이를 낳았고 그 아이들 대부분이 노예 시장으로 팔려 가는 걸 봐야 했으며 내가 어미이 슬픔으로 울부짖을 때 오직 예수만 들어 주었을 뿐 아무도 내 울음을 듣지 않았어요. 나는 여자가 아닌가요?

샬럿과 소저너는 살아온 배경이 서로 매우 달랐지만, 공통적으로 그들의 선택지는 심각하게 제약당해 있었어요. 성별 때문에, 인종 때문에, 또는 둘 다 때문이었죠. 페미니즘의 목표 중 하나는 여성들이 반드시 선택지를 가질 수 있게 하는 거예요. 스스로 선택할 수 있는 선택지를 가질 권리를 말이죠. 누군가가 또는 무엇인가가 대신해서 선택해 주는 것 말구요. 여성의 역사를 공부하는 것은 여성들이 어떤 대우를 받아 왔는지, 그리고 어떤 권리를 획득해 왔는지를 배우는 중요한 방법이랍니다.

여러분이 누리는 모든 자유, 권리, 선택지의 목록을 만들어 보세요.
'나는 학교에 갈 권리가 있다'처럼 광범위하고 일반적인 것일 수도 있
고 '나는 아침에 무엇을 먹을지 선택할 권리가 있다'처럼 구체적인 것
일 수도 있어요. 모쪼록 여러분이 긴 목록을 만들 수 있기를 바라요!

이제 여러분에게 있었으면 하는 모든 자유, 권리, 선택지의 목록을 만
들어 보세요. 역시 광범위해도 되고 구체적이어도 돼요.

이 선택지들을 실천하는 데 어떤 방해물들이 있나요? 제거할 수 있는
방해물은 무엇이고, 통제할 방법이 거의 없는 방해물은 무엇인가요?

16

태어날 때부터
특권 장착?

좋은 사회를 위해 특권 해체하기

"여러분 자신을 안전하게 지키기 위해 하는 일들을 모두 나
열해 보세요."

이 질문은 내가 하는 여성 심리 수업에서 젠더 폭력 주제를 다룰
때 학생들에게 요청하는 것이에요. 여학생들은 일반적으로 격렬하
게 제법 긴 목록을 써냅니다. 남학생들은 특히 쓰는 데보다는 생각
하는 데 긴 시간을 보내죠. 몇 분 후에 나는 학생들에게 그 목록을
공유해 보자고 말합니다.

- 나는 어딜 가든 내가 거기 가는 것을 사람들에게 알린다.
- 외출할 때 나는 옷에 신경을 쓰는데, 왜냐하면 원치 않는
  관심을 받고 싶지 않기 때문이다.
- 조깅할 때 나는 이어폰을 끼지 않는다.
- 주위 상황에 주의를 기울인다.

일반적으로 여성이 스스로를 안전하게 지키기 위해 하는 것에
대해 이야기할 때면 다른 여성들은 맞장구를 치며 말하죠. "나도
그렇게 해!" 우리는 꽤 긴 목록을 만듭니다. 그리고 마무리할 때쯤
이면 적어도 수업을 듣는 남학생 중 한 명은 이렇게 말하죠. "나는
여자들이 자신을 보호하기 위해 그렇게 많은 에너지를 쏟는 줄 전
혀 몰랐어요."

이런 권실은 대부분이 여성들에게 새롭지 않죠. 그러나 많은 남성들은 놀라요. 대다수의 남자들이 이런 안전 전략을 활용해 볼 생각조차 해 본 적이 없다는 사실은 그들의 성별 특권을 증명해요. 남자들은 남자라서 공격받을 걱정을 하지 않는 특권을 누리죠. 반면에 여성들은 그 특권을 누리지 못해요.

성별 특권만 그런 건 아니에요. 예를 들어, 백인 특권을 가진 사람들은 경비에게 둘러싸이지 않고도 백화점에 갈 수 있고 영어, 과학, 수학, 역사에서 백인 역할 모델에 대해 배우리라는 것을 알고 학교에 가죠. 이성애자 특권을 가진 사람들은 특별한 관계의 사람과 손을 잡는다고 조롱당할까 봐 (또는 공격당할까 봐) 걱정할 필요가 없고, 레즈비언 또는 동성애자 또는 양성애자라고 직장에서 해고당할까 봐 걱정할 필요가 없죠. 장애가 없는 사람들은 친구 집에 계단이 있는지, 콘서트장에 수어 통역자가 있는지 등을 생각할 필요가 없죠. 이런 모든 것을 특권을 누리는 사람들은 그저 당연시합니다.

특권을 누리는 것을 특히 위험한 것으로 만드는 두 가지가 있죠. 첫째, 이런 특권은 노력해서 얻은 것이 아니라는 거예요. 여러분이 친구들과 하룻밤 자고 오는 여행을 갈 수 있는 특권은 지난 시간 동안 여러분이 부모님과 신뢰를 쌓았기 때문에 얻은 거죠. 그건 노력해서 얻은 특권이에요. 성별 특권이나 백인 특권 또는 이성애자 특권을 가진 사람들은 특권을 얻기 위해서 한 일이 아무것도 없어요. 그저 태어나면서 저절로 얻었을 뿐이고, 그래서 그런 특권을 당연하게 생각하죠.

둘째, 노력해서 얻은 것이 아닌 특권은 그걸 누리는 사람에게는 보이지 않는 경향이 있습니다. 그렇기 때문에 내 수업을 듣는 남학생들이 여학생들이 만든 '나를 안전하게 지키는 방법'을 듣고 깜짝 놀라는 거예요. 여러분이 가진 특권을 깨닫지 못하면 그런 특권이 없는 사람들에 견주어 여러분의 삶이 얼마나 더 쉬운지를 알 수 없어요. 그것을 깨닫는다면 엄청난 거죠.

일단 남자들이 자신이 노력해서 얻은 것이 아닌 성별 특권을 누리고 있다는 사실을 깨닫게 되면, 그들 중 어떤 이들은 페미니스트 운동을 지지하는 선택을 하죠. "남자도 페미니스트가 될 수 있나요?" 어떤 사람들은 그렇게 묻죠. 그럼요! 방법은 많아요!

- 누가 성차별적인 농담을 하거나 여성을 성차별적으로 대하면 목소리를 내세요.
- "무대를 양보하세요." 연구에 따르면 남자들은 여자들보다 수업 시간에 말할 기회가 더 많은 경향이 있고, 더 오래 말하는 경향이 있어요. 그러니 첫 번째 순서에 말하지 **않음으로써** 여학생들이 말할 기회를 얻게 할 수 있어요.
- 여자들의 몸무게나 외모를 두고 험담하거나 성적 대상화하는 방식으로 말하는 것을 삼가세요.

- 남성다움에 대한 규범에 도전하는 다른 남자들을 지지하세요.

페기 매킨토시와 백인 특권

1979년, 웰슬리 여성 센터는 젊은 백인 여성 페미니스트 교수였던 페기 매킨토시를 고용했어요. 그녀는 이전에 일한 여학교에서는 남성 중심의 교과 과정을 가르쳐야 했죠. 그 뒤 하버드 대학에서 박사 학위를 받은 매킨토시는 여러 대학에서 여성과 성별에 대해 급진적인 방식으로 강의를 했어요. 웰슬리 여성 센터에서 일하면서 매킨토시는 여성에 관한 연구를 대학 교과 과정에 어떻게 통합할지에 대해 대학 교수들을 교육해 달라는 요청을 받았죠. 그런 교육은 매킨토시가 잘하는 분야였고, 세미나에 참석한 교수들 대다수는 남성이었지만 매킨토시는 그들이 이 개념에 대해 열린 마음을 가진 '좋은 남자들'이라고 생각했죠. 그들은 확실히 좋은 남자들이었어요. 그러나 개념에 대해서는 열린 마음이 아니었습니다.

"내 교과안은 벌써 꽉 찼어요."

"더 추가할 수는 없어요. 다뤄야 할게 이미 너무 많아요."

"기초 개념을 다루는 게 중요해요. 그런 말랑말랑한 것을 다룰

여지는 없어요."

매킨토시는 같은 변명을 반복적으로 들었는데, 그건 무척이나 실망스러운 일이었죠. 이것은 명백한 성차별주의는 아니다. 매킨토시는 생각했어요. 이들은 좋은 남자들이다. 어떻게 이런 좋은 남자들이 이토록 저항감이 클 수가 있지? 하고 말이죠.

그런 뒤, 매킨토시는 한 가지 직관을 얻었어요. 그때 매킨토시는 백인 여성과 일하는 것이 얼마나 어려운지에 대해 흑인 여성이 쓴 에세이를 읽고 있었죠. 매킨토시는 생각했어요. 그럴 리가 없어. 나는 좋은 사람이야. 내가 아는 다른 백인 여성들도 좋은 사람들이고! 매킨토시가 얻은 직관은 백인 여성은 좋은 사람일 수 있지만, 동시에 저항력 있고 억압적이고 같이 일하기 어려울 수도 있다는 점이었어요. 세미나에서 같이 일하려고 했던 그 남자들과 마찬가지로 말이죠. 백인들은 특권을 누리죠. 남자들이 특권을 누리듯 말이에요. 그리고 특권을 누리는 사람들은 그 특권을 보기가 어렵습니다.

이 깨달음으로 매킨토시는 「백인 특권과 남성 특권: 여성학 분야에서 일하면서 나눈 대화들에 관한 개인적 설명」(*White Privilege and Male Privilege: A Personal Account of Coming to See Correspondences Through Work in Women's Studies*)이라는 획기적인 논문을 썼어요. 이 논문에서 매킨토시는 개인적 경험을 성찰하면서 자신이 백인이기 때문에 누리는 46가지 특권을 적었죠. 이 예를 통해서 매킨토시는 몇 가지 결론에 이르게 되었어요.

- 노력해서 얻은 특권과 그렇지 않은 특권 사이에는 차이가 있다. 피부색, 성적 지향 또는 성별 때문에 보장되는 특권은 노력해서 얻은 것이 아니다.
- 노력 없이 얻은 특권은 그것을 누리는 사람에게는 보이지 않는 경향이 있다. 그러나 같은 권리를 부정당한 사람들에게는 완벽히 잘 보인다.
- 특정 영역에서 우리는 특권을 누릴 수 있다(인종 또는 성적 지향 같은 데서). 그러나 다른 영역에서는 누릴 수 없기도 하다(성별 또는 계급, 계층 같은 데서).
- 노력해 얻은 것이 아니라서 보이지 않았던 특권이 우리에게 보이게 될 때, 우리는 '새로운 책임' 앞에 서게 된다. 이 뜻은 우리가 억압에 반대하는 행위에 참여할 책임이 있다는 것이다.
- 노력 없이 얻은 특권을 없애는 것은 결과적으로 억압을 해체할 것이다.

이 글을 통해 매킨토시는 특권과 억압의 관계에 대한 대규모의 문화적 대화를 시작했죠. 매킨토시는 성별 억압과 인종 억압이 병행된다는 것을 알아냈고, 그것을 넘어 행동할 것을 다음과 같이 요청했어요.

여성학을 하는 동안 나는 거저 얻은 남성 특권과 이에 따라 주어진 지배력에 대해 진심으로 괴로워하는 남자를 거의 만나 본 적이 없습니다. 그래서 나와 같은 사람들이 던지는 질문은 노력해서 얻은 것이 아닌 인종적 특권과 주어진 지배력에 대해 우리도 그 남자들처럼 될 것인가 아니면 진심으로 괴로워하고 분노할 것인가, 그리고 만약 그렇다면 그것들을 줄이기 위해 무엇을 할 것인가 하는 것입니다.

∩∩∩∩∩∩∩∩∩ **바로 해 보는 페미니즘**

다음은 고전이 된 페기 매킨토시의 논문에 나오는 46개의 진술문이에요. 각 문구를 잘 읽어 보고 "예" 또는 "아니요"로 답해 보세요. 내가 잘 모르는 상황이라면 상상력을 발휘해서 생각해 보세요.

1. 나는 원한다면 거의 모든 시간을 나와 인종이 같은 사람들과 함께 보낼 수 있다.

2. 나는 믿지 말라고 교육받은 사람들, 나와 같은 부류의 사람들을 믿지 말라고 교육받은 사람들과 함께 시간 보내는 일을 피할 수 있다.

3. 이사를 해야 할 경우, 나는 내가 감당할 만한 지역에서, 그리고 내가 살고 싶은 지역에서 집을 세 들거나 살 수 있으리라고 확신한다.

4. 나는 내가 살고자 하는 지역의 이웃들이 내게 중립적인 태도를 취하거나 나를 기꺼운 마음으로 대할 것이라고 이성적으로 확신한다.

5. 나는 혼자 쇼핑하러 가도 거의 매번 상점 직원들이 내 뒤를 따라오거나 성희롱하지 않을 것이라고 조금은 확신할 수 있다.

6. 텔레비전을 켰을 때나 신문을 폈을 때 나의 인종이 여러 영역에서 광범위하게, 그리고 긍정적으로 재현되는 것을 볼 수 있다.

7. 나는 국가 유산이나 '문명'에 관해 들을 때 나와 같은 인종의 사람들이 만든 것을 보게 된다.

8. 나는 내 자식들이 자신의 인종이 존재한다는 것을 증명하는 교과 자료들로 공부하리라고 확신한다.

9. 내가 원한다면, 나는 백인 특권을 다룬 이 글을 출판해 줄 출판사를 찾을 수 있다고 꽤 확신한다.

10. 나는 내가 그 집단에서 유일하게 다른 인종일 때 내 목소리를 낼 수 있다는 것을 꽤나 확신한다.

11. 나는 그 집단에서 유일한 다른 인종인 어느 여성이 목소리를 낼 때 들을지 듣지 않을지를 쉽게 결정할 수 있다.

12. 나는 서점에 가서 나와 같은 인종에 대해 쓴 글을 쉽게 찾을 수 있고, 슈퍼마켓에 가서는 내 문화적 전통에 꼭 들어맞는 음식 재료를 찾을 수 있고, 미용실에 가서는 내 머리를 만져 줄 수 있는 사람을 찾을 수 있다.

13. 수표를 쓰든 신용 카드나 현금을 쓰든 나는 내 피부색이 내 재정 상황에 반하는 결과를 불러오지 않으리라고 확신할 수 있다.

14. 나는 어린 자식들을 그들을 좋아하지 않는 사람들로부터 보호할 수 있게끔 대체로 방비해 둘 수 있다.

15. 나는 내 자식들이 일상에서 자신을 신체적으로 보호하기 위해 체계적인 인종차별주의를 인지하게끔 교육할 필요가 없다.

16. 내 자식들이 학교생활을 잘하고 직장 규범을 잘 지키면 선생님들과 고용주들이 내 자식들에게 관용적인 태도를 보일 것이라고 꽤 확신하며, 그들에 대한 내 주된 걱정은 내 자식들의 인종에 대한 그들의 태도와 관련이 없다.

17. 나는 음식을 잔뜩 입에 넣은 채 말할 수 있고, 사람들이 그것을 내 인종 탓이라고 여기지 않게 할 수 있다.

18. 나는 낡은 옷을 입거나 편지에 답을 하지 않아도 사람들한테 내 인종의 낮은 도덕성, 빈곤, 문맹률 때문이라는 비난을 듣지 않는다고 확신한다.

19. 나는 내가 속한 인종을 재판에 회부되지 않게 하면서 권력을 가진 남자 집단을 향해 연설을 할 수 있다.

20. 나는 내 인종에 대한 신뢰를 걱정하지 않고서도 문제적 상황을 문제 삼을 수 있다.

21. 나는 내 인종에 속한 모든 사람을 대변해 말하라는 요구를 결코 받지 않는다.

22. 나는 내가 속한 문화를 잊으면 벌을 받을 거라는 느낌 없이 전 세계의 다수를 구성하는 유색 인종의 언어와 풍습을 잊고 지낼 수 있다.

23. 나는 문화적 외부자로 보이지 않으면서 내 정부를 비판하고 정부 정책과 행위에 대해 얼마나 두려움을 느끼는지 말할 수 있다.

24. 나는 내가 '책임자'에게 말하고 싶다고 요구하면 나와 인종이 같은 사람과 대면하리라는 것을 합리적으로 확신한다.

25. 교통경찰이 나를 멈춰 세우거나 국세청이 내 세금을 감사할 때, 내 인종 때문에 나를 찍은 것이 아니라고 확신할 수 있다.

26. 나는 내 인종이 나온 포스터, 엽서, 그림책, 연하장, 인형, 장난감, 아동 잡지를 쉽게 구입할 수 있다.

27. 나는 내가 속한 집단의 대다수 모임에서 고립됐다거나 설 자리가 없다

거나 너무 소수라거나 말할 기회가 없다거나 멀리 소외되어 있다거나 또는 두려워서가 아니라 그저 조금 답답하다는 이유로 집으로 돌아갈 수 있다.

28. 나는 인종이 다른 동료와 논쟁하는 것이 내가 더 잘나갈 기회를 위태롭게 하기보다는 그 사람의 기회를 위태롭게 할 가능성이 높다고 매우 확신할 수 있다.

29. 나는 내가 다른 인종에 속한 사람의 승진을 주장하거나 인종에 중점을 둔 프로그램을 주장할 때 설사 동료들이 내 의견에 동의하지 않는다 해도 내 현재 상황에서 큰 비용을 치를 일이 없다는 것을 꽤 확신한다.

30. 만약 내가 인종 문제가 바로 여기에 있다고 선언하거나 또는 없다고 선언한다면, 내가 어떤 경우의 말을 하든 유색인들이 그런 선언을 했을 때보다 내가 속한 인종에서 훨씬 많은 신뢰를 받을 것이다.

31. 나는 소수자 글쓰기와 소수자 활동가 프로그램의 발전을 무시하거나 얕보거나 배우거나 중에서 선택할 수 있으며, 어떤 선택을 하든 그 선택의 결과로 인한 부정적 영향으로부터 대개는 보호받을 길을 찾을 수 있다.

32. 내가 속한 문화는 다른 인종의 관점과 권력을 무시할 때 내게 두려움을 거의 주지 않는다.

33. 나는 내 외형이나 태도 또는 체취가 내가 속한 인종의 특징을 말해 준다는 것에 대해 절실하게 알지 못한다.

34. 나는 자기에게만 관심이 있다거나 이기주의적으로 보이지 않을까 하는 걱정 없이 인종차별주의를 우려할 수 있다.

35. 나는 내 동료로부터 내가 그 일자리를 얻은 것이 내 인종 딕분이라는

의심을 받지 않고 적극적 차별 철폐 취지에서 생겨난 일자리를 얻을 수 있다.

36. 하루, 한 주, 일 년 동안 일이 잘 풀리지 않을 때 나는 각 사안이나 상황에 인종 문제가 걸려 있었는지 물어볼 필요가 없다.

37. 나는 직업적으로 다음 단계에 무엇을 할 것인지에 대해 나와 함께 이야기 나눠 주고 조언해 줄 사람들을 찾을 수 있다고 꽤나 확신한다.

38. 나는 내가 속한 인종이 내가 하고 싶어 하는 일에 받아들여지는지, 허용되는지 묻지 않고도 사회적·정치적·관념적·직업적으로 많은 선택지를 생각해 볼 수 있다.

39. 나는 지각하는 것이 내 인종적 특징이라 여겨지지 않고 회의에 늦을 수 있다.

40. 숙박 시설을 고를 때 나는 내 인종 때문에 들어갈 수 없을지 모른다거나 제대로 대우받지 못할 거라는 두려움 없이 고를 수 있다.

41. 나는 내가 법적으로나 의료적으로 도움이 필요할 때, 내 인종이 불리하게 작용하지 않으리라고 확신한다.

42. 나는 인종 때문에 거절당하는 경험을 절대 할 필요가 없도록 내가 하는 활동을 조정할 수 있다.

43. 지도자로서 신망을 얻지 못하면 나는 그 이유가 내가 어떤 인종이기 때문이 아니라고 확신할 수 있다.

44. 나는 내 인종의 사람들만 대상으로 하는 대학 강의와 기관을 쉽게 찾을 수 있다.

45. 나는 비유 언어와 모든 예술 형상이 내가 속한 인종의 경험을 말해 줄 것이라 기대할 수 있다.

46. 나는 '살색' 비비 크림이나 반창고를 고를 때 대체로 내 피부색에 맞는 제품을 고를 수 있다.

"예"라고 답한 것과 "아니요"라고 답한 것을 세어 보세요. 몇 개나 되나요? 그 수에 놀랐나요?

어떤 것에 "아니요"라고 답했나요? 왜 그렇게 답했나요? "아니요"라는 답이 여러분의 인종 때문인가요, 아니면 다른 어떤 것 때문인가요? 이제 종이 한 장을 꺼내 보세요. 이 활동에 대해 15분 동안 쓰고 싶은 것을 아무거나 써 보세요. 그동안 여러분이 깨닫지 못했던 특권이 있나요? 여러분에게 허용되지 않았던 특권이 있나요? 이 사실을 알고 놀랐나요? 이 활동을 하면서 어떤 느낌이 들었나요?

17

다르다고
사과해야 할
이유는 없어!

퀴어(성소수자) 자긍심 갖기

대학에 다닐 때 나는 인간의 성 수업을 들었어요. (그런데 그 수업은 내가 고등학교 때 들었던 성교육보다 훨씬 더 많은 정보를 주었죠.) '동성애'(수업 계획서에 강의 주제가 그렇게 나와 있었어요)에 초점을 맞춘 수업 날, 교수님은 게이 남성 몇 명과 레즈비언 여성 몇 명이 자신들의 삶의 경험을 이야기하도록 강의에 초대하고 토론을 진행했지요. 흥미로운 수업이었고, 나는 그날 많은 것을 배웠어요. 그런데 초대받아 온 사람들 중 한 레즈비언 여성이 내게는 몹시도 충격적인 말을 했어요.

"나는 아침에 일어나 일하러 갑니다. 그리고 퇴근하면 배우자가 있는 집으로 돌아옵니다. 우리는 함께 좋은 시간을 보내고 시시한 것들을 두고 말싸움을 해요. 설거지를 누가 할 건가 같은 문제죠. 나는 세금을 내고, 강아지를 산책시키고, 쓰레기봉투를 내다 놓으며 살아요. 모두와 마찬가지로 말이죠."

좋은 일이었어요! 그저 다른 사람들과 마찬가지로 산다는 거였죠! 역사적으로 소외받아 온 집단에 속한 많은 사람들이 원하는 게 바로 그거예요. 그러나 어떤 사람들은 맞춰 살고 싶어 하지 않고 '같아'지고 싶어 하지 않아요. 자기 자신으로 살고 싶어 하죠. 자신의 독특하고, 기이하고, 상식에서 벗어나고, 문화적으로 다른, 성별을 뒤트는 어떤 틀에 깔끔하게 맞아 들어가지 않는 성정체성을 표현하고 싶어 하죠. 그들이 **퀴어**예요. 특정한 정체성이라는 상자 안에 자신을 구겨 넣는 것은 그들에게 엄청난 희생을 치르는 일이에요.

좀 더 이야기해 보죠. 많은 사람들이 **퀴어**라는 용어를 특히 레즈비언·동성애자·양성애자·트랜스젠더(lesbian, gay, bisexual and transgendered: LGBT) 집단을 가리키는 말로 사용해요. 어떤 사람들은 퀴어와 성소수자(LGBT)를 같은 말로 쓰기도 하구요. 그러나 사람들은 이 두 용어 간의 차이를 점점 더 늘려 가고 있습니다. 많은 사람들에게 성소수자는 성 정체성을 가리키죠. 그에 견주어 퀴어는 정치적 정체성이에요.

이게 정확히 무슨 뜻일까요? 성소수자 집단에 속한 어떤 사람들은 자신의 정체성을 기꺼이 받아들이지만 정치적으로 관여하고 싶어 하지는 않아요. 좋은 직업을 가지고, 결혼하고, 아이를 가지고, 편안한 삶을 살고 싶어 하는데, 이 모든 것들은 이성애 규범적인 거예요(이성애적 사회에서 가치 있는 것이라 여겨지고 특권을 부여받는 규범이죠). 이런 사람들은 '그저 다른 사람들과 같기'를 원해요. 이들 중 어떤 사람들은 동성애 규범성이라는 가치에 헌신하죠. 이것은 자신의 정체성을 공개적으로 밝히고 사회적으로 인정받기 위해 이성애를 흉내 내는 삶의 방식을 만들어 내죠. 근본적으로 이들은 존중받고 싶은 욕망을 채우는 데 혼신의 노력을 기울여요. 자신들의 행위가 주류 가치와 양립할 수 있다는 것을 보여 주면서요.

역사적으로 소외받는 집단 사람들은 존중받는 것에 열중해야 한다는 압력을 느껴 왔죠. 백인처럼 행동하라. 이성애자처럼 존재하라. 여러분이 트랜스젠더라면 '통과'될 수 있도록—즉 시스젠더(비트랜스젠더)처럼 보이도록—할 수 있는 무엇이든 하라. 동화하라. 섞여 들어라. 얌전하게 놀아라. (활동가들에게 흔히 일어나는 일이죠.) 튀지 마라. 문제 일으키지 마라.

그러나 그게 모두가 원하는 바는 아니에요. 그리고 언제나 효과적인 변화를 만드는 좋은 방법은 아니죠. 이때 '퀴어'라는 말이 필요해져요. 그런데 자신을 퀴어로 규정한다는 건 무슨 뜻일까요?

- 퀴어는 성 정체성 때문에 주변화한 사람들을 가리키는, 성소수자와 동의어로 사용되는 포괄적인 용어예요.
- 퀴어는 전통적인 의미에서의 성과 젠더 정체성/표현 규범에 딱 맞아떨어지지 않고 선호하는 관계가 비전통적인 사람들(일부일처가 아닌 관계에 있는 사람들)을 가리킬 수 있어요.
- 퀴어는 이분법적인 성별에 구애받지 않고 상대에게 호감을 느끼는 사람을 가리키는 말로 사용될 수도 있답니다. 이들은 남자, 여자, 성소수자 또는 다른 방식으로 기존의 성별 규범에 들어맞지 않는 사람에게 매력을 느끼죠. 또는 매력적인 요소에 성별이 아무런 영향을 주지 않을 수도 있어요. 이런 사람들은 스스로를 **범성애자**(팬섹슈얼)라고 하죠.
- 퀴어는 억압적·비판습적·만몽화적 태노늘 나타내는 기호

일 수도 있어요. 이러한 태도는 기존의 것들에 저항하고 다름을 찬양합니다.

- 많은 사람들에게, 특히 나이가 많은 이들에게 퀴어는 게이나 레즈비언으로 보이는 사람들을 비방하는 말로 쓰일 수 있어요. 어떤 사람들은 '퀴어'라는 용어를 가져와서 사용하는 것을 몹시 불편해하죠. 왜냐하면 이 용어가 자신들을 비방하는 데 사용됐을 때의 느낌을 생생하게 상기할 수 있기 때문이에요.

퀴어 정치와 페미니즘은 많은 부분이 겹쳐요. 그러면 '퀴어 페미니즘'의 정의를 살펴볼까요?

가부장제에 대한 급진적 대항. 가부장제는 다음을 포함합니다.

- 인종차별주의, 제국주의, 집단 학살, 폭력
- 남자든 여자든 둘 다이든 또는 둘 다 아니든 상관없이 모두에게 해로운 성별과 섹슈얼리티에 대한 엄격한 규칙들
- 전환인들, 퀴어, 조신한 척하는 사람, 헤픈 사람, 좁고 독단적인 신체 기준에 맞지 않는 이들을 비난하고 수치감을 느끼게 하는 것
- 강간 문화
- 민주주의와 자유주의 정치가 사회 문제를 드러내기보다

모든 사회악을 고칠 수 있다고 주장하는 경향

퀴어 페미니스트는 (그리고 일반적인 퀴어 활동가는) 공통적으로 민중과 공동체에 토대를 둔 게릴라식 운동에 참여해요. 이들의 활동은 전환인들의 목소리를, 간성인들의 목소리를, 양성애자들의 목소리를, 이항적 젠더 규범에 포섭되지 않은 이들의 목소리를, 유색인들의 목소리를, 상호 연동된 목소리를, 어떤 것들 사이의 목소리를 만들죠. "우리는 여기 있다! 우리는 퀴어다! 그냥 익숙해져라!" 이 고전적 구호는 '퀴어 나라'라는 활동 단체에서 만들었는데, 다름의 가치와 다르다는 것에 대해 사과해야 할 이유는 없다는 의미를 구현한 것입니다. 그어진 선 안에서 이루어지는 다채로운 삶과 그어진 선 밖에서 이루어지는 삶 사이의 차이인 거죠.

페미니스트 역사

마샤 존슨과 실비아 리베라

1969년 6월 28일, 스톤월 여관이라는 바를 경찰이 급습했어요. 뉴욕시에 있는 마피아 소유의 술집으로, 드러내지 않고 사는 게이들이 즐겨 찾는 곳이었죠. 그 무렵에는 성소수자의 정체성이 오늘날만큼이라도 받아들여지기는커녕 가까이할 수도 없던 때였고 성

질의 게이바 급습은 흔한 일이었어요. 대개는 단속하는 동안 누군 가가 가게 단골들에게 신호를 주고, 손님들은 뒷문으로 피신해 나 갈 수 있었죠. 그렇지만 이번에는 달아나지 않았어요. 대신 저항을 택해 맞받아쳐 싸웠으며 무력시위와 집회가 며칠 동안 계속되었 죠. 여기에 참가한 많은 이들은 이 공동체 주변에서 지내던 사람들 로, 이들 중에는 아동 노숙자와 공원에서 시간을 보내는 트랜스젠 더들도 있었어요.

경찰 단속과 이에 따른 시위가 이어지고 성소수자 권리 운동이 촉발했어요. 그러나 유색인 트랜스젠더 여성인 마샤 존슨과 실비아 리베라의 공헌은 대부분의 역사책에 실리지 않았죠. 이들의 이야기 는 대체로 무시되었기 때문에 스톤월 봉기는 백인 남성 운동의 상 징이 되었고 여성과 유색인·트랜스젠더들은 주변화되었어요.

말콤 마이클 주니어로 태어난 마샤 존슨은 뉴저지에서 아동기를 보냈는데, 그곳에서 그녀는 줄곧 심한 편견과 편협함의 피해자였 어요. 1966년, 22세가 된 존슨은 뉴욕시의 웨스트 빌리지로 이사한 뒤 30년 동안 웨이트리스, 구걸, 매춘으로 생계를 해결했어요. 자 신은 소외 집단에서 살았지만 트랜스젠더들과 거리에서 살아가는 십 대 퀴어들에게는 '드랙의 어머니'(drag mother: drag는 Dressed as a girl의 약자로 여자 옷을 입고 무대에 서는 남자 연기자를 일컫는 말-옮긴이) 였죠. 존슨은 정신 질환과 때때로 폭발하는 억제되지 않는 분노로 고통받았지만 소외 집단으로 살아가는 이들에 대한 아낌없는 마음

씨로 널리 알려졌어요.

1969년 6월 27일, 존슨은 자신의 25세 생일을 축하하기 위해 스톤월에 갔고 경찰이 들이닥쳤을 때 그 안에 있었어요. 대부분의 손님들은 밖으로 나와서 건물 안에 있는 경찰들에 맞서 바리케이드를 쳤죠. 그때 사람들은 존슨이 경찰차에 어떤 무거운 물건을 떨어뜨리는 모습을 봤는데, 이는 그 뒤 며칠 동안 이어진 시위에서 저항의 한 방식으로 계속됐습니다.

스톤월 항쟁이 일어난 지 1년 뒤, 존슨과 실비아 리베라는 '길위의 혁명적 복장 전환인 행동'이라는 단체를 공동 창립했는데 게이 해방 행진과 다른 급진 운동 현장에서 늘 눈에 띄었죠. 이 단체에서 갈라져 나온 단체가 노숙하는 십 대 트랜스젠더들에게 도움을 주는 '스타의 집'이었어요. 1980년대에 존슨은 '힘을 보여 주는 에이즈 연합'에 가담하고 집회, 가두시위, 연좌시위, 다양한 형태의 정치극 등에 참여했어요. 앤디 워홀의 드랙퀸 쇼, '잘나가는 복숭아들'에 참여하기도 하고 워홀의 사진 작업에도 등장했죠.

사는 동안 존슨은 수도 없이 체포되었고(그녀에 따르면 100번이 넘는다고 해요.) 적어도 여덟 가지 정신 질환으로 고통받았으며 성 매수자들에게 몇 번이나 목숨을 잃을 뻔했어요. 1992년에 열린 뉴욕 프라이드 행진 직후, 허드슨강 위로 존슨의 시신이 떠올랐습니다. 사망 당시 48세였고 사인은 밝혀지지 않았어요.

실비아 리베라는 마샤 존슨의 제가 중한 사람이있죠. 뉴욕에서 레이 리베라 멘도사라는 이름으로 태어나 폭풍 같은 어린 시절을 보냈어요. 세 살 때는 의붓아버지가 그녀와 그녀의 어머니를 죽이겠다고 협박하기도 했는데, 이 일이 있은 직후 어머니는 자살했죠. 아직 어렸음에도 리베라는 남자답게 굴라는 요구에 순응하기를 거부했어요. 4학년 때는 더 이상 장롱 속에 숨지 않기로 결심하고 화장을 한 채 등교했죠. 열 살 때 집을 나온 뒤로 타임스 스퀘어 거리에서 거리 매춘을 하면서 살았어요. 거리에서의 삶은 매우 위험했습니다. 마약과 폭력이 항상 존재했어요. 성폭력을 당하기도 했죠.

스톤월 항쟁이 일어났을 때 리베라는 17세였어요. 경찰이 급습했을 때 리베라는 술집 밖에 모인 군중 속에 있었죠. "이 순간을 놓치지 않을 거야!" 리베라는 소리쳤습니다. "혁명이라구!" 경찰이 술집 안에서 사람들을 끌고 나올 때 리베라가 제일 먼저 병을 던졌어요. '단속'을 '항쟁'으로 전환시킨 행동이었죠.

리베라는 게이 활동가 동맹에도 가입하는 등 많은 정치적 행동에 참여했어요. 뉴욕 게이 권리 법안을 통과시키기 위한 캠페인 때는 리베라가 드레스를 입고 하이힐을 신은 채 시청 벽을 기어올라 안으로 들어간 유명한 일화도 있죠.

실비아 리베라는 50세에 간암으로 사망했어요. 그녀의 유산은 빈곤과 트랜스젠더 차별 철폐를 위해 활동하는 실비아 리베라법 프로젝트라는 단체를 통해 살아 있어요. 2005년에는 스톤월 여관 근처 거리에 리베라의 이름을 딴 주소가 붙기도 했어요.

트랜스젠더 청소년들이 자신의 정체성을 드러내 놓고 지내는 일은 매우 힘들 수 있어요. 다음의 활동은 이런 어려움에 대한 인식을 높이기 위해 만들어졌어요. 여러분이 트랜스젠더라면, 다음과 같은 각각의 상황에서 매우 안전하다고 느끼는지, 잘 모르겠는지, 아니면 매우 불안하다고 느낄 것 같은지 생각해 보세요. 그리고 적절한 답에 동그라미를 치세요. 여러분이 트랜스젠더가 아니라면 트랜스젠더인 친구의 행동을 상상해 보세요. 그리고 각각에 답해 보세요.

	매우 안전하다	잘 모르겠다	불안하다
교실에서			
학교에서			
매점에서			
체육 시간에			
방과 후 동아리 모임에서			
숙박을 해야 하는 수학여행에서			

영화관에서			
퀴어 프라이드 행진에서			
지역에 있는 성소수자 센터에서			
학교 축구 시합에서			
식당에서			
가족 모임에서			
일터에서			
친구들과 놀러 나갈 때			
해변에서			
의사 진료 때			

이제, 다음 질문에 답해 보세요.

- 이 각각의 상황을 돌이켜 볼 때 어떤 느낌이 들었나요?
- 레즈비언, 게이, 양성애자와 비교해서 이 생각들이 트랜스젠더들에게는

어떤 차이가 있을까요? 트랜스 혐오증이 게이와 레즈비언 공동체에 존재
할 수 있을까요, 아니면 대개는 트랜스젠더인들에게 안전한 곳인가요?

- 인종과 민족이 다르면 답이 달라질까요? 유색인 트랜스젠더들이라면
  다른 답이 나왔을까요?
- 성별이 다르면 답이 달라질까요? 트랜스 소녀와 트랜스 소년의 답은 각
  각 다를까요? 이항적 젠더 규범에서 벗어난 사람들이라면 어떨까요?
- 퀴어라면 답이 달라질까요? 퀴어 정치를 받아들인 사람들에게 이 각본
  은 어떻게 펼쳐질까요?
- 이 활동을 해 보는 동안 무엇을 알게 되었나요?

규모가 더 큰 집단에서도 이 활동을 해 볼 수 있답니다. 한쪽 끝에는
'매우 안전함'이라고 쓰고 중간에는 '잘 모르겠다'를, 그리고 나머지
반대편에는 '불안하다'라고 쓴 교실 크기의 거대한 상황판을 만들면
아주 강력한 효과를 얻을 수 있어요. 참가자들에게 이 각각의 상황에
서 트랜스젠더 청소년인 자신을 '드러낼' 때 얼마나 안전할지 상상해
보라고 하세요. 그런 다음 자신의 생각을 나타내는 상황판 앞에 서 보
라고 하세요. 그다음에 위에서 열거한 질문 목록을 참고하여 집단 토
론 시간을 마련해 보세요.

18

나는
페미니스트는
아니지만···?

세상을 바꾸는 멋진 페미니스트라고 말하기

친구들에게 남성과 여성이 동등한 권리와 기회를 가져야 한다고 믿는지 물어보세요. 내기하건대, 그 친구들은 이렇게 말할걸요.

"응!"
"완전히 믿지!"
"당연하지!"

그럼 자신을 '페미니스트'라고 생각하는지 물어보세요. 다음과 같이 대답할 거라고 내기할 수 있어요.

"아니, 그건 너무 센 말이잖아."
"그렇게 너무 나가고 싶진 않아."
"난 그렇게 급진적이진 않아."

대답을 집계해 보세요. 이제 다음의 결과들과 비교해 보세요. 어느 설문 조사에 따르면, 참여자의 82퍼센트가 "남성과 여성은 사회적·정치적·경제적으로 동등해야 한다."고 말했어요. 그러나 그들 중 20퍼센트만이 자신을 페미니스트라고 여긴다고 답했죠. 재밌죠? 이게 다가 아네요. 많은 유명 인사들도 정확히 같은 대답을 해요.

"이뇨. 페미니스트라고 말하진 않겠어요. 그건 너무 세요."
켈리 클락슨

"난 페미니스트가 아니에요. 난 남자에 환장해요. 남자를 사랑해요. 미국 남성 문화를 찬양하죠. 맥주, 술집, 우람한 차들을 좋아해요." 레이디 가가

"난 페미니스트가 아니에요. 그렇지만 여성의 힘은 믿죠."
케이티 페리

"나는 내가 페미니스트라고 말하는 데까지 나아가지는 않을 거예요. 내포하는 의미가 부정적일 수 있잖아요. 그렇지만 난 강한 여자예요." 캐리 언더우드

대다수 사람들은 페미니스트 가치를 받아들여요. 그러나 자신에게 그 이름을 붙이고 싶어 하지는 않죠. 무엇 때문일까요?

아마 '페미니스트'라는 말이 꽤 많은 부정적 고정관념을 소환하는 마법을 부리기 때문일 거예요. 페미니스트는 남자를 증오한다, 페미니스트는 못생겼다, 페미니스트는 브래지어를 태운다, 페미니스트는 항상 화가 나 있다……. 이 모든 관념들은 사실이 아니죠. 현실에는 실로 다양한 부류의 페미니스트들이 있거든요. 이 책의 초반

부를 읽었으니 여러분은 직장, 교육, 정치에서 동등한 권리를 획득하는 데 중심을 둔 **자유주의 페미니스트**는 이미 잘 알 테죠. **마르크스주의 페미니스트**와 **사회주의 페미니스트**들은 자본주의가 성 불평등의 직접적인 원인이라고 믿어요. **문화주의 페미니스트**는 여성은 근본적으로 남성과 다르며, 여성적 특질(직관과 정서적 유대감 같은 특질)이 가치를 얻고 찬양받아야 한다고 믿죠. **유색인 페미니스트**는 인종차별주의가 성차별주의와 어떻게 교차하는지에 초점을 맞춰요. **생태 페미니스트**는 여성에 대한 억압과 자연환경에 대한 학대 사이에 연관성이 있다고 봐요. **트랜스 페미니스트**는 트랜스젠더 여성을 포함한 모든 여성의 해방을 주장하죠. 그리고 **급진적 페미니스트**의 목표는 사회 전반에 얽혀 있는 남성 지배적 권력 구조인 가부장제를 해체하는 거예요.

이 설명은 빙산의 일각에 불과하답니다. 더 많은 다양한 페미니스트 철학이 있어요. 적어도 그중 하나는 여러분과 잘 맞을 거예요. 그러나 '페미니즘'이라는 말은 여전히 너무 가까이 다가가면 물지도 모른다는 생각으로 많은 사람들을 뒷걸음질하게 만들죠.

정말 놀라워요. 어떻게 이 네 음절로 된 말이 그처럼 큰 힘을 가질 수 있을까요? 아마 그래서 많은 사람들이 꺼리며 피하나 봐요. 페미니즘이 급진적인 변화를 만들어 낼 힘을 가지고 있기 때문이죠. 우리 모두가 페미니즘에서 도망치는 대신에 페미니즘의 힘을 주장하면 세상이 얼마나 달라질지 상상해 보세요.

"나는 기본적으로 페미니스트예요. 나는 여성들이 결심한 건 뭐든 할 수 있다고 생각해요." 그레이스 켈리

"남자와 여자 모두에게 페미니스트가 되는 건 중요해요."
민디 캘링

"나는 현대의 페미니스트죠." 비욘세

페미니스트 역사

레즈비언 복수단

1992년이었어요. 전 세계에서 수백만 명의 사람들이 에이즈로 목숨을 잃었죠. 효험 있는 치료책도 없이 죽음이 잇따랐어요. 낙태권 운동은 점점 조각나 없어지고, 반낙태 집단이 정치적인 힘을 얻고 있었죠. 그해에 활동가들은 다가오는 미국 대통령 선거에서 에이즈를 이슈화하기 위해 거리 행진과 정치 집회에 참여했습니다. 낙태권을 지지하며 워싱턴을 행진했고, 레즈비언 여성들이 가장 앞장서 있었어요.

그러나 시간이 지나면서 레즈비언들은 자신들의 에너지를 에이즈와 낙태에 집중하는 데 피로감을 느꼈어요. 그들이 겪는 문제들

에는 관심을 할애하는 사람이 아무도 없었죠. 그들은 자신들의 문제는 관심 대상이 아니라는 것과, 자신들이 사회에서 받는 소외와 게이 공동체 안의 여성 혐오와 성차별주의에 점점 더 실망하게 되었죠. 그래서 행동을 개시하여 '레즈비언 복수단'이라는 이름의 단체를 결성했어요. 레즈비언의 생존과 가시화에 결정적인 영향을 끼치는 사안들에 초점을 맞춘 직접 행동 집단이었죠.

레즈비언 복수단은 레즈비언 활동가 6명이 창립했어요. 이들은 모두 다양한 성소수자 단체에서 활동하고 있었죠. 이들은 저녁을 먹으면서 회합을 가지고 이름을 만들고, 정치 전략을 짜내고, 뉴욕 게이 프라이드에서 배포할 전단을 만들었어요. 전단에는 "레즈비언들이여! 다이크들이여! 게이 여성들이여!"라고 쓰여 있었죠. "우리는 조심하느라 인생을 낭비하고 있습니다. 삶이 어떨 수 있을지 상상해 보세요. 그렇게 되도록 만들 준비가 되지 않았습니까?"

첫 번째 모임에 많은 사람들이 참여했어요. 그 후 두어 달 만에 첫 번째 직접 행동을 개시했죠. 퀸스에서는 다문화적 시각이 반영된 '무지개 어린이' 교과 과정을 지지하는 시위가 열렸는데, 어린이에 관한 이야기를 하는 곳에 성소수자 참가자들이 포함되어 있다는 이유로 저항에 부딪히기도 했죠. 이 행동에 참여한 레즈비언들은 "나는 레즈비언 어린이였어요."라고 적힌 티셔츠를 입고 아이들과 그 부모들에게 "레즈비언이 어떻게 사는지 물어보세요."라고 적힌 풍선을 나눠 주었어요. 몇 달 뒤, 레즈비언 복수단은 무지

개 교가 꾀깅에 뚱성연히 반대해 온 메리 쿠민스의 집을 찾아가 큰 소리로 세레나데를 불러 주었죠. 레즈비언 복수단은 이런 여러 가지 행동을 펼쳤어요. 청원서를 써서 돌리거나 연좌 농성을 조직하는 전통적인 행동 대신 신선하고 극적이고 반항적이고 연극적인 행동들 말이에요.

레즈비언 복수단은 세계 곳곳에서 일어났죠. 콜로라도에서는 레즈비언, 게이, 양성애자들이 사회적으로 보호받아야 할 집단으로 인정받지 못하게 하는 콜로라도주 헌법 수정 조항 2항에 반대하는 시위를 하며 주지사 관저 대문에 자신들의 몸을 쇠사슬로 묶었어요. 텍사스주 오스틴에서는 단원들이 소도미법(남자와 남자 사이의 항문 성교를 불법으로 명시해 둔 법 조항-옮긴이)에 반대하며 주 의사당을 점거하고, 현수막을 달고, 종이비행기를 날리고, 악취탄을 투척했고요. 샌프란시스코에서는 복수단 단원들이 성적 지향 전환 치료를 지지하는 종교 집단인 국제 엑소더스 본부에 메뚜기 떼를 풀었죠.

'불 먹기'는 레즈비언 복수단의 상징적인 행동이 되었어요. 최초의 불 먹기 행동은 누가 아파트 안으로 던진 화염병 때문에 불에 타 사망한 레즈비언과 게이 남성의 죽음에 대한 대응으로 벌인 것이었어요. 그 일이 있은 지 한 달 뒤, 복수단은 무대에서 "불 따위는 우리를 먹어 치우지 못한다. 우리는 불을 붙잡아 우리 것으로 만든다."고 외치며 불을 먹는 쇼를 펼쳤죠.

1993년의 레즈비언, 게이, 양성애자 권리를 위한 워싱턴 행진 전야에서 레즈비언 복수단은 최초의 다이크 행진을 조직했어요. 2만 명의 여성이 거리를 메웠고 레즈비언 복수단 십 수 명이 정치극 양식을 활용해 백악관 앞에서 불을 먹었어요. 그해 6월, 여러 도시에서 성소수자 프라이드 행진과 다이크 행진이 나란히 개최되었고 몇몇 도시에서는 지금도 행진이 개최되고 있답니다. 샌프란시스코와 뉴욕 행진이 가장 큰 규모인데, 수천 명의 레즈비언과 양성애자, 트랜스젠더, 퀴어 여성들이 참여하죠.

바로 해 보는 페미니즘

대화 시작 카드에 대해 잘 알고 있나요? 모른다면, 이번 기회에 알면 되겠네요! 이 장 끝에 '페미니즘 대화 카드' 세트가 있어요. 복사하거나 스캔해서 출력해 보세요.

그리고 각각의 카드를 잘라 내세요. 가족이나 친구들, 방과 후 동아리, 공동체 모임 등에서 카드를 사용해 보세요.

시작 전에 참여자들에게 이 대화를 위한 기본 약속을 만들자고 하세요. 다음과 같은 것을 고려할 수도 있죠.

- 방해하지 않기. 모두가 각각 말하기 전에 자신의 생각을 전부 정리할 수 있는 시간을 주기.
- 그 사람이 말하는 것을 듣고 있기. 그 사람이 말하고 있는데 이미 그 말에 대응하기 위한 말을 준비하지 않기.
- 그 사람의 특징을 이름 지어 부르거나, 모욕하거나, 공격하지 않기.
- 생각을 말하기 전에 상대방의 관점에서 문제를 보려고 노력하기.
- 상대방이 이해되지 않는 말을 한다면 설명해 달라고 요청하기.
- 불편함을 기꺼이 감수하기. 불편할 때 성장과 배움이 일어나니까요.

'페미니즘'은
당신에게 무슨 뜻인가요?

페미니즘의 무엇이
흥미를 일으켰나요?

역사를 돌이켜
페미니스트를 만날 수
있다면, 누구를 만나고
싶은가요? 어떤 주제를
놓고 토론하고
싶은가요?

성차별주의가 없는 세상을
상상할 수 있다면,
그런 세상은 어떤
모습일 것이라 보세요?

오늘날 가장 중요한
페미니스트 사안은
뭐라고 생각하세요?
왜 그렇게 생각하세요?

어떤 페미니스트 철학이
자신의 생각과
가장 잘 맞나요?
왜 그런가요?

왜 그렇게 많은 사람들이
스스로를 페미니스트라
보기를 원치 않는 걸까요?

소년과 남성이
페미니스트가 될 수
있나요? 그럴 수 있다면,
페미니즘 운동에 어떻게
포함될 수 있을까요?

페미니즘은 누구에게나
포용적인가요, 아니면
그렇지 않다고 생각하나요?
그렇지 않다면 어떤 집단
또는 사안들이
배제되어 왔나요?

여성이 남성과 결혼해서
낳은 아이가 남성의 성을
따르게 되면 '페미니스트'
인가요? 여성과 결혼할
경우에는요? 또 부모의
양쪽 성을 다 따르는 것은
어떤가요?

어떤 형태의 억압이 가장
큰 영향을 끼치나요?
왜 그런가요?

적절하지 않다고 여겨지는
페미니즘 활동 방식이
있나요? 왜 적절하지
않은가요?

낙태를
어떻게 생각하나요?
합법화해야 할까요
아닐까요?
낙태에 어떤 제약이
있어야 할까요?

우리나라 헌법에
성평등 수정 조항이
필요할까요?

출산 관련 보건 서비스는
고용주가 감당해야 할까요,
정부가 감당해야 할까요?
왜 그렇다고 보나요, 또는
왜 그렇지 않다고 보나요?
트랜스젠더 보건 서비스는
어떨까요?

19

모든 걸
다 잘해야
멋진 여자라고?

내가 좋아하는 걸 잘하면 되지!

"마음먹은 건 무엇이든 할 수 있어!"

이 말은 오늘날 소녀들이 받고 있는 가장 강력한 메시지예요. 대체로는 맞는 말이죠. 여성들이 가질 수 있는 기회는 이제 결혼하고, 아이를 갖고, 집 청소와 빨래를 하며 보내는 날들을 뛰어넘어 쭉 뻗어 있으니까요. 몇 개만 말해 보자면 여러분은 의사가 될 수도 있고 법률가, 예술가, 작가, 교육자, 컴퓨터 프로그래머, 비행기 조종사, 기업 대표 이사 등이 될 수 있죠. 사실 이런 직업을 추구할 수 있는 **동시에** 결혼을 하고, 아이를 갖고, 가정의 여신이 될 수도 있어요. 그렇죠?

여성들은 무엇이든 할 수 있어요. 나는 뼛속 깊이 그렇게 믿어요. 그러나 그 말이 곧 우리가 **모든 것을** 할 수 있다는 뜻은 아니에요. 우리가 모든 것을 **해야만** 한다는 뜻도 아니죠. 그리고 우리는 당연히 완벽할 필요가 없어요. 완벽함은 환상이죠. 불행히도 여성들은 너무나도 많은 책임을 진 채 그 모든 것을 완벽하고 수월하게 처리해야 한다고 느껴요. 그게 바로 **슈퍼걸 콤플렉스**예요. 나는 그것이 몇 가지 이유에서 너무나 위험하다고 생각해요.

먼저, 심리적으로 몇 가지를 살펴보죠. 가끔 우리는 다른 사람들의 (그리고 우리 자신의) 기대에 맞추는 데 어려움을 느껴요. 왜냐하면 그 기대가 현실적이지 않기 때문이에요. 심리학자들은 이를 '**역할 과로**'라고 일컫습니다. 학교 성적에 내린 생각이 온몸을 덮치는 듯한 느낌이 그 흔한 예죠. 좀 더 복잡하게 말하면, 우리 대부분은 자신의 삶에서 다중의 역할을 하고 있으며 책임 또한 마찬가지예요. 그리고 때로는 이 역할들이 서로 영향을 주고받기도 하죠. 학교 밴드에서 활동하는 걸 엄청나게 좋아할 수도 있지만, 밴드 활동을 하면서 학교에서 감당해야 하는 의무까지 다하는 동시에 친구들과 어울리기는 어렵다는 걸 알게 돼요. 이런 경우를 '역할 갈등'이라고 해요.

이제 슈퍼걸 콤플렉스를 둘러싼 사회적 요소와 문화적 요소를 이야기해 보죠. 페미니스트로서 우리는 모든 것이 사회적·문화적·경제적·정치적 맥락 속에서 일어난다는 것을 알기 때문이에요. 여기 몇 가지 생각해 볼 거리가 있어요.

여성들은 직장에서 남성들보다 임금을 덜 받고 일반적으로 유색인들은 백인 여성들보다 임금을 덜 받아요. '임금 격차'라는 말이나 남성의 수입과 여성의 수입 차이에 대해 들어 본 적이 있을 거예요. 이 글을 쓰는 지금, 미국의 성별 임금 격차는 79센트 대 1달러예요(2016년 기준 한국의 성별 임금 격차는 36.7퍼센트, 곧 6330원 대 1만 원이다-옮긴이). 이 말은 남자들이 1달러를 벌 때마다 여자들은 평균적으로 79센트만 번다는 뜻이죠. 인종과 민족을 성별과 함께 고려하면 그림은 훨씬 더 복잡해져요. 백인 남성이 1달러를 벌 때마다 백인 여성은 75센트, 아시아계 미국인 여성은 90센트, 하와이 원주민과 태평양 군도 여성들은 60센트, 아메리카 원주민과 알래스카 원

주민 여성들은 58센트, 아프리카계 미국인 여성은 62센트, 라틴계 여성은 54센트를 벌어요. 심각한 격차죠. 근본적으로 여성이 남성이 버는 만큼 벌기 위해서는 더 많이, 더 긴 시간을 일해야만 해요.

여성들은 무상으로 일하리라는 압력을 받아요. '여성의 일'이라는 문구는 어린이 돌봄, 집안일, 요리, 세탁, 그 밖의 여러 가사 노동 등 대체로 가정에서 하는 무임금 노동을 일컫죠. 어떤 여성들은 이 일을 풀타임으로 해요. 또 어떤 여성들은 사회학자 알리 혹스차일드가 '2차 업무'라고 표현한 일을 맡죠. 이것은 임금 받는 일을 마치고 집에 돌아와 임금을 받지 않는 가사 노동을 이어 하는 것을 말해요. 1989년에 출간된 책 『돈 잘 버는 여자 밥 잘하는 남자』에서 혹스차일드는 평균적으로 여성이 자신의 남성 배우자보다 일 년에 한 달을 더 일한다고 말했죠. 한참이 지난 지금, 여성들은 임금 노동에서는 눈에 띄는 발전을 이뤘지만 그들이 하는 '2차 업무'의 양은 그다지 변화가 없어요.

여성들은 자주 '감정 노동'을 강요받아요. 이렇게 상상해 보죠. 식당에서 종업원으로 일하고 있는데 손님이 '높은 유지 비용'이 드는 사람인 거예요. 자꾸 포크를 떨어뜨리고 새것으로 가져다 달라고 해요. 주문한 요리가 나오자 불만을 터뜨리며 주방으로 돌려보내죠. 이런 상황에서 여러분은 어떻게 하겠어요? 그 손님이 원하는 대로 해 줄 거고, 그것도 웃는 얼굴로 하겠죠. 왜냐하면 여러분의 일은 자신의 감정을 다스리고 손님이 행복하게 하는 것이니까요.

그게 '감정 노동'이에요. 그리고 이 노동을 하는 여성들은(여성들이 거의 그 일을 하니까요.) 그 일에 대한 충분한 임금을 받지 않아요.

요컨대, 여성들은 더 많은 일을 하고 더 적게 벌어요. 여성들이 역할 과로와 역할 갈등을 겪는 게 이상한 일이 아니죠!

이런 현실을 설명할 수 있는 틀을 두 개의 페미니즘 이론이 제공해 줘요. 카를 마르크스의 경제학 이론에 토대를 둔 **마르크스주의 페미니즘**은 자본주의 경제 체제 안에 성별 노동 분업이 존재한다고 봐요. 남자들은 대개 금전적 가치로 변환되는 일을 일컫는 **생산 노동**을 하죠. 한편, 여성들은 **재생산 노동**(비생산 노동이라고도 해요.)이라 불리는 일에 관여하는데, 부불 가사 노동과 가족 돌봄 노동 등이 이에 해당하죠. 이러한 성별 노동 분업은 임금 격차와 직업 분리(어떤 직업은 남자들이 장악하고 어떤 직업은 여자들에게 배정된다는 사실)와 결합해서 여성 억압의 토대가 되고 있죠.

어떤 페미니스트들은 모든 원인을 자본주의 탓으로만 돌리는 것은 문제를 너무 단순하게 보는 시각이라고 주장합니다. 왜냐하면 성차별주의와 여성 혐오는 비자본주의 사회에도 존재하기 때문이죠. 여기에서 **사회주의 페미니즘**이 등장해요. 사회주의 페미니즘은 마르크스주의 페미니즘과 급진적 페미니즘의 혼합물이에요. 1972년에 '시카고 여성 해방 조합'이 처음 만든 용어인 사회주의 페미니즘은 가부장제와 경제 불평등이 여성 억압에 함께 기여한다고 주장하죠.

여러분은 무엇이든 한 수 있어요. 진짜로요. 우리 모두 내 안의 슈퍼걸이 있죠. 그리고 내 안의 슈퍼걸이 등장하는 것을 보면 언제나 신이 나죠. 그렇지만 이건 기억하세요. 피로감이 들 때, 너무 벅찰 때, 또는 충분하지 않을 때, 그건 여러분이 잘못돼서 그런 게 아니라는 것을요. 여러분이 문제가 아니에요. 체제가 문제인 거죠!

페미니스트 역사

루시 파슨스, 그리고 세상의 산업 노동자들

1900년대 초기의 노동 운동은 임금 인상과 노동 시간 단축, 노동 조건 개선을 요구한 운동이었어요. 최초에 조직된 노조들 중 하나가 새뮤얼 곰퍼스가 설립한 '전미 노동 연맹'이죠. 전미 노동 연맹은 대부분의 숙련 노동자 남성들을 대표하는 작은 노조들을 아울렀어요. 아프리카계 미국인, 비숙련 노동자, 그리고 여성들은 이 노조들에서 일반적으로 배제되었죠. 그리고 노조를 만들려고 하는 여성들에 대한 지원도 거의 없었어요. 사실 곰퍼스를 포함해 전미 노동 연맹 지도급에서는 여성들이 남성들의 일자리에 위협이 된다고 믿었죠. 지금까지도 노조 조직은 남성들이 대거 지배해 왔어요.

그렇지만 그것이 여성들이 아무것도 하지 못하게 막지는 못했죠. 특히 루시 파슨스가 그렇답니다. 수많은 역사적 여성들이 그렇듯, 파슨스에 관한 정보는 그다지 기록되어 있지 않고 남아 있는 기록물조차 일관되지는 않아요. 그녀는 1853년에 루시 곤잘레즈라는 이름의, 아마 노예로 태어난 것 같아요. 태어난 곳은 아마도 텍사스였는데, 다른 기록물에 따르면 버지니아일 수도 있어요. 멕시코계 미국인, 아프리카계 미국인, 그리고 아메리카 원주민의 문화적 유산을 받고 태어났죠. 노예에서 해방되었을 때 노동 운동 조직가이자 전 남부 연합군 군인이었던 앨버트 파슨스를 만나 1871년에 결혼했어요. 당시 인종 간 결혼은 강력한 금기여서 이들의 결혼은 그 지역 KKK(Ku Klux Klan: 미국의 백인 우월주의 비밀 결사 단체로 흰 복면과 가운을 두른 것이 특징이다-옮긴이)와의 직접적인 갈등으로 이어졌죠. 이 때문에 두 사람은 텍사스를 강제로 떠나야만 했고, 결국 일리노이주 시카고에 정착했어요.

1886년 5월 4일, 시카고의 헤이마켓 광장에서는 8시간 노동제를 지지하고 그 전날 경찰에게 살해당한 여러 명의 노동자를 위해 항의하는 의미로 평화 시위가 열렸어요. 루시와 앨버트 둘 다 그 시위에 참여했어요. 집회 도중 어느 순간, 경찰이 시위대를 향해 돌격했고 누가 다이너마이트를 던졌어요. 경찰이 불을 껐지만 결국 경찰관 일곱 명과 최소한 네 명의 시민이 사망하고 말았어요. 오늘날 '헤이마켓 사건' 또는 '헤이마켓 항쟁'으로 알려진 사건이죠. 이후 앨버트 파슨스는 시위대 중 한 명으로 경찰에 의해 기소되었어요. 루시는 '헤이마켓 순교자들'의 무죄 석방을 요구하는 캠페인을 고리쳤지만 남편은 끝내 교수형을 받아 처형되었어요.

남편에 대한 사형이 집행된 뒤, 루시는 노동 운동 조직에 계속 참여했어요. 루시는 부유한 주택가를 집집마다 방문하는 캠페인을 벌였는데, 이는 가난한 여성이 부유한 집의 현관문을 두드려서 집주인과 대치하는 운동이었죠. 뿐만 아니라 시위와 집회에 참여하면서 시위 저지선까지 행진하고 공식 석상에서 경찰들과 대놓고 맞섰죠. 시카고 경찰청은 그녀를 '천 명의 시위대보다 더 위험한 사람'이라고 묘사하기도 했어요.

1905년 6월 24일, 루시 파슨스를 포함한 200명 이상의 급진적 노동 운동 조직가들이 전미 노동 연맹의 정책에 반대하는 회합을 개최했어요. 이를 계기로 사회주의적 원칙에 뿌리를 둔 투쟁적 조직인 '세계 산업 노동자 조합'이 설립되었죠. 루시는 설립 총회의 유일한 유색인 여성이자, 단 두 명의 여성 대표 중 한 명이었어요. 루시는 (아래와 같은) 연설을 한 유일한 여성이었는데, 이 연설에서 모든 노동자들, 특히 여성들의 권리를 맹렬히 주장했죠.

우리, 이 나라의 여성들은 쓰고 싶어도 쓸 수 있는 투표권이 없습니다. 우리가 대표될 수 있는 유일한 방법은 남자로 하여금 우리를 대표하게 하는 것입니다. 당신네 남성들이 우리를 대표한답시고 이렇게 엉망진창을 만들어 놓았고 우리는 당신들에게 그다지 큰 믿음이 없습니다. ……

우리 여성들은 노예의 노예였습니다. 우리는 남성들보다 훨씬 무자비하게 착취당했습니다. 임금이 깎일 때마다 자본가들은 여성들을 이용합니다. 당신네 남성들이 앞으로 할 것이 있다면 그것은 여성들을 조직하는 것입니다. ……

혁명적 사회주의자라고 할 때 우리가 의미하는 것은 무엇입니까?

우리가 말하는 것은 땅은 땅 없는 이들에게 속해야 하고, 도구는 손을 쓰는 이들에게 속해야 하고, 생산물은 생산자에게 속해야 한다는 것입니다. …… 광산에서, 방앗간에서, 공방에서, 들판에서, 공장에서, 드넓은 미국 농장에서 일하는 모든 남성과 여성이 어떤 권리를 가질지 스스로 결정해야 하며 어떤 게으름뱅이도 이들의 노고에 빌붙어 살아서는 안 된다고 나는 믿습니다. …… 여러분을 당할 만큼 충분히 큰 군대는 없습니다. 바로 여러분 자신이 군대입니다. ……

미래의 파업에 대한 나의 생각은 파업하고 밖에 나가서 굶는 것이 아닙니다. 파업을 하고 안에 남아서 생산에 필수적인 자산을 우리가 접수하는 것입니다. ……

시민권, 종교, 정쟁 같은 차이들은 내려놓읍시다. 그리고 노동자 산업 공화국의 떠오르는 별을 향해 끝없이, 영원히 눈을 맞춥시다. 낡은 것은 뒤에 버렸고 이제 미래를 마주 보고 있다는 것을 기억합시다. 어떤 곤경에도 자유를 잃지 않으려는 의지를 지닌 남성들과 여성들을 멈출 수 있는 것은 이 땅 위에 없습니다. 지성의 힘만큼 위대한 힘은 이 땅에 없습니다. 지성은 세상을 움직이고 지구를 움직입니다. ……

나는 지금도 노동의 새 시대에 첫새벽이 동틀 그날을, 자본주의가 과거의 것이 되고 새로운 산업 공화국, 노동자 공동의 부가 실현되는 그날을 보기 위해 살기를 바랍니다.

감사합니다.

루시 파슨스는 노동자 조직을 위한 노고로 잘 알려졌지만, 여성 억압이 자본주의에서 비롯되었다고 믿는 적극적인 페미니스트이기도 했어요. 파슨스는 또한 유색인들의 권리와 정치범들의 권리도 대변했죠. 많은 역사가들은 루시 파슨스가 1930년대의 디트로이트 연좌 농성 파업과 1950~60년대의 시민권 운동, 2011년에 시작된 월가 점령 운동의 토대를 놓는 데 일조했다고 믿고 있어요.

파슨스는 1952년, 시카고에 있는 집에 화재가 나서 사망했어요. 89세의 나이였죠. 친구들이 그녀의 집에 도착하기 전에 FBI 요원들과 시카고 경찰청 사람들이 파슨스의 책과 원고, 글, 문서 들을 압수했어요. 그리고 절대 돌려주지 않았죠.

바로 해 보는 페미니즘

살면서 돈을 어떤 방식으로 벌었는지 생각해 보세요. 용돈을 받았나요? 아르바이트나 방과 후 아르바이트를 했나요? 이 질문들 중 어느하나에라도 "예"라고 답했다면 고용주(또는 용돈을 받는다면 가족이 되겠죠.)에게 액수에 대해 묻지 않고 그냥 받았나요? 더 많이 받기 위해 협상을 했나요? 그러지 않았다 해도 스스로를 책망하진 마세요. 다음에누가 일자리를 주겠다고 하면 임금을 올리기 위해 이 전략을 사용해보세요. 아무 경험이 없다고 해도, 최저 임금을 제안받았다고 해도, 일단 협상을 하면 결국에는 더 많은 돈을 받을 가능성이 있어요.

1단계. 조사

• 조사를 하세요. 여러분이 지금 하는 일은 얼마 정도의 임금을 받는 일인가요? 특정한 일에 대한 임금이 보통 어느 정도인지 인터넷을 통해 찾아보세요. 비슷한 일을 하는 친구들이 있다면 친구들이 얼마나 받는지 물어볼 수도 있어요. 그러나 주의해서 진행하세요. 어떤 사람들은 돈에 관해 물으면 뭔가 침해받는다고 생각할 수도 있거든요. 더구나 친구가 더높은 임금을 받기 위해 협상을 하지 않았다면, 이런 질문을 받고 뒤늦게억울해할 수도 있어요.

• 현실적인 목표를 세우세요. 편의점에서 아르바이트를 하는데 시급이

8350원이리면, 그 금액를 최서선으로 놓고 시작하세요. 평일에 하는 일인지, 주말에 하는 일인지, 야간에 하는 일인지 등의 요소들도 고려해야 해요. 이런 요소들이 모두 급여에 영향을 줄 수 있어요. 여러분이 협상을 한다면 말이죠.

2단계. 계획

• 무슨 말을 하고 싶은지 생각하세요. 돈을 더 달라고 말하는 것이 초조하다면, 실제로 하기 전에 친구와 연습을 해 보세요. 그리고 친구에게 고칠 점을 말해 달라고 하세요.

• 낮게 달린 과일부터 시작하세요. 예를 들어 고용주가 시급 8350원을 제안한다면, 8600원으로 올려 줄 수 있는지 물어보세요. 큰 차이가 없어 보이지만 250원이 여러 시간 쌓이면 제법 큰 차이를 만들어요. 점심 식사를 편의점 내의 음식(삼각김밥 등)으로 해결해도 되는지 물어보세요. 간단한 요구이고 고용주들은 대개 "예"라고 답할 거예요.

• 낙관적인 면에 초점을 맞추세요. 여러분의 재능을 과소평가하지 마세요. 기억하세요. 이 고용주가 여러분을 고용한 까닭은 여러분이 이 일을 잘하리라고 생각했기 때문이라는 것을요! 여러분이 그 위치에서 사용할 재능을 돋보이게 하세요.

3단계. 반영

• 고용주가 하는 말을 들어 보세요. 여러분의 요청에 "안 돼요."라고 말할

수도 있어요. 그러나 급료 인상을 고려할 수도 있어요. 여러분이 일을 잘 하고 있다고 본다면 말이에요.

- 고용주가 제안하면 생각할 시간을 좀 가지세요. 그 자리에서 받아들이거나 거절하지 마세요. 하루 정도 숙고할 시간을 가져도 되는지 물어보세요. 고용주가 그보다 더 빠른 답을 원할 경우, 당일 안이나 조금 있다가 답을 해도 될지 물어보세요.

- 어떤 결론이 나든, 여러분의 요청을 숙고한 것에 대해 고용주에게 고마움을 표시하세요. 작은 감사가 긴 여운을 만들어요.

- 자신을 토닥여 주며 잘했다고 크게 칭찬해 주세요. 인상된 급여를 받게 되었다면, 축하해요! 고용주가 여러분의 요청을 거절하더라도 자신의 등을 토닥여 주세요. 급여 인상을 요구하는 일은 많은 여성들에게 **정말** 힘들어요. 그러나 여러분은 이제 해냈잖아요! 그건 정말 축하할 만한 일이죠.

(20)

강한 남자가
멋진 남자라고?

남자다움에 관한 오해 해체하기

"자, 자, 이 머슴애야! 남자답게! 울음 뚝 그쳐!"

나는 어떤 남자가 놀이터 그네에서 떨어진 자신의 어린 아들에게 이렇게 말하는 것을 우연히 들었어요. 그 말을 들은 작은 소년은 훌쩍이기 시작했고 그러면서도 눈물을 흘리지 않으려고 혼신의 노력을 하는 것처럼 보였어요. 그 모습을 보는 것 자체가 고통스러운 일이었죠. 그 즉시, 내 마음에 두 가지 생각이 스쳤어요.

- **생각 1** 이미 소년은 "남자는 울지 않아."라는 메시지를 받고 있구나.
- **생각 2** 저 소년은 아마 겨우 네 살? 그리고 아버지는 아이에게 "남자답게"라고 말하고 있네?

여러분의 성별이 무엇이든지 간에 인간은 6가지 감정을 경험하도록 만들어져 있어요. 분노, 기쁨, 놀람, 혐오, 두려움, 슬픔, 이렇게요. 어떤 나라나 문화에서 왔든, 사람들은 이 감정들을 느끼고 표현할 능력을 안고 태어나요. 그러나 마지막 두 가지 감정—두려움과 슬픔—은 덜 '남자다운' 것이라 여겨지죠.

소녀가 무서워하면 보호해 주고 달래 주려고 애씁니다.
소년이 무서워하면 강하고 용감해지라고 밀힙니다.

소녀가 울면 위로를 해 줍니다.
소년이 울면 그만 울라고 말합니다.

미디어 교육가이자 전직 축구 선수인 잭슨 카츠는 젊은 남자들에게 우리 문화에서 남자로 산다는 것이 무슨 뜻인지 물었습니다. 카츠가 들은 대답 중에는 다음과 같은 것이 있었어요.

- 힘센
- 육체적
- 독립적
- 자기 통제
- 권력을 가진
- 운동을 잘하는
- 강인한

강인해져라. 남자가 비실비실하면 쓸모가 없다. 남자다워져라. 이 메시지들은 소년들이 듣는 것들이에요. 그리고 이 아이들은 '남자 명패'를 달고 있을 만한 가치가 있다는 것을 계속, 계속, 계속 증명해 보여야만 하죠. 이는 특히나 유색인 공동체에 해당하는 일이에요. 사람들을 인종, 민족, 문화 때문에 주변화하는 사회에서는 유색인 남성들이 자신에게 주어진 남성 특권을 더 꽉 붙잡을수록 더 큰 보상이 주어지죠.

이 모든 것이 심각한 결과를 빚어내요. 여러분으로 하여금 자신의 감정을 계속해서 억누르라고 강요하는 것은 신체적·정신적 건강에 심각한 영향을 줄 수 있어요. 흥미롭게도 미디어에 비친 여성의 이미지는 지난 몇 년 동안 더 날씬해졌고 남자들은 더 힘세고 더 공격적이 되었어요. 그리고 FBI 통계에 따르면, 폭력 범죄의 대부분을 남성들이 저지르고 있어요. 이 개념들을 더 깊이 들여다보기 위해 특정한 예를 들어 보죠.

2012년 12월 13일 목요일, 내가 강의하는 여성 심리 수업의 마지막 날이었어요. 그날의 주제는 '남성과 남성성'이었고 그날의 영화는 〈강인한 녀석들〉이라는 제목의 다큐멘터리였어요. 잭슨 카츠가 내레이션을 맡고 서트 할리가 감독한 〈강인한 녀석들〉은 남성 폭력과 여성 혐오증, 그리고 동성애 혐오증의 증가를 미국 문화에서 규정하는 남성다움과 남성성과 연결했어요.

영화 내내 카츠는 스포츠계의 폭력과 미디어 안에서 이루어지는 성애화한 폭력, 동성애 혐오증이 일으키는, 성적 규범을 어긴 남성을 대상으로 한 폭력, 학교 총기 난사 사건에서 보이는 남성성의 역할을 검토하죠. 매우 강력한 영화였고, 어김없이 학생들의 열띤 토론을 불러일으켰어요.

2012년 12월 14일 금요일에 연구실에 도착한 나는 컴퓨터를 켜고 자주 찾는 온라인 뉴스 사이트의 헤드라인을 훑어보았죠. 내가 본 첫 번째 헤드라인이 무엇이었을까요?

코네티컷 초등학교 총기 난사 사건 보도

27명 사망, 이 가운데 20명이 어린이. 대체 어떤 세상이기에 이런 일이 일어나 머리를 감싸게 되는 걸까요? 나의 맨 처음 반응은 믿을 수 없어, 였어요. 내 아이를 보호해야 한다는 강력한 열망이 그 뒤를 따랐죠. 그리고 바로 전날 내가 학생들에게 보여 준 영화가 부분적으로는 학교 총기 난사 사건의 원인을 다뤘다는 사실이 조금 소름 돋았어요.

여기, 기운 빠지게 하는 다른 것들이 있어요. 1999년 콜럼바인 고등학교에서 총기 난사 사건이 일어난 뒤 뉴욕타임스는 에릭 해리스와 딜런 클리볼드가 친구들과 교사들에게 총을 발사한 이유를 밝히려 시도한 기사 몇 개를 신문 전면에 실었어요. 제시된 이유들에는 흔히 등장하는 것들이 포함되어 있었죠. 폭력적인 비디오 게임, 사회적 배척, 정신 건강 예방 및 치료 서비스의 부족, 과잉된 총기 허용법 등. 그리고 잭슨 카츠는 영화에서 한 가지 명백한 요소가 완전히 묵과되었다는 점을 지적했어요. "그냥 '애가 애를 죽이는 게' 아닙니다." 카츠가 말했죠. "소년들이 소년들을 쏘는 것이고 소년들이 소녀들을 쏘는 거예요." 이 분명한 사실—거의 항상 소년들이 총기를 난사했다는 사실—은 남성성, 힘, 폭력에 대한 토론의

문을 열어젖혔죠.

코네티컷 초등학교 총기 난사 사건을 다룬 뉴스가 나오고 몇 시간 뒤, 미디어는 가장 최근의 비극인 이 사건의 숨은 원인을 추측하기 시작했어요. 무엇에 초점을 맞췄는지 맞혀 볼래요? **총기 규제. 정신 건강. 미디어 폭력. 학교 안전.** 또다시 **남자**가 총을 쐈다는 사실은 논의의 일부분이 되지도 않았어요.

내가 남성 혐오자가 되려는 게 아니라는 점을 분명히 하고 싶군요. 대다수의 남자들은 폭력에 가담하지 않습니다. 그렇지만, 폭력에 가담하는 남자들이 미국에서 일어나는 거의 모든 폭력 범죄에 책임이 있다는 사실을 지적하는 것은 중요하죠. 이 사실들을 살펴보세요.

- 살인을 저지른 이들의 85퍼센트가 남자다(그리고 여자들은 대개 남성 폭력자로부터 자기방어를 하는 과정에서 살인을 저지른다).
- 살인 사건 90퍼센트의 피해자와 가해자가 모두 남자다.
- 심각한 가정 폭력을 저지르는 가해자의 95퍼센트가 남자다.
- 강간으로 감금된 범죄자의 99.8퍼센트가 남자다.
- 증오 범죄 가해자의 84퍼센트가 남자다.

이 통계들을 보면 현기증이 나요. 그렇다 해도 그저 남자인 것이 폭력에 연관되는 기본 요소는 아니라는 점을 확인하는 것은 중요하죠. 연구에 따르면 'X' 요소는 남성들 안의 남성성이고 그것을 잃을 수 있다는 위협이라고 해요. 많은 남성들에게 '남자 명패'를 빼앗기는 것은 자신에게 일어날 수 있는 가장 최악의 일이죠. 어떤 남성들은 붙잡을 수 있는 자신의 '남자 명패' 조각을 하나라도 지키기 위해 무엇이든 하려고 해요. 사회학자 레이철 칼리시와 마이클 키멜에 따르면, 이것이 바로 소년들로 하여금 학교 총기 난사 사건을 일으키게끔 독려한다는 거죠.

이 범인들은 그저 잘못 인도된 '어린애들'이거나 '아이'이거나 '십 대 문제아'가 아닙니다. 이들은 소년입니다. 이들은 소년 집단이며 잔혹하거나 자존감을 앗아 가는 느낌이 들게 만든 체제에 깊은 불만을 품게 된 소년들입니다. …… 이 불만을 대량 살상으로 만드는 것 또한 권리감이며, 자신이 상처 입듯 다른 사람들을 상처 입히고 타인에게 폭력을 사용해도 된다는 권리감이에요. '상처 입은 권리'는 자신에게 잘못을 저질렀다고 여겨지는 이들에게 복수하려는 마음을 일으키죠. 굴욕을 보상받는 거예요. 굴욕을 무력화하죠. 누군가에게 굴욕감을 주고 자신은 남성다움을 되찾아 가는 것이죠. 많은 남성들에게 굴욕은 복수로 갚아야만 하는 것이고, 아니라면 더 이상 남자가 아닌 거예요.

'상처 입은 권리', 이제 폭력 범죄를 보는 전적으로 다른 렌즈가 생겼어요. 수많은 연구가 폭력을 저지르는 남성들 사이에서 남성적 정체성(또는 그것을 잃게 될 위험)이 강간, 성폭력, 친밀한 관계에서의 폭력, 특히 성소수자 공동체를 대상으로 한 증오 범죄의 동기가 된다는 것을 가리키고 있어요. 생각해 보면 완전히 말이 되죠. 여성적인 것(또는 더 정확하게 말하면 '남성적이 아닌 것')을 향해 폭력을 표출하는 것은 자신의 남성다움을 강화하는 강력한 방식이에요. 여성들이 남성들보다 강간 피해자가 될 가능성이 훨씬 높은 게 이상한 일이 아닌 거죠. 게이 남성과 트랜스젠더 여성을 대상으로 한 성소수자 관련 증오 범죄가 가장 높은 비율로 일어나는 것도 이상한 일이 아니에요. 이들은 전통적인 남성적 정체성에 도전하는 집단이니까요.

남성다움에 대한 규정이 힘, 권력, 폭력을 중심으로 하지 않고 오히려 사랑을 보이는 용기, 자비심, 두려움, 슬픔, 취약성을 중심으로 한다면 어떨까요? '진정한 남자'란 모든 사람의 권리를 위해 앞장설 용기가 있는 사람, 어떤 형태의 억압이나 차별 또는 폭력도 참지 않는 사람이라면 어떨까요?

남성과 페미니즘

남자가 페미니스트일 수 있을까요? "아니요."라고 답한 이들은 "남자는 여성으로 존재한다는 것이 어떤 것인지 이해할 수 없어요."라고 말할지도 몰라요. 또는 "남자가 페미니스트일 수 있다면 이들이 페미니스트 운동을 책임지려 할 테고, 그러면 이들이 페미니스트 운동의 중심을 차지할 텐데, 그건 페미니스트들이 반대하며 싸운 것이잖아요."라고 말할 수도 있겠죠.

두 가지 다 일리가 있어요. 그러나 "예."라고 답한 이들은 어떨까요? 이들은 이렇게 말할지도 몰라요. "사람 수에서 힘이 나와요. 남자들이 스스로를 페미니스트라고 일컫고 페미니스트 운동에 합류하면 더 많은 사람들이 가부장제에 맞서 싸우는 거예요." 누군가는 이렇게 말할 거예요. "물론 남자가 페미니스트일 수 있죠. 남자들도 여자들만큼 페미니즘의 혜택을 누려요." 그리고 어떤 사람들은 "남자가 자신을 페미니스트라고 부르는 건 그 자체로 강력한 행동이에요. 왜냐하면 대다수의 남자들은 절대 자신을 페미니스트라고 부르지 않을 테니까요."

슬프게도 이 마지막 서술에는 많은 진실이 담겼어요. 왜냐하면 역사에서 여성의 권리를 위해 싸운 남자들은 거의 없거든요. 그래도 몇 명은 존재한답니다.

유명한 노예제 폐지론자였던 프레더릭 더글러스에서 시작해 볼까요. 더글러스는 1848년 세네카 폴 대회에 참석했던 몇 안 되는 남성들 중 한 명이었어요. 세네카 폴 대회는 여성 참정권 운동을 촉발한 행사였죠. 1888년에 더글러스는 알기 쉽게, 그리고 명백하게 여성의 목소리가 갖는 힘을 이해하는 연설을 했어요.

남성은 자신의 잘못을 알지도 느끼지도 못하지만, 여성은 자신들의 잘못을 알고 또 느낍니다. 그리고 여성은 또한 그것을 구제하는 데 필요한 수단이 무엇인지 남성이 아는 만큼 알고 있습니다. 나는 이 점에서 모든 주장을 보증합니다. 여성은 여성 자신이 가장 잘 대표합니다. 우리는 그녀를 위해 말할 수도, 투표할 수도, 행동할 수도, 책임을 질 수도 없습니다. 남성들이 할 일은 여성이 가는 길에서 비켜서고 여성의 개인적 인격에 고유하게 주어진 모든 힘을 발휘할 수 있는 완전한 기회를 주는 것이며, 여성이 자신의 힘을 실행하기 위해 직접 투표함으로써 그러한 기회를 얻을 수 있게 하는 것입니다.

그리고 존 스튜어트 밀도 있어요. 1861년에 밀은 자신의 아내 해리엇 테일러 밀과 함께 『여성의 종속』(*The Subjection of Women*)이라는 제목의 에세이를 썼죠. 이 에세이는 여성이 자신을 돌보기 위해서는 남성을 필요로 한다는 관념(당시에는 매우 흔했던 믿음이죠.)을 지지하는 생물학 이론과 종교 문헌들에 도전한 글이었어요. 또한 밀 부부는 여러 면에서 여성들이 투표권을 가져야 한다고 주장했어요. 존 스튜어트 밀은 말한 대로 실천하는 사람이었어요. 자신의 생각을 글로 썼을 뿐만 아니라 영국 국회에서 여성에게 투표권을 보장하는 법안을 발의한 최초의 의원이었죠. 밀이 그 에세이를 쓴지 불과 몇 년 뒤인 1886년, 노예제 폐지주의자였던 파커 필스베리 장관이 엘리자베스 캐디 스탠턴과 공동으로『혁명』(*Revolution*)이라는 제목의 급진적인 여성 권리 옹호 출판물을 창간했어요. 필스베리는 여성 참정권을 소리 높여 옹호했어요. 그는 남자였기 때문에 자주 조롱을 당했어요. 예를 들면 이름 놀리기와 같은 거였죠. 그 흔한 예가 '할매 필스베리'였어요. 그럼에도 필스베리는 여성이 투표할 권리를 계속해서 지지하고 주장했죠.

그 무렵 대부분의 남자들은 여성이 참정권을 얻는 것을 지지하지 않았어요. 그러나 소수는 지지했고, 특히 공개적으로 지지 목소리를 내고자 하는 이들은 그 운동이 나아갈 수 있도록 도왔어요. 그런 일은 오늘날에도 찾아볼 수 있죠. 미국의 '성차별주의에 반대하는 전국 남성 위원회'는 네 가지 원칙에 기반하여 남성들이 설립한 단체랍니다. 네 가지 원칙이란 페미니스트 지지하기, 성소수자 긍정하기, 인종차별에 반대하기, 남성의 삶의 질 향상하기였죠. 여성에 대한 남성의 폭력을 뿌리 뽑기 위해 활동하는 남성들의 운동인 '하얀 리본 캠페인'도 있어요. '좋은 남자 프로젝트'라는 웹

사이트도 있는데, 여기에서는 남성성을 특히 페미니스트 관점에서 재규정하는 데 대한 문화적 대화를 위한 포럼을 제공해요. '여자 신발 신고 1마일 걸어 보기'도 있는데, 이것은 성차별주의와 성별화한 폭력에 대한 인식을 높이기 위해서 남자들에게 여자들이 신는 하이힐을 신고 행진하게 하는 프로그램이죠. 그리고 수많은 대학에서 남성과 남성성 연구 수업을 개설하고 있습니다. 이 수업에서 학생들은 가부장제와 엄격한 성 역할이 남성들에게 주는 부정적인 영향을 탐구할 수 있죠.

그럼, 아까 그 질문으로 돌아가 보죠. 남자들이 페미니스트일 수 있나요?

소년은 울지 않아요. 그런가요? 조지 워싱턴은 대통령 선서를 할 때 울었어요. 사람들 앞에서 자주 눈물을 보이던 에이브러햄 링컨이 스티븐 더글러스가 사망했을 때 울었던 일은 매우 유명합니다. 더글러스는 오랜 시간 링컨의 정적이자 그 유명한 링컨-더글러스 논쟁때 반대편 토론자였어요. 가장 최근에는 버락 오바마가 샌디 후크 초등학교 총기 난사 사건 직후의 연설 도중에 울었죠. 분명하게, 남자들은 **당연히** 웁니다. 그리고 우리는 그것을 깊이 존중하죠.

대중 앞에서 눈물을 흘린 다른 유명한 남자들을 찾아볼까요. 이 활동을 위해서 여러분은 다음과 같은 것이 필요해요.

인터넷에 접속할 수 있는 컴퓨터 또는 스마트폰, 공책, 펜

종이 한 장을 꺼내서 두 칸으로 나뉘게 접어 보세요. 왼쪽 칸 맨 위에는 '울었던 남자들'이라고 쓰세요. 오른쪽 칸 맨 위에는 '울었던 이유'라고 쓰세요. 이 종이는 나중에 가져오게 할 거예요.

컴퓨터 또는 스마트폰을 켜세요. 가장 자주 사용하는 검색 엔진을 선택하세요(구글 같은 거죠). 그리고 '사람들 앞에서 울었던 유명한 남자'라고 써넣으세요. 검색 결과가 뜨면 몇 개를 읽어 보고 공책 왼쪽 칸

에 울었던 남자들의 이름을 적어 넣으세요. 이름 옆 오른쪽 칸에는 왜 울었는지 적으세요.

칸 안에 몇 개의 이름이 있나요? 어떤 이름을 발견하고는 놀랐나요?

이제, 그들이 울었던 이유를 보세요. 얼마나 '남성적인' 이유로 울었다고 보나요? 운 것이 그 사람을 약한 사람으로 보이게 만든 경우가 있었나요? 있었다면 왜인가요?

이제, 이 질문을 거꾸로 해 보죠. 운 것이 그 사람을 강한 사람으로 보이게 만든 경우가 있었나요? 있었다면 왜인가요?

21

자궁이 있어야
'진정한'
여자일까?

성소수자 논쟁에서 낙태권 논쟁까지

인간의 몸은 경이롭고 아름답죠. 성별 정체성과 상관없이, 우리 몸은 아주 많은 것을 하게 해 줍니다. 그러나 우리가 몸 중에서 가장 폭력적인 공격과 정밀한 조사를 견뎌 온 부위를 말해야 한다면 자궁이 일순위로 떠오를 거예요. 몇 가지 예를 살펴보도록 하죠.

낙태 논쟁은 이를 시작하기 좋은 사안인데, 왜냐하면 자궁은 낙태 그리고 선택권과 관련해 현재 진행 중인 정치 논쟁의 장이기 때문이에요. "당신 정치는 내 자궁 밖에서나 하시오!"라든가 "내 자궁은 내가 알아서 할 일"이라는 문구가 적힌 스티커나 배지, 포스터 같은 것을 붙이고 다니는 사람들도 있어요. 1973년의 로 대 웨이드 사건에 대한 역사적인 대법원 판결 이후, 여성들은 원할 경우 낙태할 수 있는 권리를 지키기 위해 열심히 싸워 왔어요. 미국의 많은 주에서 이 권리 중 많은 부분을 삭제하면서 여성들이 선택의 자유를 온전히 실행하기란 매우 어려워졌죠.

그 다음에는 수술적인 문제가 있어요. 우리 몸의 모든 부위 중에서 자궁은 가장 의료화한 부분이랍니다. 제왕절개술과 자궁적출술은 미국에서 가장 흔히 시행되는 수술로 상위 두 자리를 차지하죠. 몇몇 경우에 이 수술들은 전혀 불필요해요. 또 다른 경우에는 이전에 이뤄진 일련의 의료 개입에 따라 수술이 필요해지기도 하죠. 출산 활동가들은 이런 현상을 '의료 개입 확산 효과'로 간주합니다. 그 말은 제왕절개처럼 출산 여성에게 행해지는 불필요한 의료 행위의 연쇄 반응을 가리키는 것이에요.

이 두 경우 모두 매우 중요한 페미니즘적 사안이고 어떤 식으로 든 선택의 자유와 연관되어 있어요. 사실 낙태 논쟁은 1970년대에 많은 여성들이 제2물결 페미니즘 운동에 활발히 참여하게 만든 사안이었어요. 최근에는 여성들이 출산과 관련한 선택권에 대해 최대한의 정보를 얻고 여성이 내린 결정이 존중받도록 보장하려는 출산 운동이 현대 페미니스트들 사이에서 상당한 견인력을 얻고 있어요. 이 두 사안의 배경에는 한 개인이 '진정한' 여성이 되기 위해 반드시 자궁을 갖추어야 하는가, 라는 질문이 있답니다. 그리고 이 질문은 페미니스트 공동체 내부에서 깊은 분열을 낳아 왔죠.

페미니스트 세계 외부에서는 트랜스 혐오가 그리 놀라운 일은 아니에요. 늘 일어나니까요. 2012년에 많은 사람들이 걸 스카우트 쿠키 구매 반대 움직임에 참여했는데, 그 이유는 콜로라도 걸 스카우트 분대가 일곱 살 난 트랜스젠더 소녀의 가입을 승인했기 때문이었죠. 같은 해에 제나 탈라코바가 미스유니버스 캐나다 대회에서 부적격 판정을 받았는데, 그녀가 트랜스젠더 여성이기 때문이었어요. 그리고 2016년에는 북캐롤라이나에서 트랜스젠더 여성이 여자 화장실을 사용하지 못하게 하는 법안이 통과되기도 했어요. 이 모든 사례가 '진정한 소녀' 또는 '진정한 여성'이기 위해서는 자궁이 있어야 한다는 생각을 반영해요.

불행히도 이런 상황은 페미니스트 세계에서도 발생해 왔어요. 매우 뚜렷한 사례 중 하나가 1976년에 여성들이, 특히 레즈비언들이 정치적으로, 사회적으로, 그리고 창의적으로 스스로를 표현할 수 있는 안전한 공간을 제공하기 위해 시작된 '미시건 순여성 음악제'와 연관이 있어요. 여성들만의 공간은 1970년대 제2물결 페미니즘 안에서 등장했는데, 이는 여성들이 여성성과 여성다움에 대한 가부장적 명령으로부터 자신을 자유롭게 표현할 수 있는 '안전지대'의 의미를 띤 것이었죠. 여성들만의 공간(적어도 이론적으로는 말이죠.)에서 여성은 '남성 시선'의 대상이 되는 것에서 자유로워요. 자신의 목소리가 무시당하거나 짓밟히거나 침묵당하게 될까 봐 걱정할 필요가 없구요. 목소리를 내기 위해 남성적 특성에 적합하도록 애쓸 필요도 없죠. 그리고 남성과의 관계에서 자신을 규정하기보다는 자기 나름의 의미로써 오로지 자기 자신으로 살 자유를 얻게 되죠. 심지어 '순여성'(womyn)이라는 용어도 '순여성'이기 위해서 '남성'을 필요로 하지 않는다는 것을 가리키는 방법으로서 의도적으로 쓰였어요.

멋지죠. 그렇지 않아요? 자신을 페미니스트로 여긴 여성들에게는 멋진 일이었죠. 그러나 미시건 축제의 어두운 측면은 이것이 여성으로 태어난 여성에 대한 것이라는 이들의 원칙이었어요. 트랜스젠더 여성들을 이 공간에서 효과적으로 배제했던 거예요. 사실 몇 년 동안 미시건 축제에서는 트랜스젠더 여성들이 몰래 들어오지 못하도록 자원 활동가들이 '속옷 검사'를 실시했어요. 이 관점은 **성별을 비판하는** 페미니즘의 전형적인 특징인데, 어떤 이들은 이를 트랜스 배제적 근진적 페미니즘이라 일컫기도 해요. 이 관점에서는 모든 여성이 '순여성'인 것은 아니에요. 모든 트랜스 여성(transwoman) 안에는 남성(man)이 있는 거죠. 마치 양의 탈을 쓴 늑대처럼요. 여성들은 여성으로 태어났으며 가부장적 지시 안에서 소녀로 길러지고 사회화했죠. 트랜스 여성은 남성으로 태어났고 소년으로 길러졌으며 그러는 동안 남성 특권을 누려 왔구요. 여성들만의 공간을 주장하는 이들은 트랜스 여성은 여성이 아닌 이유가 그것 하나만으로도 충분하다고 봐요. 트랜스젠더와 간성인 활동가들 모두 이런 이데올로기에 대항하여 싸웠어요. ('간성인'은 성적으로 또는 재생산적으로 '남자'와 '여자'라는 표준화한 규정에 맞아떨어지지 않는 신체 구조를 가지고 태어난 이들이 놓인 상황을 일컫기 위해 쓰이는 개념이에요. 여러분이 생각하는 것보다 훨씬 더 흔하게 존재하는데, 전 세계적으로 200명 중 1명이 어떤 형태로든 간성인이라는 일부 추정도 있어요.)

2001년에는 고야마 에미가 '트랜스 페미니스트 선언'을 발표하면서 트랜스를 포함하는 새로운 페미니즘을 시작했어요. 다음은 그 선언에서 발췌한 내용이에요.

• 트랜스 페미니즘은 기본적으로 스스로의 해방이 모든 여성의 해방과 그 이상의 해방에 본질적으로 연결되어 있다고 보는 트랜스 여성들에 의한, 그리고 트랜스 여성들을 위한 운동이다. 트랜스 페미니즘은 다른 퀴어들과 간성인들,

트랜스 남성들, 비트랜스 여성들, 비트랜스 남성들, 그리고 드랜스 여성의 필요에 공감하고 트랜스 여성들과의 동맹이 스스로의 해방에 필수라고 여기는 이들에게 열려 있다. 역사적으로 트랜스 남성들은 트랜스 여성들보다 페미니즘에 더 크게 기여해 왔다. 우리는 더 많은 트랜스 여성들이 우리의 해방을 위해 다른 이들과 함께 페미니스트 운동에 참여하기 시작하는 것은 반드시 필요하다고 믿는다.

• **트랜스 페미니즘**은 기존의 페미니스트 제도를 접수하는 것이 아니다. 오히려 우리 자신의 해방과 모든 다른 이들과의 연대 활동을 통해 페미니즘 전체를 확장하고 발전시킨다. **트랜스 페미니즘**은 트랜스 여성과 비트랜스 여성 모두를 위해 일어서며, 비트랜스 여성들에게도 트랜스 여성들을 위해 일어서 줄 것을 요청한다. 트랜스 페미니즘은 서로 다른 배경을 가진 서로를 위해 일어서 주는 운동으로서 페미니스트 연합 정치를 구현한다. 서로를 위해 일어서지 않으면 아무도 그렇게 해 주지 않을 것이기 때문이다.

그러니 시간을 좀 두고 스스로에게 이 질문들을 던져 보세요. 무엇이 소녀를 소녀로 만들고 여자를 여자로 만드나요? 그것은 몸일까요? 경험일까요? 다른 사람이 어떻게 대하느냐일까요? 그리고 여성은 여성이기 위해서 동일된 '닉싱' 경험을 공통되게 가지고

페미니스트 역사

미국의 낙태권 운동

　낙태는 미국뿐만 아니라 얼마 전 낙태죄가 사실상 위헌이라는 헌법 재판소 판결이 난 한국에서도 여전히 가장 논쟁적인 사안 가운데 하나죠. 어떤 이들은 낙태는 살인이며, 태어나지 않은 태아 역시 법적 권리가 있고, 정부는 이 권리를 보호하기 위해 낙태를 제한해야 한다고 믿어요. 다른 이들은 낙태가 광범위하게 실행되고 있으며, (정부가 아니라) 여성들이 낙태를 할지 말지 결정할 권리를 가져야 하며, 안전한 낙태가 모두에게 가능해야 한다고 믿어요. 어떤 관점이 옳을까요? 복잡한 문제이지만 대부분의 페미니스트들은 이런 논쟁에서 선택권 편에 섭니다. 왜 그런지 이해하기 위해 낙태의 역사를 들여다보기로 하죠.

　낙태는 고대부터 세계의 많은 지역에서 광범위하게 실시되어 왔어요. 임신을 중절하기 위한 가장 흔한 시도로는 강도 높은 운동과 약초 요법, 단식, 방혈, 그리고 다양한 민간요법 등이 있었죠. 수세기 동안 유럽에서는 낙태가 합법이었지만 기독교가 전파되면서 낙태에 대한 태도를 크게 바꿔 놓았어요. 유럽인들이 아메리카 대

류에 올 때 낙태를 대하는 태도도 함께 가져왔는데, 낙태는 1800년대까지만 해도 미국과 서유럽에서 합법이었죠. 그러나 시류가 변하면서 미국에서 최초의 반낙태법이 1820년대에 등장했어요.

무엇이 이런 반낙태 노력에 기름을 부었을까요? 아마 1800년대 빅토리아 시대의 도덕률이 그 역할을 했다고 볼 수 있을 거예요. 이 시기의 도덕률은 성에 대해 엄격한 사회적 규범과 규제를 도입했거든요. 여성들, 특히 상류층 여성들은 자신의 성을 드러내는 그 어떤 것도 억눌러야 한다고 여겨졌어요. 그래서 목까지 올라오는 블라우스와 발목을 덮어 질질 끌리는 치마처럼 수수한 옷을 입어야 했어요. 코르셋은 궁극적인 제약의 상징으로, 빅토리아 시대에 가장 잘나가던 패션 아이템이었죠. 그리고 여성이 엄격한 사회 규범을 따르고 빅토리아 왕조의 문화 규범을 존중한다면 낙태할 이유가 애초에 생기지 않는다는 결론으로 이어졌어요.

이 스펙트럼의 반대편 끝에는 여성 참정권 운동이 반낙태 시도를 불러일으켰으리라는 주장이 있어요. 여성들은 이전에는 경험하지 못한 방식으로 힘과 행동력을 얻고 있었는데, 이때 낙태를 금지하는 것은 여성들을 통제해서 출산하는 역할에 가두어 두는 방법 중 하나였던 것이죠. 남북 전쟁이 끝난 뒤로 더욱 심해진 낙태 반대 캠페인은 세기말까지 이어졌어요. 1910년까지 미국의 거의 모든 주에서 낙태는 불법이었죠.

그러나 그런 일이 여성이 낙태를 못하게 막기는 못했죠. 물론

(낙태약으로두 알려짐) 낙태 유도게 민메를 믹지도 못했구요. 1800년
대 말부터 1900년대 초까지 낙태약 광고는 '월경통 완화제'나 '체
내 불순물 제거'와 같은 완곡어를 사용해 법망을 피했어요. 많은
여성들이 자궁 안으로 옷걸이나 뜨개바늘을 집어넣거나 화학물질
을 묻혀 넣어서 직접 낙태를 시도하기도 했어요. 산파들이 신문 광
고를 내기도 했지만, 낙태 시술을 행한 많은 사람들이 비숙련자였
고 위험했으며 강압적이었어요. 어떤 이들은 많은 돈을 요구했고,
어떤 이들은 성교를 대가로 시술해 주기도 했죠.

재생산권 운동을 낙태에 초점을 맞추자는 생각은 1960년대까
지 힘을 얻지 못했어요. 1964년, 게리 산토로라는 여성이 불법 낙
태 시술을 받다가 사망했어요. 많은 여성들이 같은 운명으로 고통
받았지만 산토로의 사진은 선택권 찬성 운동의 상징이 되었죠. 페
미니스트들은 낙태 시술을 제공하는 지하 망을 조직하기 시작했
어요. 그중 한 단체가 '제인 연합'이었는데, 시카고에 있는 이 여성
집단은 공식적으로는 '여성 해방 낙태 상담 서비스'로 알려졌죠.
이 여성들은 낙태 서비스를 받을 수 있는 의사 목록을 만들고, 여
성이 스스로 하는 방법을 서로 가르쳐 주기도 했어요. 그 뒤 1969
년에 낙태를 제한하는 법을 폐지하기 위해 '나랄'이라고 불린 활동
가 단체가 만들어졌어요. 그들은 지하 풀뿌리 조직들의 도움을 받
아 로 대 웨이드 사건의 대법원 판결이 날 때까지 계속 활동했죠.

로 대 웨이드 판결은 거의 모든 상황에서 여성들이 낙태에 대한

결정을 내릴 수 있는 법적 권리를 부여했어요. 재생산권을 위해 싸운 페미니스트들에게 큰 승리였죠. 이제 미국에서 낙태는 합법이고, 의사들은 낙태 훈련을 받을 수 있으며, 이로써 낙태는 더 안전하게 실시될 수 있어요. 페미니스트들은 한 번 방문으로 저비용 의료 서비스와 상담, 그리고 교육 정보 등 모든 것을 제공하는 여성 클리닉을 만들기 시작했죠. 이들은 재생산권 운동에서 정치적 존재감을 유지하면서 안전하고 접근하기 쉽고 저렴한 비용으로 낙태할 수 있는 권리를 주장했어요.

얼마 지나지 않아 '생명권' 단체들이 생겨나고 낙태 규제 시도가 힘을 얻기 시작했어요. 대부분의 경우 낙태에는 메디케이드 기금(미국의 저소득층을 위한 의료 지원 기금-옮긴이)을 사용하지 못하게 하고, 부모 고지와 부모 동의법을 통과시키며, '알고 하는 동의'(여기에는 환자에게 낙태가 얼마나 건강에 위험할 수 있는지에 대해 말하는 것과 태아가 어떤 발달 단계에 있는지를 알리는 것이 포함돼요.)와 숙려 기간을 요구하고, 또 특정한 낙태 시술법(예를 들어 '부분 출산 낙태'라고도 알려진 추출 낙태)을 금하려는 시도 따위가 포함되었어요. '인격'법을 통과시키려는 시도도 있었어요. 이것은 수정체와 배아, 그리고 태아를 완전한 법적 권리를 가진 '인격체'로 규정하고 낙태 시술자에 대한 엄중한 규제법을 통과시키려는 것이었어요. 로 대 웨이드 판결 이후 미국은 낙태와 관련해 1000여 개가 넘는 제약을 실시했는데, 이 가운데 많은 제약이 2010 15년에 통과되었죠 그리고 이런 규제들 때문에 타격을 입은 이들 중 대다수가 유색인과 서소득층 여성들이랍니다.

낙태를 금지하려는 사람들이 법적인 방법만 쓴 것은 아니었어요. 괴롭힘, 테러, 여러 가지 폭력도 있었죠. 낙태 시술 병원 앞에는 피켓을 든 시위대가 흔히 서 있고, 때로는 출입구를 막기까지 했어요. 병원에 폭탄을 던지기도 하고 불을 지르기도 했죠. 낙태 시술자는 괴롭힘과 협박을 받고 심지어 살해당하기도 했어요. 이 괴롭힘은 낙태 시술 병원과 훈련된 시술자들을 부족하게 만들었죠. 미국에서 여성들은 형식적으로는 안전한 낙태 시술을 받을 권리가 있지만, 대다수 여성들이 실제로는 그 권리를 쓸 수가 없어요.

왜 페미니스트들은 이 권리를 얻기 위해 이토록 어렵게 싸울까요? 이 문제는 다음 두 가지 사안으로 정리됩니다.

- 낙태 결정을 누가 내려야 하는가—여성인가 정부인가?
- 누구의 권리가 더 중요한가—태아의 권리인가 태아를 품고 있는 여성의 권리인가?

모든 페미니스트가 낙태를 지지하는 것은 아니에요. 그러나 많은 페미니스트들은 누군가가 여성을 대신해 결정을 내려 주는 것보다는 여성이 자신에게 무엇이 최선인지 결정할 권리를 갖는 것을 지지하죠.

'멋진 자궁 프로젝트'에 대해 들어 본 적이 있나요? 페미니스트 예술가 헬렌 클레베사델과 앨리슨 게이츠는 여성의 재생산권에 대한 정치적 협박과 관련해 사회적 각성을 불러일으키기 위해서 멋진 자궁 프로젝트를 만들었어요. 옷감에 인쇄된 자궁 이미지를 가지고 참가자들이 직접 표현 예술을 하는 거예요. 그런 다음 그 예술 작업을 베개나 퀼트처럼 실용적으로 쓸 수도 있어요. 아름다운 장식품이 될 수도 있죠. 아니면 정치적 성명서가 될 수도 있구요. 여기에서 운영하는 웹사이트 http://exquisiteuterus.com을 방문하면 다른 사람들이 만들어 놓은 작품들을 볼 수 있답니다.

옷감에 인쇄된 이미지를 구매하여 멋진 자궁 프로젝트의 공식적인 참가자가 될 수도 있어요. 조금 비싸긴 하지요. 만약 돈이 없는 게 문제라면, 자기만의 것을 직접 만들어 볼 수도 있어요. 어때요? 내가 여러분에게 이미지도 제공할게요. 이 활동은 누구나 참여할 수 있어요. 자궁이 있든 없든 말이죠.

이 활동을 위해 필요한 것은

왁스 종이(프리저 페이퍼), 스캐너, 컴퓨터, 잉크젯 프린터,

다릴 수 있는 천: 튼튼한 면이나 캔버스천이 좋아요, 나림질과 다림핀, 기위,

자유롭게 선택한 예술 작업 용품들: 천 페인트, 천 초크 또는 크레용, 바늘과 자수 실, 천 조각, 구슬, 장식 조각, 단추 등

자궁 이미지를 스캔해서 컴퓨터에 저장하세요.

사용할 천 조각을 다리세요. 왁스 종이를 A4 크기로 자르세요. 반짝이는 쪽을 천 위에 놓고 천에 잘 붙을 때까지 다려 주세요. 천 가장자리를 잘 정리해서 정확히 A4 크기가 되게 하세요. 천 가장자리가 풀어지지 않게 하세요.

이제 천을 프린터에 넣고 종이 쪽이 아니라 천 쪽에 이미지를 프린트하세요. 원하는 만큼 크기를 키우거나 이미지를 여러 번 복사해서 패턴화해도 돼요. 프린트되는 동안 천이 잘 들어가도록 만져 주세요. 다 끝나면 왁스 종이를 벗겨 내세요. 천에 다른 이미지를 프린트하고 싶다면 보관했다가 다시 쓸 수도 있어요.

컴퓨터와 잉크젯 프린터가 없어도 이 활동을 할 수 있어요! 제공된 자궁 이미지를 천 조각에 연필로 똑같이 그려 보세요. 다 그린 후 연필 선이 지워지지 않도록 그 위에 펜으로 다시 덧그려 주세요.

이제 재미있는 단계예요! 자궁 이미지를 원하는 대로 꾸며 주세요. 천에 쓰는 크레용이나 마커로 색칠할 수 있어요. 천 페인트로 페인트칠을 할 수도 있죠. 자수를 놓을 수도 있고, 단추나 구슬, 장식품 같은 것들을 꿰매어 놓거나 천 전용 풀로 붙일 수도 있어요. 아이디어를 좀 얻고 싶으면 웹사이트 '멋진 자궁 프로젝트' 갤러리의 제출 코너에

들러 보세요. '자궁 예술!'을 만드는 **엄청나게 많은** 방법을 볼 수 있을 거예요.

다 끝나면 여러분이 창조해 낸 이미지가 자신에게 무엇을 뜻하는지 한번 적어 보세요.

- 여러분이 만든 이 예술 작품을 통해 전하고 싶은 메시지는 무엇인가요?
- 이 작업을 하는 동안 어떤 느낌이 올라왔나요?
- 이 예술 작품으로 뭘 하고 싶은가요? 왜 그걸 하고 싶은가요?

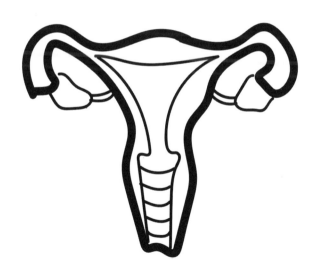

22

데이트 폭력은
절대 사랑이
아니야!

폭력의 신호 잘 감지하기

엠마의 이야기

나는 열다섯 살에 조시를 만났다. 나는 2학년이었고 그 애는 3학년이었다. 조시는 인기가 많아서, 많은 여자애들이 여자 친구가 되고 싶어 했다. 조시가 내게 처음 데이트를 신청했을 때 나는 구름 위에 뜬 것 같았다. 조시는 내가 예쁘다고 느끼게 했는데, 그런 느낌은 처음이었다. 방과 후에 나는 조시가 야구 연습하는 것을 보기 위해 학교에 남곤 했다. 처음에는 재미있었지만 성적이 떨어지기 시작했다. 그러나 내가 집에 가서 숙제를 하고 싶다고 말하면 조시가 무척 화를 냈다. 또 나는 내가 집으로 가면 조시가 다른 여자 친구를 찾아갈까 봐 걱정되었다. 조시는 항상 주변에 수많은 여자애들을 달고 다녀서 나는 그게 두려웠다.

시간이 흐르면서 나는 내 친구들을 더 이상 만나지 않게 되었다. 조시는 내가 그 이외의 다른 아이들과 이야기 나누는 것에 죄책감이 들게 만들었다. 야구 경기 시즌이 끝나자 학교가 파하면 매일 조시의 집으로 갔다. 다른 것을 한 적은 한 번도 없다. 이전에도 성교를 한 적이 있지만 몇 번은 조시가 강제로 성교를 했다. 나는 임신할까 봐 너무 두려웠지만 조시는 콘돔도 쓰려고 하지 않았다. 어느 날 조시가 강제로 성교를 하려고 했는데 내가 싫다고 말했다. 조시는 나를 엄청 세게 때렸다. 그전에는 한 번도 때린 적이 없었다. 그다음부터 나는 조시의 집으로 가지 않았다. 그러나 그 뒤로 상황은 더 나빠졌다.

조시는 낮이고 밤이고 매일매일 문자를 보냈다. 나를 아프게 해서 미안하다고 말했다. 집에 꽃을 보냈다. 부모님은 조시가 사랑스럽다고 생각했는데, 무슨 일이 있었는지는 몰랐다. 조시는 전화를 해 대고, 메시지를 남기고, 내가 보고 싶고 나 없이 어떻게 해야 할지 모르겠다고 울면서 말했다. 또한 내가 돌아오지 않으면 죽어 버릴 거라고도 말했다. 그게 정말 무서웠다. 그래서 그에게 돌아갔다. 조시의 집에도 다시 갔다. 잠깐 동안은 괜찮았는데, 얼마 지나지 않아 모든 게 다시 되풀이되었다. 강제로 성교를 했다. 친구들과 이야기 나누지 못하게 했다. 더 많이 때렸다. 내 성적은 최악이었다. 그래서 부모님과도 불화를 겪기 시작했다. 그러나 나는 정말 무슨 일이 일어나고 있는지 알지 못했다.

선생님 한 분이 성적과 관련해서 이야기할 것이 있다고 수업 끝난 뒤에 남으라고 했다. 나는 울기 시작했다. 멈출 수가 없었다. 선생님은 데이트 폭력에 관한 전단을 내게 건네 주었다. 선생님이 어떻게 알았는지 모르겠다. 나는 결국 부모님에게도 말했고 부모님은 내가 이 상황에서 벗어날 수 있도록 도와주었다. 나는 전학을 갔고 휴대 전화 번호를 바꿨다. 나는 상담사를 만났고 지지 그룹에 참여했다. 지금 나는 대학을 다니고 있으며, 그 관계에서 벗어난 것에 대해 정말 감사하다.

많은 여성들이 이런 경험을 했고 데이트 폭력은 점점 더 흔한 일

이 되고 있어요. 서른 14 24세의 여성들은 데이트 폭력을 당할 위험이 가장 높아요. 동성 간이나 이성 간 관계 모두에서 일어날 수 있어요. 그리고 가해자와 피해자에 성별이 정해져 있지는 않아요.

관계에서 일어나는 학대 네 가지를 살펴보도록 하죠. 신체적, 언어적, 심리적·감정적, 성적 폭력을 일컫는 것이에요.

애인이

* 강요하거나 떠미나요?
* 뺨을 때리거나 무나요?
* 발로 차거나 목을 조르나요?
* 떠나지 못하게 붙잡나요?
* 위험한 곳에 버려두나요?
* 차에 태운 채 위험하게 운전하나요?
* 무기를 가지고 해치겠다고 협박하나요?

이것들은 **신체적 학대**의 흔한 신호랍니다. 신체적 폭력에 항상 치고, 차고, 넘어뜨리는 행위만 있는 것은 아니에요. 여러분의 신체적 건강과 안전을 위험에 빠뜨리게 하는 것도 포함되죠.

애인이

* 여러분에게 소리를 지르나요?

- 계속해서 여러분을 비판하거나 이름을 반복해 부르나요?
- 여러분 가족이나 친구를 모욕하나요?
- 여러분의 인종, 민족, 성별, 계층, 신앙을 가지고 놀리거나 모욕하나요?
- 공공장소 또는 사적인 장소에서 창피를 주나요?

이것들은 **언어적 학대**의 흔한 신호랍니다. 언어 폭력은 여러분 자신을 향할 수도 있고, 여러분에게 의미 있고 중요한 것을 비난하거나 비웃는 것으로 나타날 수도 있어요.

애인이
- 여러분의 감정을 무시하나요?
- 응징하려는 생각으로 허락을 하지 않거나 고마움 또는 감동을 억누르나요?
- 여러분의 행동을 통제하거나 여러분 대신 모든 결정을 내리나요?
- 해치겠다고 위협하나요?
- 자신의 다른 연애 관계에 대해 이야기하나요?
- 질투를 하나요?
- 거짓말과 모순된 말로 여러분을 교묘하게 통제하나요?
- 친구와 가족들로부터 여러분을 고립시키려 하나요?

이것들은 흔한 **심리적 학대** 또는 **감정적 학대**를 가리키는 신호입니다. 이런 폭력의 목적은 그 사람이 지닌 힘과 행위 능력을 없애 버리는 것이에요. 이것은 매우 효과적인 폭력입니다. 왜냐하면 피해자가 자신보다 상대방을 더 신뢰하도록 만들기 때문이죠.

애인이
- 여러분을 성적 도구처럼 대하나요?
- 여러분이 입고 싶은 정도보다 더 성적으로 보이는 옷을 입으라고 강요하거나 여러분이 가리고 싶은 정도보다 더 가리라고 강요하나요?
- 성교에 대해 여러분이 느끼는 감정의 중요성을 사소한 것으로 치부하나요?
- 여러분을 성적으로 비난하나요?
- 원하지도 않고 편하지도 않은데 자꾸 만지려 하나요?
- 성욕과 감정을 억누르나요?
- '창녀'나 '불감증' 같은 성적인 호칭으로 부르나요?
- 여러분은 원하지 않는데 강제로 옷을 벗기나요?
- 공공연히 다른 사람들에게 성적 관심을 드러내나요?
- 서로 사귀기로 동의한 뒤에 다른 사람들과 만나나요?

• 원하지 않는데 특정한 성행위를 강제로 하나요?

이런 것들은 **성적 학대**의 사례예요. 다시 한 번 말하지만, 어떤 종류의 성적 학대는 신체적 학대와 마찬가지로 직접적이고 원치 않는 성적 접촉을 수반하지 않을 수도 있어요. 그렇지만 그런 것들은 여러분의 성적 능력을 손상하거나, 더 이상 성에 대해 좋은 느낌을 갖지 못하게 하거나, 조작과 통제의 형태로 성을 다루게 만들 수 있어요.

데이트 폭력은 대개는 금방 발생하지 않아요. 사실상 많은 관계가 처음에는 좋다가 서서히 **폭력의 순환**이라 불리는 것으로 전환합니다. 다음 그림처럼 말이죠.

이 세 단계의 폭력의 순환을 설명하기 위해 엠마의 이야기를 예

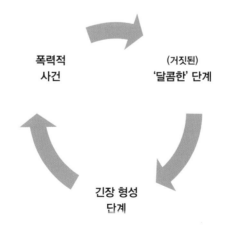

263

로 들어 볼게요. 엠마가 조시를 처음 만났을 때, 엠마는 평생의 어느 때보다 행복했죠. 그녀는 자신을 매력적이고 가치 있는 사람이라 느꼈고 조시와 함께 있는 시간을 즐거워했어요. 이게 우리가 '달콤한' 단계라고 일컫는 것이죠. 그러나 달콤한 단계는 오래가지 않고 서서히 긴장 형성 단계로 이동합니다. 많은 사람들은 이 단계에 있을 때 '달걀 껍질 위를 걷는 듯'한 느낌이라고 묘사해요. 한 번이라도 잘못 움직이면 뭔가 나쁜 일이 일어날 수 있다고 느끼죠. 엠마는 조시가 야구 연습하는 것을 보는 대신 집에 가서 숙제하고 싶었을 때 이 점을 설명하고 있습니다. "내가 집으로 가면 조시가 다른 여자 친구를 찾아갈까 봐 걱정되었다."고 말했죠. 긴장 형성 단계에 일어나는 일의 예라 할 수 있어요. 결과적으로, 달걀 껍질은 깨지고 폭력 사건이 터지죠. 엠마의 경우 조시가 콘돔 없이 강제로 성교하려고 했고 이를 거부하자 조시는 엠마를 때렸어요. 엠마가 조시와 헤어지려고 하자 조시가 사과하려는 태도를 보이고 돌아오라며 애원한 것에서 명백히 드러나요. 이제 달콤한 단계로 다시 돌아가죠. 다만 이번에는 진짜가 아니라 '거짓된' 달콤한 단계예요. 왜냐하면 궁극적으로, 이런 순환이 다시 반복되거든요.

십 대들이 폭력적인 관계에서 벗어날 수 있도록 도움을 주는 곳들이 있어요. 대부분의 공동체에는 십 대들을 도와주는 지역 내 가정 폭력 관련 단체가 있죠. 어떤 학교는 데이트 폭력에 대해서 교육을 하고요. 어떤 학교는 상담과 그 밖의 도움을 제공해요. 한국

의 경우 아하서울시립청소년성문화센터나 한국여성의전화, 한국
성폭력상담소에서 도움을 주고, 여성긴급전화(국번 없이 1366)로 전
화를 걸면 바로 상담받을 수도 있어요. 여러분이 폭력적인 관계를
맺고 있다면 이곳(또는 가정 폭력 피해자 쉼터 같은 곳)에 연락하기 전
에 먼저 반드시 안전한 곳으로 가서 애인이 접속할 수 없는 컴퓨터
나 휴대 전화를 사용하세요.

여성에 대한 폭력은 무서울 만큼 흔합니다. 그러나 그것에 대해
더 많이 알면 알수록 도움이 필요할 때 더 쉽게 도움을 요청할 수
있어요.

페미니스트 역사

이브 엔슬러, <버자이너 모놀로그>, 그리고 십억 명의 항쟁

질 인터뷰가 있었죠. 이후 질의 독백이 된 그거죠. 200명이
넘는 여성들이 인터뷰를 했어요. 노인 여성, 청년 여성, 기혼
여성, 레즈비언, 비혼 여성, 대학 교수, 배우, 기업 중역, 성노
동자, 아프리카계 미국인 여성, 아시아계 미국인 여성, 라틴
여성, 선주민 여성, 코카서스 여성, 유대인 여성들을요. 좋아
요. 처음엔 말하기를 주저했죠. 조금 부끄러워했어요. 그러나
이야기를 시작하자 멈추게 할 수가 없었죠. 여성들은 자기 질

에 대해 비밀스럽게 이야기하는 걸 엄청 좋아해요. 정말 신나 보이죠. 한 번도, 그 누구도 물어본 적이 없거든요.

이브 엔슬러는 이렇게 여러 번 여성들과 질에 대해 나눈 대화를 통해 〈버자이너 모놀로그〉를 발전시켰어요. '질'이라는 말을 크게 하는 것 자체가 이미 지축을 흔드는 행위였어요. 그리고 이야기를 촉발한 대화들을 바탕으로 엔슬러는 여성들에 대한 폭력을 종식하는 전 지구적 운동을 시작했어요.

이브 엔슬러는 뉴욕에서 태어나 자랐어요. 어린 시절 내내 엔슬러는 신체적 학대와 성적 학대를 당했죠. 오랜 시간이 흐를 때까지 이 일을 공개적으로 말하지 않았어요. 1994년 엔슬러가 41세가 됐을 때, 그녀는 처음에는 여성 일인극이었던 〈버자이너 모놀로그〉를 썼습니다. "나의 화난 질"과 "왜냐하면 그 남자가 그걸 보는 걸 좋아했기 때문에" 같은 내용은 소란스럽고 유쾌해요. "홍수" 같은 다른 내용은 웃기면서도 우울하죠. "그 작은 가랑이의 코웃음이"를 포함해 논쟁이 된 내용도 있고요. 어떤 내용은 듣는 것만으로도 너무 고통스러워요. "나의 질은 나의 마을이었네"와 같이 전쟁 중에 강간당한 보스니아 여성들의 증언을 토대로 한 것도 있어요.

〈버자이너 모놀로그〉 초연 때 대중의 반응이 엄청나자 엔슬러는 'V데이'를 만들 생각을 했죠. 해마다 2월이면 전 세계에서 〈버자이너 모놀로그〉 공연 초청을 받고 참가비를 후원하는데, 이 돈은 여성에 대한 폭력을 종식하기 위해 활동하는 지역의 단체들과 프로그램에 기부되죠. 1998년에 처음 개최한 이래로 V데이는 전 세계적으로 1억 달러를 모았어요.

〈버자이너 모놀로그〉의 최초 출판과 초연 이후 엔슬러는 몇몇 새로운 내용을 보탰어요. 예를 들면 2003년에 쓴 〈부르카(이슬람 여성들의 전통 복식의 하나로, 머리에서 발목까지 덮어쓰는 통옷-옮긴이) 아래서〉(Under the Burqa)는 탈레반 치하에서 아프가니스탄 여성들이 처한 상황을 이야기하고 있어요. 〈그들은 내 몸에서 여자인 나를 떼어 놓으려 했어요. 그러려고 했죠〉(They Beat the Girl Out of My Boy…… Or So They Tried)는 2004년에 썼는데 트랜스젠더 여성들에 관한 이야기를 담고 있어요.

2012년 2월 14일, 엔슬러는 '십억 명의 항쟁'이라는 또 하나의 지구적 운동을 시작했어요. 이것은 통계적으로 여성 세 명 중 한 명은 평생 한 번은 강간당하거나 폭력을 당한다는 사실—합하면 전 세계적으로 10억 명 이상의 여성에 해당하는 수—에 근거해 지금 행동할 것을 요청하는 운동이에요. 십억 명의 항쟁은 이제 해마다 2월에 개최되는데, 성폭력 희생자들과 이들을 지지하는 이들이 미술, 음악, 행진, 시위, 춤, 말하기, 다양한 형식의 창조적 표현 등을 통해 정치적으로 저항해 일어날 것을 독려하죠.

어떤 페미니스트들과 비페미니스트들은 〈버자이너 모놀로그〉와 V데이, 십억 명의 항쟁을 비판하고 이의를 제기해 왔어요. 곧

자가 대학처럼 종교를 배경으로 하는 대학들은 〈버자이너 모놀로그〉 공연을 막았죠. (결국은 금지를 풀고 2011년에 첫 공연을 했어요.) 〈버자이너 모놀로그〉가 트랜스 여성들을 포함하지 않는다고 비판하기도 했죠. 2015년, 메사추세츠주에 있는 마운트 홀리요크 여자대학에서는 그런 이유로 〈버자이너 모놀로그〉 공연을 취소했는데요, 〈버자이너 모놀로그〉 공연 금지를 위해서 싸운 한 학생은 다음과 같이 말했답니다.

핵심적으로, 이 공연은 여성이 된다는 것이 무슨 의미인가에 대해 극단적으로 편협한 관점을 제공합니다. 젠더는 넓고 다양한 경험이며, 생물학적이거나 해부학적 구분으로 단순히 환원될 수 없는 것이며, 공연에 참가했던 우리 중 많은 이들이 공연에서 보여 준 근본적으로 환원주의적이고 배타적인 부분에 대해 점점 불편감이 커졌습니다.

홀리요크 대학의 결정이 내려지고 며칠 뒤, 이브 엔슬러는 『타임』지에 반박 글을 썼습니다.

〈버자이너 모놀로그〉는 여성으로 존재한다는 것이 무슨 의미인지를 말하려는 연극이었던 적이 한 번도 없습니다. 그것은 질을 가지고 있다는 것이 무슨 의미인지에 관한 연극이며,

앞으로도 항상 그러할 것입니다. 연극에서 내가 여성은 질을 가지고 있는 사람이라고 규정한 적은 한 번도 없습니다.

〈버자이너 모놀로그〉는 지금도 여전히 트랜스젠더 공동체 내에서, 그리고 성별 정체성과 무관하게 모든 페미니스트들 사이에서 긴장감을 불러일으키고 있어요. 그리고 그 말은 엔슬러의 활동이 여전히 문화적 대화를 만들고 행동을 불러일으키고 있다는 신호죠. 여성으로 존재한다는 것은 무슨 뜻일까요? 질을 가진다는 것(또는 가지지 않는다는 것)이 무슨 뜻일까요? 세상에 이토록 많은 여성들이—그리고 질들이—왜 끔찍할 만큼 학대받고 억압받는 걸까요? 이것들은 중요한 대화이며, 우리로 하여금 행동할 것을 요청합니다.

∘∘∘∘∘∘∘∘∘○○ **바로 해 보는 페미니즘**

이 연습은 여러 명이서 하는 것이 제일 좋아요. 방과 후 동아리에서나 친구들과 함께 해 볼 수도 있어요. 여러분이 보기에 이 내용에 대해 개방적인 태도를 갖춘 선생님과 이 활동을 공유할 수도 있죠. 이 연습을 위해 여러분은 다음과 같은 것들이 필요해요.

A4 절반 크기의 종이 여러 장, 펜, 휴지통

시작하기 전에 사람들이 경험할 수 있는 세 가지 종류의 상실에 대해 이야기해 보죠.

- 예상 가능한 상실. 여러분이 원했거나 예상했던 상실이죠.
- 무작위적 상실. 원하지 않았지만 여러분이 한 선택이나 처한 상황 때문에 일어난 상실이죠.
- 무작위적이고 예상 불가능한 상실. 다른 누군가가 여러분을 위해 내린 선택으로 인한 상실이죠.

폭력은 상처를 입힙니다. 그리고 상처는 신체적일 수도 있고, 심리적일 수도 있고, 물질적이거나 관계적일 수도 있어요. 각각의 경우에 폭

270

력에 의해 생긴 상처는 상실을 불러오는데, 이는 억압으로 인한 불가 피한 결과입니다. 그러니 상실에 대해, 그리고 어떻게 억압이 위에서 언급한 이 세 가지 유형의 결과를 낳을 수 있는지 이야기 나눠 보죠. 참가자들에게 종이를 16장씩 나눠준 뒤 종이를 네 무더기로 나눠 놓으라고 하세요. 모두 다음과 같이 해야 해요.

- 첫 번째 무더기 종이에는 사랑하는 **사람** 네 명의 이름을 적어요.
- 두 번째 무더기 종이에는 자신에게 중요한 **물건** 네 개를 적어요.
- 세 번째 무더기 종이에는 가치 있다고 여기는 **생각** 네 가지를 적어요.
- 네 번째 무더기 종이에는 가 보았던 곳들 중에서 절대 잊고 싶지 않은 **장소** 네 군데를 적어요.

모두 마치면 각자에게 각 무더기(사람, 물건, 생각, 장소)에서 한 개를 골라 공 모양으로 구겨서 버리라고 해요. 이것은 예상 가능한 상실을 나타내요.

이제, 각자에게 각 무더기를 글자가 보이지 않게 엎어 놓으라고 하세요. 거기에 무엇이 쓰여 있는지 아무도 볼 수 없어요. 이제 각자 보지 말고 각 무더기에서 한 개씩을 골라 공 모양으로 구겨서 버리라고 하세요. 이것은 무작위적 상실을 나타내요.

모두에게 종이를 볼 수 없게 계속 엎어 두라고 하세요. 여기서 여러분이 (또는 진행자가) 각 참가자에게 가서 각 무더기에서 한 개씩을 뽑아

공 모양으로 구겨서 버려야 해요. 이것은 무작위적이고 예상 불가능
한 상실을 나타내요.

각 사람에게 남아 있는 넉 장의 종이를 글자가 보이게 돌려 놓으라고
하세요. 남은 건 무엇이죠? 남아 있는 것에 대해 각자 어떻게 느끼는
지, 그리고 버려진 것들에 대해 어떻게 느끼는지 대화를 나눠 보세요.
사람이 폭력과 억압의 피해자가 되었을 때, 상실은 불가피하죠. 어떤
상실은 예측 가능해요. 그렇지만 대부분은 무작위적이고 예측 불가
능하죠. 성차별주의, 인종차별주의, 계급 억압, 성소수자 억압, 그리
고 폭력의 결과로 일어난 상실에 대해 다른 사람들과 토론해 보세요.

23

'그날'?
'매직'?
'빨간 날'?

월경을 월경이라고 말하기

종이 한 장을 써내세요. '월경하는 중'을 묘사하는 문구를 '생리' 또는 '월경'이라는 말을 사용하지 않고 표현할 수 있는 만큼 써보세요. 시작!

어렵지 않을 거라고 내기할 수 있어요.

마법에 걸렸어.

기저귀를 차고 있어.

흐름 아줌마가 방문했어.

빨간 파도 타는 중이야.

빨간 날이야.

'월경'이라고 말하지 않고 월경에 대해 말할 수 있는 이토록 많은 방식이 있다니 대단하죠, 정말. 다들 마치 이 말이 무슨 독극물인 양 대합니다. 월경과 뚜렷하게 관련된 것이라면 그게 무엇이든 말하는 것이 금기시되어 있어요. 텔레비전이나 영화에서 월경이 이야기되는 경우는 아주 드물고, 표현하더라도 굴욕적 경험이라는 틀이 이미 만들어져 있어요. 월경을 묘사한 몇 안 되는 영화 중 하나인 스티븐 킹의 〈캐리〉가 아주 정확한 예죠. 캐리가 탈의장의 샤워실에서 초경을 했을 때 다른 여자애들이 캐리에게 탐폰과 생리대를 던지죠. 그 뒤 졸업 파티에서는 한 소녀가 돼지 피 한 통을 가져와서 캐리에게 퍼부어요. 여성들이 어떻게 해서든 월경하고 있다는 사실을 감추려 하는 것이 이상하지 않죠.

이 월경 금기는 어디서 왔을까요? 많은 종교 전통에서 월경혈은 '더러운' 것으로 여겨집니다. 그래서 여성들은 월경 기간이 되면 월경 오두막에 격리되었죠. 성스러운 장소에 들어가는 것이 금지되었고요. 어떤 종교에서는 월경 기간 동안 성생활을 금지하기도 하죠. 심지어 월경 중인 여성과 음식을 나눠 먹거나 그 여성이 음식을 만드는 것조차 비위생적이라고 여겨 왔어요. 대부분의 사람들은 이런 관습에 더는 동참하지 않아요. 그러나 몇몇 종교 전통은 여전히 월경을 오염원으로 바라봅니다.

종종 두려움과 무지 때문에 고정관념적인 믿음이 등장하는데, 월경 금기가 가장 적절한 예죠. 많은 고대 신화에서는 달의 여신이 숭배받고 존경받았는데 생명을 창조하고 양육하는 힘을 가졌기 때문이었죠. 그러나 또한 사람들은 달의 여신이 통제 불가능하고 억제되지 않는 여성적 힘을 가지고 있다고 믿었어요. 당시 사람들은 월경의 생물학적 토대를 잘 이해하지 못했어요. 여자가 한 달에 한 번 그토록 많은 피를 흘리는데 어떻게 다치지도 죽지도 않는지 말이에요. 사람들은 월경혈과 월경 중인 여성을 두려워하게 됐는데, 이는 두 가지 주요한 반응으로 나타났어요.

1. 사람들은 자신이 이해하지 못하는 것을 설명하기 위해 미신에 기댔죠. 이때 사람늘은 월경 수기를 날의 수기와 넌

밀했어요. 여성들이 매번 28일을 주기로 월경을 하고 달이 28일을 주기로 모양이 변한다면, 그 둘은 분명 연관이 있는 거였죠. 그렇겠죠? (주의: 어떤 두 가지 일이 동시에 일어난다고 해서 두 가지 중 하나가 나머지 하나의 원인이라는 뜻은 아니에요.)

2. 사람들은 두려움의 원인을 통제하려고 애썼어요. 그들 은 수많은 방식을 시도했죠. 한 가지 방식은 월경하는 여 성들에게 '미쳤다'는 딱지를 붙이는 거였어요. '미치광 이'(lunatic)라는 말의 어원은 흥미롭게도 월경 공포에 그 뿌 리를 두고 있답니다(luna는 곧 moon, 달이거든요). 월경 중인 여성이 미쳤다고 여겨지면, 이제 그 여자에 대해 어떤 조 치라도 취해야 하겠죠. 그렇죠? 대개는 다른 사람들과 분 리해서 특정 공간에 격리했어요. 그렇게 해서 월경 막사 또는 월경 오두막도 생겼고, 특정 장소에 들어가지 못하게 하는 금기도 만들어졌죠.

기본적으로 사람들은 월경을 두려워했어요. 왜냐하면 월경이 강력한 힘을 가지고 있다고 생각했기 때문이죠. 정말 멋진 일 아닌 가요? 수천 년이 흐른 뒤인 지금도 우리는 여전히 월경을 두려워 해요. 우리는 월경에 대해 말하고 싶어 하지 않고 월경을 본다는 것은 생각지도 못하죠. 생명을 형성하고 양육하는 능력은 우주에 서 가장 강력한 인간적 위업인데, 그 일을 위해서는 자궁이 필요한 거예요. 여성의 가장 강력한 생물학적 과정은 바로 우리가 가장 억누르고 싶어 하는 것이기도 해요.

그러니 월경 금기는 어디에나 존재하죠. 인도의 몇몇 종족과 사하라 이남 아프리카 지역에서는 월경을 시작한 소녀들이 학교 가는 것을 포기해야 할 수도 있어요. 이는 부분적으로 월경 공포 때문이에요. 언급했듯이 세계 어떤 곳들에서는 여성들이 월경 기간 동안 고립당하죠. 그러나 이렇게 하는 이유 중 상당 부분은 양질의 여성 위생용품과 사용 방법을 접하기가 어렵기 때문이에요. 생리대와 탐폰, 깨끗한 수돗물이나 깨끗하고 안전한 욕실 설비 등을 사용할 수 없는 여성들은 건강 문제를 겪을 가능성뿐만 아니라 학교를 그만둘 가능성도 높아요. 좋은 월경 용품에 대한 접근성과 교육 접근성 사이에는 분명히 관련성이 있다는 연구 결과도 나와 있어요.

미국도 이 문제에서 자유롭지는 않아요. 노숙자들과 집 밖에서 사는 여성들이 가장 많이 바라는 것이 바로 여성 위생용품인데, 그것을 살 돈이 아예 없거나 부피가 큰 한 팩을 통째로 들고 다니기가 어려워서 구입하지 못할 수도 있어요. 노숙자 쉼터에 여성 위생용품이 비치되어 있지 않을 수도 있고요. 왜냐하면 사람들이 그걸 기부하지 않기 때문이에요. 이런 이유에서, 깨끗한 욕실과 샤워 시설을 찾는 일은 큰일이 되는 거죠. 이런 상황이 감염과 다른 건강 문제로 이어질 수 있어요. 한국에서도 생리대를 살 돈이 없는 저소득층 여학생들이 화장지를 생리대 대신 사용하거나 학교에 결석을 한다는 안타까운 소식이 전해지죠.

최근에는 페미니스트들이 월경을 공개적으로 들고 나오고 있죠. 어떤 이들은 노숙인 여성들의 월경 문제를 사람들에게 알리고자 #노숙월경 같은 SNS 캠페인을 벌이기도 하고 공중화장실에 무상 탐폰과 생리대를 비치해 달라는 요구의 일환으로 #무상탐폰 캠페인을 벌이기도 했어요. 또 어떤 이들은 '탐폰세'(생리대에 붙는 세금) 폐지를 요구하는 로비를 펼쳐서 2016년 초 캘리포니아주에서는 법안이 상정되기도 했죠. 법안의 공동 발의자 중 한 명인 크리스티나 가르시아는 보도 자료에서 다음과 같이 말했어요.

근본적으로 이것은 성 평등에 관한 것이고 사안을 평등하게 하려는 문제입니다. 40년 동안 매달 우리는 여성으로 태어난 것에 세금을 뭅니다. 성인으로 사는 동안 매달 우리는 자신의 생물학적 구조에 대해 세금을 냅니다. 우리는 매달 월경이 부가가치세를 내야 할 만큼 사치이며 수치스러운 것이며 따라서 감춰야만 한다는 말을 듣습니다. 분명히 해 두겠습니다. 생물학적으로 월경은 사치가 아니며 여성들이 수치스러워해야 할 것도 당연히 아닙니다. 이만 마칩니다.(원문에서는 '마친다'는 뜻으로 'period'가 쓰였다. period는 '월경 기간'과 '마침표'를 나타내는 중의적 단어이다-옮긴이)

캘리포니아 주지사는 법안을 거부했어요. 그렇지만 낙관적인 면도 있었죠. 이 법안 때문에 다른 주들이 '탐폰세'를 없애는 행렬에 합세했거든요. 뉴욕 주지사는 최근 여성 위생용품에 붙는 세금을 폐지하는 법안에 날인했죠. 플로리다주 탐파에서는 어떤 여성이 '탐폰세'를 폐지하고 고객들에게 세금을 환불하라는 소송을 냈어요. 그리고 (판매세가 없는 주들을 포함한) 다른 열 개 주에는 탐폰세가 아예 없어요(한국에서는 2004년, 생리대에 붙이던 10퍼센트의 부가세가 여성민우회 등 여성 단체의 노력으로 없어졌다-옮긴이).

여성들이 이제 누구에게도 미안해할 일 없이 공공연하게 월경에 대해 이야기 나눈다는 건 확실해요. 좋은 일이죠.

페미니스트 역사

글로리아 스타이넘과 잡지 『미즈』

남자가 월경을 할 수 있다면 어떤 일이 벌어질까요? 월경을 대하는 사람들의 태도를 바꿀까요? 몸이 하는 이 자연스러운 과정을 보다 잘 받아들이고, 나아가 포용하고 기념할까요? 1978년, 글로리아 스타이넘은 바로 이 질문을 했죠. 그리고 이렇게 답했어요.

만약 갑자기 마술처럼 남자가 월경을 하게 되고 여자는 더 이산 안 하게 되면 어떻게 될까?

분명히, 월경은 부럽고 가치 있으며 남성다운 일이 될 것이다. 남자들은 자기가 월경을 얼마나 오래, 그리고 많이 하는지 자랑할 것이다.

어린 소년들은 남자의 세계에 들어가는 것을 부러워하면서 월경에 대해 이야기할 것이다. 초경을 기념하는 선물, 종교 의식, 가족 만찬, 파티가 열릴 것이다. ……

위생용품 비용은 중앙 정부가 감당할 것이며 무상으로 제공될 것이다. 물론 어떤 남자들은 고급 생리대—유명 남자 연예인의 이미지를 사용해 "양이 적은 산뜻한 날의 총각에게"라고 광고하는 상품—를 쓰기 위해 기꺼이 돈을 낼 것이다.

통계 조사는 남성들이 월경을 할 때 경기를 더 잘하고 올림픽에서 더 많은 메달을 딴다는 것을 보여 줄 것이다. ……

남자들은 길거리에서 "패드 세 개나 쓰는 대단한 남자라네."라거나 "다섯 개 주시오.", "자네 오늘 멋진데!", "당연하지. 오늘 기저귀를 찼거든." 같은 속어를 만들어 낼 것이다.

멋지죠? 그리고 이 비꼬는 듯한 글이 오늘날에도 여전히 공감을 얻는다는 사실에 정신이 번쩍 들죠. 이 혁신적인 글을 쓴 여성에 관해 조금만 더 배워 보도록 해요.

스타이넘은 1934년에 오하이오주의 톨레도에서 태어났어요. 할머니인 폴린 펄머터 스타이넘은 홀로코스트 중에 가족을 여러 명 구해 낸 뒤 미국으로 이주해 왔죠. 미국에 도착한 뒤 폴린은 여성 권리 운동과 참정권 운동에 참여했어요. 그녀는 전국 여성 참정권 연합 교육 위원회 의장이었고 1908년에는 국제 여성 회의에 미국 대표로 참가했습니다. 스타이넘의 부모님은 스타이넘이 열 살 때 이혼했고, 이후 스타이넘은 어머니를 돌보며 살았어요. 어머니는 망상과 분노 조절 실패로 고통을 겪어서 시시때때로 정신병원을 드나들었죠. 어머니가 정신 의료 체계 안에서 어떻게 다뤄지는지를 보고 나서 스타이넘은 성차별주의와 여성 혐오에 눈을 뜨고, 페미니스트 의식화를 위한 토대를 쌓기 시작했어요.

스타이넘은 대학 졸업 후 연구 기금을 받아 인도에 가서 시민운동의 기본을 배웠죠. 이후 뉴욕으로 가서 프리랜스 기자 일을 시작했어요. 첫 '대박 기사'는 플레이보이 클럽에 잠입해 들어가 바니걸로 일한 경험을 바탕으로 쓴 폭로 기사였죠. 스타이넘의 보고서는 바로 그 안에서 일어나는 여러 착취적 행태를 폭로했습니다. 이 기사는 전국적인 관심을 끌었지만 그럼에도 스타이넘은 글 쓸 곳을 쉽게 찾을 수가 없었어요. 부분적으로는 스타이넘이 여자이기 때문이었고, 또 부분적으로는 플레이보이 바니걸이라는 '가볍고' '흥미 위주의' 기사를 썼기 때문이었죠. 1968년, 스타이넘은 드디어 잡지 『뉴욕』의 창립 편집인이 되었고 이때 사회적이고 정치적인 다양한 사안을 다룬 기사들을 실었죠.

『뉴욕』에서 처음 맡은 일이 낙태 말하기 행사에 참석하는 것과
관련이 있었고, 이날 스타이넘은 어떤 것에 끌리게 되었어요. 그보
다 3년 전인 22세 때 그녀 또한 낙태를 했는데, 이 말하기 행사에서
들은 말들은 스타이넘을 급진주의로 향하게 하고 행동으로 뛰어들
게 했죠.

몇 년 뒤 스타이넘은 자신의 깨달음에 대해 이렇게 말했어요.

그것(낙태)은 우리를 나쁜 사람으로 만드는 것으로 여겨진다.
그러나 나는 그런 식으로 느낀 적이 한 번도 없었음을 말해야
겠다. 스스로 죄책감이 들게 하려고 나는 그 태아가 태어났다
면 지금 몇 살쯤 되었을까 생각해 보곤 했다. 그러나 그렇게
되지가 않았다. "자기야, 남자가 임신을 할 수 있다면, 낙태는
신성한 권리일 거야."라는 말은 맞았다. 나 스스로에 대해 말
하자면, 나는 그때가 처음으로 내가 내 인생에 책임을 지게
된 때임을 알았다. 어떤 일이 내게 일어나도록 가만히 앉아
두고 보지는 않을 것이었다. 나는 내 삶의 방향을 스스로 정
할 것이었고, 따라서 내게 낙태는 긍정적인 것으로 느껴졌다.
그러나 여전히 나는 아무에게도 말하지 않았다. 말을 하면 긍
정적이지 않을 것임을 알았기 때문이다.

얼마 지나지 않아서 스타이넘은 페미니스트 집회와 연좌 농성,

항의 방문, 그리고 여러 다른 형태의 페미니스트 활동에 참석했어요. 1971년, 스타이넘과 그녀의 동료 도로시 피트먼 휴는『뉴욕』의 별쇄본으로 시작된 잡지『미즈』를 공동으로 창간해요.『미즈』는 며칠 만에 완판되었고, 1972년에는 별도의 독립적인 잡지가 되었죠.『미즈』가 창간된 같은 해, 스타이넘과 벨라 아즈버그, 셜리 치좀, 베티 프리단을 포함한 여러 페미니스트가 정치에 참여하는 여성의 수를 늘리기 위해 전국 여성 정치 회의를 만들었어요. 창립 회의에서 스타이넘은 20세기의 가장 위대한 연설 중 하나로 간주되는 '미국 여성들에게 고함'이라는 연설을 했죠.

오늘날 스타이넘은 여전히 여성의 권리를 옹호하는 일을 하고 있어요. 또한『미즈』도 여전히 출간되고 있고요.

월경은 우리 문화에서 대체로 눈에 보이지 않죠. 그래서 월경에 관해서 문화적으로 참조할 수 있는 게 거의 없어요. 있다 해도 긍정적이지도 않고 고무적이지도 않죠. 그러나 음악 세계에는, 특히 펑크·얼터너티브 록에서는 월경이 공개적으로 시끄럽고 자랑스럽게 드러나죠. 이번 활동에서는 월경으로 힘을 받는 세계를 탐구해 들어갈 거예요. 월경 음악 목록을 만들 거라구요!

이 활동을 위해 여러분은 아래의 것들이 필요해요.

컴퓨터나 스마트폰, 음악 서비스 사이트 회원권

다음은 월경을 다룬 노래들이에요.(정말이에요! 정말 있어요!) 음악 서비스 사이트에서 이 노래들을 검색해 들어 보세요.

• **월경(또는 피!)에 관한 노래들**

비요크의 <처녀>(Bachelorette)

메리 제이 블리지의 <PMS>(월경 전 증후군)

불리의 <노력해 봐>(Trying)

코히드 앤 캠브리아의 <피의 빨간 여름날>(Blood Red Summer)

레나 D의 <월경 조각>(Period Piece)

아니 디프랑코의 <중역실에서의 피>(Blood in the Boardroom)

헤븐스 투 벳시의 <내 붉은 자신>(My Red Self)

재닛 잭슨의 <회신>(Feedback)

돌리 파튼의 <PMS 블루스>(PMS Blues)

키니 스타의 <오필리아>(Ophelia)

타코캣의 <진홍빛 파도>(Crimson Wave)

이제, 꼭 월경에 관한 것은 아니지만 페미니스트적으로 힘이 되는 노래 목록이 있어요. 어떤 여성들은 월경을 할 때 (또는 월경이 시작되기 직전에) 자신이 멋지다고 느끼지 않죠. 이 노래들은 여러분이 갖고 있는 힘을 다시금 깨닫게 해 줌으로써 월경 중인 자신에게 힘을 줄 수 있을 거예요.

멋지고 힘을 주는 노래들

크리스티나 아길레라의 <아름다워>(Beautiful)

크리스티나 아길레라의 <우릴 깔아뭉갤 순 없어>(Can't Hold Us Down)

비욘세의 <(소녀들아) 세상을 통치해>(Run the World (Girls))

비키니 킬의 <반역 소녀>(Rebel Girl)

콜비 카일럿의 <해 봐>(Try)

데스트니스 차일드의 <독립적 여성 파트 1>(Independent Women Part I)

조안 제트 앤 디 블랙하츠의 <나쁜 평판>(Bad Reputation)

알리샤 키스의 <불타오르는 소녀>(Girl on Fire)

르 티그르의 <뜨거운 주제>(Hot Topic)

노 다웃의 <그냥 여자애>(Just a Girl)

케이티 페리의 <으르렁>(Roar)

핑크의 <완벽해>(Perfect)

퀸 라티파의 <뭉쳐>(U.N.I.T.Y.)

솔트 앤 페파의 <표현>(Expression)

다 윌리엄스의 <내가 남자애였을 때>(When I Was a Boy)

여러분이 좋아하는 노래를 적어 보세요. 그 노래들이 마음에 드는 까닭은 무엇인가요? 노래들을 들으면서 어떤 메시지를 얻었나요? 들을 때 느낌이 어땠나요?

여러분이 좋아하는 노래를 뭐든 보태 보세요. 위의 노래들은 단지 제 안일 뿐이에요. 이 가운데 많은 노래들은 썩 대중적이지 않죠. 어떤 노래든 여러분의 내면에 힘을 주고 여러분을 강하게 해 주는 노래가 있다면 덧붙여 보세요.

24

왜
죄다
작은 옷만
파는 거야?

내 몸 긍정하기

"미안하지만, 손님한테 맞는 사이즈는 우리 가게에 없어요."

이 말은 쇼핑할때 듣는 최악의 말일 거예요. 불행하게도, 우리
중 너무나 많은 이들이 이런 말을 듣죠. 많은 여성들은 자신의 몸
을 증오해요. 살을 빼고 어떤 특정한 모습으로 보이기 위해 많은
시간을 쓰죠. 한 연구에 따르면, 6~8세의 소녀 가운데 절반 이상이
지금 자기 몸무게보다 가벼워지는 것을 이상적으로 생각한다고 해
요. 일곱 살 때까지 네 명 중 한 명은 섭식 조절을 해 보구요.

이 통계는 우려스럽죠. 그러나 놀랍지는 않아요. 우리가 뚱뚱함
을 믿을 수 없을 만큼 공포스럽게 여기고 뚱뚱함을 혐오하는 문화
안에서 살고 있다는 것은 현실이에요. 여성들은 마른 것이 아름답
고 뚱뚱한 것은 추하고 부끄러운 것이라는 메시지에 둘러싸여 있
죠. 이런 메시지는 블로그나 SNS의 다이어트·뷰티 콘텐츠 등을 통
해 다시 강화되고요. 이 사이트들은 마르고 싶고 마른 채로 있고
싶은 소녀들을 이른바 '지원'하는 곳들입니다. 우리는 영화에서 마
른 캐릭터들은 착하고 똑똑하며, 뚱뚱한 캐릭터들은 악하고(〈인어
공주〉의 우르술라처럼요.) 멍청하고 지적이지 못하고(〈라이온 킹〉의 품
바처럼요.) 또는 다른 이들의 농담거리가 되는 것(〈미녀는 괴로워〉의
주인공처럼요)을 계속, 계속 반복해서 보게 돼요.

그러나 뚱뚱한 것을 싫어하는 태도는 미디어 영역 그 이상이에
요. 신체 사이즈가 큰 여성들은 마른 동료들보다 편견과 차별을 훨

썬 자주 겪는답니다. 한국 여성의 평균 사이즈는 55~66인데도(대부분의 옷가게에서는 대형 사이즈로 여겨지죠) 평균적인 여성 옷가게나 인터넷 쇼핑몰에는 아주 작은 44 사이즈가 기준으로 제시되어 있죠. 몸무게가 비교적 많이 나가는 소녀들은 학교에서 괴롭힘을 당하기가 훨씬 쉬워요. 신체 사이즈가 큰 여성들은 주거, 직업, 의료 서비스 등에서 차별을 겪기 쉬우며, 뚱뚱하다는 낙인에서 오는 스트레스 때문에 건강을 해치기 쉽죠.

이런 문화 속에 살면서 어떻게 몸을 증오하는 태도를 내면화하지 않을 수 있겠어요? 뚱뚱한 여성의 몸을 묘사하는 그 모든 경멸적인 말을 생각해 보세요. **똥배**라느니 **코끼리 다리**라느니 하는 것들 말이에요. 소녀들이 바라는 게 뭐죠? 사이가 떨어져 있는 허벅지죠. 십 대 소녀들 대부분이 밥을 굶고, 단식을 하고, 토를 하고, 다이어트약을 먹어 가며 살을 빼려고 애쓰는 것이 이상한 일도 아니에요. 이것은 모두 건강에 해로우며, 그중 많은 행동은 사실 섭식 장애의 신호이기도 해요.

이런 위험한 몸무게와 이상적인 몸 이미지 때문에 많은 페미니스트들은 몸 수치감을 없애려는 시도에 발을 담그게 되었죠. 페미니스트들의 접근 방식 중 하나는 '어떤 사이즈든 건강하게'예요. 여성들로 하여금 살을 빼서 비현실적인 이상적인 몸을 성취하라고 압박하는 대신, 이 방식은 소녀들이 자신의 몸을 긍정하게끔 돕고 스스로를 돌보는 방법을 찾을 수 있도록 돕죠. '어떤 사이즈든 건강하게'는 다음과 같은 요소들을 포함하고 있어요.

- **존중** 이는 다양한 몸에 대한 존중뿐만 아니라 여러분 스스로의 몸에 대한 존중을 포함해요.
- **자애로운 자기 돌봄** 이는 기분이 좋아지는 신체 활동을 하는 가운데 즐거움을 찾는 방법뿐만 아니라 건강에 좋고 즐겁게 먹을 수 있는 방법을 배우는 거예요.
- **비판적 깨달음** 이는 여성들에게 몸 이미지와 건강('날씬함=완전한 건강'이라는 생각 따위)이라는 가정에 도전하도록 가르쳐 줘요. 이는 또한 우리 몸을 자각하고 우리 몸이 말해 주는 것을 신뢰하도록 가르치는 것을 포함하죠.

페미니스트 역사

뚱뚱함 받아들이기 운동과 페미니즘

사이즈 차별은 현실이에요. 어느 연구에 따르면, 마른 여성보다 뚱뚱한 여성은 게으르고, 느리고, 생활에 규율이 없고, 너저분하다고 여겨질 가능성이 더 많다고 해요. 사이즈 차별은 구체적으로 영향을 끼쳐요. 뚱뚱한 사람들은 의료 서비스를 받을 때 자주 장애를 겪죠. 직업에서도 차별을 경험하고 마른 사람들보다 소득도 더 적어요. 어린 시절에 괴롭힘을 당한 역사가 있는 경우가 많고요. 이는 자존감에 영향을 주죠. 그리고 미국 내 대다수 장소에서 법적 보호를 받지 못합니다. 누군가를 단지 뚱뚱하다는 이유로 해고하는 것(또는 고용하지 않는 것)은 완전히 합법적이에요.

익숙한 이야기로 들리나요? 이 문제들 중 상당 부분이 페미니스트들의 관심사와 겹칩니다. 제2물결 페미니즘이 최고조에 다다른 1970년대에 다수의 로스앤젤레스 여성들은 문제들이 겹친다는 사실을 알고 행동을 개시했죠.

사라 피시먼은 그 여성들 중 한 명이었어요. 어느 날 그녀는 할리우드 공공 도서관에서 루엘린 라우더백이 쓴 『뚱뚱함의 힘』(*Fat Power*)을 집어 들게 됐어요. 그 책은 여러 다이어트 관련 책들과 나란히 놓여 있긴 했지만 다른 책들과는 분명히 달랐고, 피시먼은 호기심을 갖게 되었죠. 그 책의 주장은 세 가지 서로 다른 개념에서 출발하고 있었어요.

- 평균적으로 뚱뚱한 사람들은 마른 사람들보다 더 많이 먹지 않는다.
- 다이어트는 효과가 없다.
- 차별에서 자유로운 뚱뚱한 사람들은 심장 관련 질병이나 고혈압, 뚱뚱함과 자주 연관되는 다른 질병에 걸릴 위험이 낮다.

피시먼은 이 주장에 대해 더 조사했고, 이는 그녀가 행동을 취하게끔 활기를 불어넣어 주었죠. 피시먼과 다른 여성들은 뚱땡이 지하 조직을 조직했는데, 이 단체는 뚱뚱한 이들에 대한 억압과 관련해 사람들을 교육하고 뚱뚱한 이들에 대한 차별을 없애기 위해 일하는 페미니스트 정치 활동 집단이었죠. 1973년, 피시먼과 주디 프리스피릿은 '뚱땡이 해방 선언'을 발표했는데 이 선언문은 뚱땡이 지하 조직의 취지를 개괄하고 분명한 활동 내용을 알리는 것이었어요. 1981년에는 정신 분석 학자 수지 오바흐가 이제는 고전이 된 책『뚱뚱함은 페미니스트의 문제다』(Fat Is a Feminist Issue)를 출간했고 1983년에는 뚱땡이 지하 조직 구성원들이『팽팽한 줄 위의 그림자: 뚱뚱함 억압에 대한 여성들의 글』(Shadow on a Tight-rope: Writings by Women on Fat Oppression)을 출간했죠. 1984년에는『자체발광』이 창간되었는데, 이것은 뚱뚱한 여성을 긍정적이고 힘을 북돋는 방식으로 다룬 최초의 잡지였어요. 뚱뚱함을 받아들이는 페미니스트 운동이 시작된 거예요.

뚱땡이 운동은 1990년대까지 계속되고 제3물결 페미니즘으로 이어졌어요. 1992년에 '세계 다이어트 없는 날'이 최초로 열렸고 해마다 5월에 기념되고 있어요. 전국 여성 위원회는 사이즈 차별에 대해 공식적인 성명서를 내고 몸 이미지 대책반을 출범했어요. 페미니스트들은 뚱뚱한 페미니스트 잡지를 출간하기 시작했는데요. 1998년에 메릴린 완은 먼저 나온 잡지를 책으로 엮어서『뚱뚱해! 그래서? 자기 사이즈에 대해 미안해할 필요 없으니까』(*Fat! So? Because You Don't Have to Apologize for Your Size*)라는 제목으로 출간 했어요. 이 책은 뚱뚱함을 받아들이는 제3물결 페미니스트 운동의 필독서 목록으로 들어갔죠.

어떤 사람들, 특히 의학 연구자들과 의료인들은 건강 문제와 비 만이 광범위하게 연관되었다고 증명한 연구들을 뚱뚱함 받아들이 기 운동이 무시한다고 비판해요. 그럼에도 비만과 관련한 문화적 담론에서 뚱뚱함 받아들이기는 여전히 중요한 목소리를 내고 있답 니다. 워싱턴, 샌프란시스코, 샌타크루즈, 매디슨을 포함한 몇몇 도 시들에서는 몸무게 때문에 차별하는 것을 금지하는 법이 통과됐 죠. 의료인들은 요요 현상을 일으키는 다이어트와 극단적 체중 감 량의 위험을 점점 더 인식하게 되었고, 비만 연구 분야의 강의도 여성 연구와 젠더 연구, 퀴어 연구, 민족 연구와 비슷한 분야로서 여러 대학에서 개설되고 있죠.

뚱땡이 해방 선언

– 사라 피시먼과 주디 프리스피릿 작성

1. 우리는 뚱뚱한 사람들이 온전하게 인간으로서 존중받고
   인정받을 자격이 있음을 믿는다.
2. 우리는 상업적이고 성차별주의적인 이해 추구 때문에 받는
   잘못된 처우에 분노한다. 이들은 우리의 몸을 비웃음의 대

상으로 만들어 착취해 왔고, 이 비웃음을 피할 수 있고 벗어날 수 있다는 거짓된 약속을 판매하여 막대한 이윤을 얻어 왔다.

3. 우리는 우리의 투쟁이 계급 착취, 인종차별주의, 성차별주의, 연령 차별주의, 금융 착취, 제국주의 등에서 비롯된 억압에 맞서는 다른 투쟁과 동맹 관계에 있음을 안다.

4. 우리는 삶의 모든 측면에서 헌법에 약속되어 있는 권리를 뚱뚱한 사람들도 동등하게 가지게 해 줄 것을 요구한다. 우리는 공공 영역에서 제공되는 물품과 서비스에 동등하게 접근할 권리를 요구하며 고용, 교육, 공공시설과 의료 서비스에서 우리에게 가해지는 차별을 중단할 것을 요구한다.

5. 우리는 이른바 '감량' 산업을 우리의 특별한 적이라 규정한다. 여기에는 다이어트 클럽, 체중 감량 시설, 건강 관리 시설, 다이어트 전문의, 다이어트 책, 다이어트 음식과 음식 보충제, 외과 시술, 식욕 억제제, 약물, 랩 같은 도구, 그리고 '체중 감량 기구들'이 포함된다.

우리는 그들이 제공하는 것들이 공중 보건에 해롭다는 사실을 인지하며, 그들이 잘못된 주장에 대한 책임을 지고 자신들이 제공하는 제품의 효능에 대해 장기간 연구 결과를 토대로 입증할 것을 촉구한다. 우리는 체중 감량 프로그램의 99퍼센트가 5년 이상 평가를 해 보면 완전히 실패하며, 급격하고 잦은 체중 감소가 극단적으로 유해하다는 사실이 증명되었다는 것을 알기에 이와 같이 요구하는 바이다.

6. 우리는 우리가 적당하지 않다고 잘못된 주장을 하는 신비화한 '과학'을 거부한다. 그것은 보험사, 패션과 의류 산업, 체중 감량 산업, 식품과 약물 산업, 의료계와 정신 의학계 등의 이윤과 공모하여 우리에 대한 차별을 일으키고 유지한다.

7. 우리는 적의 이익에 종속되기를 거부한다. 우리는 우리의 몸과 삶을 둘러싼 힘을 되찾을 것임을 전적으로 밝힌다. 우리는 이 모든 목표를 향해 헌신한다.

많은 여성들이 부정적인 몸 이미지를 갖고 있죠. 이 활동은 여러분이 긍정적인 점에 초점을 맞추게끔 도우려고 고안되었어요. 이 활동을 위해 여러분은 다음과 같은 것들이 필요합니다.

누울 수 있을 만한 큰 종이, 테이프, 연필, 잡지 한 묶음, 가위, 딱풀

미술 재료(크레용, 색연필, 마커, 물감 등 여러분이 좋아하는 대로 가져오세요.)

믿을 만한 친구 한 명

큰 종이를 테이프로 바닥에 붙이세요. 그 종이 위에 등을 대고 누워서 친구에게 몸 윤곽선을 그려 달라고 하세요. 이제 바꿔서 친구의 윤곽선도 그려 주세요.

이제 자신의 몸 윤곽선 안에 예술 작품을 만들 거예요. 원하는 미술 재료 어떤 것이든 사용할 수 있어요. 자신의 몸에 대해 어떤 점이 좋은지 보여 주는 이미지를 그릴 수도 있고 콜라주를 할 수도 있어요. **강함, 유연함, 부드러움, 힘** 같은 말처럼 여러분의 몸과 그 몸이 할 수 있는 멋진 것들에 대한 긍정적인 자질을 나타내는 말을 써 넣어 보세요. 판단이나 비판은 넣지 마세요. 우리는 자기 몸의 좋은 점에 초점을 맞추고 있으니까요. 이 연습의 막바지가 되면 여러분의 몸 윤곽선

안 전체가 낱말, 이미지, 예술 작품으로 가득 차야 해요.

몸의 어떤 부분에서는 무언가 꺼려져서 불편했나요? 그렇다면, 결국엔 어떤 긍정적 속성을 떠올릴 수 있었나요? 긍정적인 점에만 초점을 맞출 때 어떤 기분이 들었나요? 괜찮다면 이 질문들에 답한 내용을 친구들에게도 말해 주세요. 그리고 친구에게도 같은 질문을 해 보세요. 이런 이야기를 나누는 것이 너무 불편하다면 일기장에 써 봐도 좋아요.

25

남자와
여자는
다른
인종이다?

성에 대한 위험한 이분법

이 상징을 본 적이 있나요?

이 상징이 무엇을 의미하는지 아나요?

음-양 상징은 중국 철학의 근본 요소예요. 서로 구부러지며 맞물린 검은색과 흰색은 상호 보완적으로 반대되는 것을 상징하죠. '차가운/뜨거운, 어두운/밝은, 달/해, 여성적인/남성적인' 같은 것처럼요.

좀 더 구체적으로 말하면 검은 면은 음인데, 다음과 같은 것을 대표하죠.

- 어두움
- 수동성
- 직관
- 차가움

- 부드러움
- 고요함
- 약함
- 복종

흰 면은 양인데, 다음을 상징해요.

- 밝음
- 활동성
- 논리적
- 열

- 견고함
- 운동
- 힘
- 지배

검정과 하양. 차가움과 뜨거움. 약함과 강함. 순수하게 반대되는 것들이죠. 우리 문화에서 남성과 여성을 인식하는 것과 똑같이, 완전하게 정반대죠. 흥미로운 것은, 이런 문화적 관념에도 불구하고 현실은 상당히 다르다는 거예요. 남성들과 여성들은 사실 다른 면보다는 닮은 면이 더 많거든요.

여러분은 아마 이렇게 생각하겠죠? 뭐어어라아아구우우우? 그러나 제 말을 잘 들어보세요.

어떤 성별 차이는 명확히 존재해요. 가장 큰 차이는 남자들이 여자들보다 신체적인 힘과 운동 능력이 더 큰 경향이 있다는 거죠. (이제는 여성들이 운동 경기에 참여할 수 있는 기회가 더 많아졌지만 여전히 따라잡는 중이죠.) 그러나 이 밖에 다른 것들은 남성들과 여성들 사이의 차이가 사실상 그리 크지 않거나 없어요. 남성들과 여성들은 수학이나 언어 능력에서 큰 차이가 없어요. 공격성이나 자존감에서도 크게 다르지 않죠. 평균을 비교할 때 가장 큰 차이도, 그리 크게 의미 있는 차이는 아니에요. 이 발견들은 새로운 것은 아니에요. 사실 사회과학자들이 벌써 잘 문헌화해 놓았죠.

그런데 왜 사람들은 남성들과 여성들이 그토록 다르다고 믿는 걸까요? 증거들은 그게 아니라는 말을 해 주는데도 말이에요. 성차 관념은 우리의 감정이나 본능적인 감각에 호소하는지도 모르죠. 남성들과 여성들이 다른 게 그냥 맞다는 느낌이 드는 거예요. 그렇죠? 게다가 비슷한 점을 인정하는 것보다는 차이에 대해 생각하는 게 더 흥분되기도 하죠. '연구에 따르면 소년들과 소녀들이 학교생활에서 보이는 차이는 아무것도 없다'는 제목을 1면에 실은 잡지와 신문은 팔리지도 않을 거예요. 그러나 '연구에 따르면 소녀들이 학교생활을 훨씬 잘하고 소년들은 좀 더디다'는 제목은 관심은 끌죠. 그렇지 않나요?

그냥 마음속으로 그렇게 느끼기 때문에 성차가 있다고 믿는 것은 위험해요. 이 믿음은 여러 가지 결과를 초래할 수 있거든요.

- **확증 편향**을 키워요. 어떤 것이 진실이라고 믿을 때 여러분은 그 믿음을 확인해 주는 것을 의식하게 될 경향이 크고, 그것과 상충하는 것은 덜 의식하게 될 (또는 덜 신뢰하게 될) 경향이 커요. 이것을 확증 편향이라고 합니다. 사람들은 성별 차이를 믿고, 그래서 도처에서 그것을 보는 거예요.
- **자기 충족적 예언**을 만들어요. 여러분이 소녀라면, 그리고

소녀들은 자신감 있는 지도자가 아니라고 생각한다면, 그 믿음은 실제로 여러분의 자신감과 지도력을 손상할 수 있어요. 이 현상을 **고정관념의 위협**이라고 하죠.

• **타자 충족적 예언을 만들어요.** 연구에 따르면 사람들은 어느 정도는 다른 사람들이 자신에 대해 생각하는 것처럼 되는 경향이 있어요. 내 학생들 중 한 명인 프리실라에게는 그녀더러 '수학적 자질'(그게 무슨 뜻이든 말이죠.)이 없다고 말하는 수학 교사가 있었어요. 놀랄 것도 없이 프리실라는 해당 수업 성적이 나빴고 다시 수강해야 했죠. 그 다음번에는 다른 교사를 만났는데, 이 선생님은 지지와 격려를 훨씬 잘해 주는 사람이었죠. 이때 프리실라는 수학에서 B학점을 땄어요.

• **비교차적 사고를 강화해요.** '소녀'와 '소년'의 차이, '여성'과 '남성'의 차이에 집중하면 '모든 소녀'와 '모든 소년' 또는 '모든 여성'과 '모든 남성'에 대해 말하는 것을 쉽게 전제하게 돼요. 현실에서는 소녀들 사이에, 그리고 소년들 사이에, 소녀와 소년 사이의 차이보다 더 많은 차이들이 있죠. 예를 한번 볼까요.

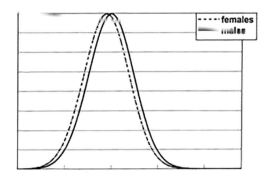

→ 2005년 9월에 발간된 『미국 정신 분석 학자』(*American Psychologist*)에 실린 그래프예요. '성별 유사성 가설'을 개발한 정신 분석 학자 재닛 시블리 하이드가 만든 것이죠. X축은 자존감 지수, Y축은 참가자 수예요. 대부분의 참가자들은 자존감 지수에서 중간 정도를 받았고, 성별에 상관없이 정반대의 점수를 받은 이들은 많지 않았죠.

이 그래프는 여자와 남자 사이의 자존감 지수에 차이가 있는가 하는 질문의 답을 보여 줘요. 차이를 꼼꼼하게 보면 평균적으로 남자들은 여자들보다 자존감 지수가 높은 경향이 있어요. 그러나 이 그래프를 보면 남자들과 여자들 사이에는 엄청나게 겹치는 부분이 있죠. 기본적으로 남자들과 여자들은 다르기보다는 비슷해요. 그리고 각 집단 안의 차이가 두 집단 사이의 차이보다 더 크죠.

• **이분법적 사고를 강화해요.** 우리 문화는 틀을 좋아하고 범주를 좋아합니다. 특히 두 가지만 있을 때 더 그렇죠. 남자 또는 여자. 흑인 또는 백인. 부자 또는 가난한 사람. 그러나 성별은 사

실 그렇게 이분법적이지 않아요. 그렇다기보다는 연속적이죠. 자신을 남자 또는 여자로 규정하는 사람들이 분명 많지만 어떤 사람들은 자신을 간성인, 트랜스젠더, 젠더 퀴어, 젠더 플루이드(gender-fluid), '남자'와 '여자' 사이에 있는 모든 정체성을 가진 사람 등으로 규정합니다.

여기에 음-양 상징을 더욱 건강하게 (그리고 더욱 문화적으로 적절하게) 사고할 수 있는 방법이 있어요. 이 이미지는 균형, 조화, 총체성을 나타내려는 것이죠. 이 이미지는 저울이 지나치게 이쪽 또는 저쪽으로 기울면 우리가 건강할 수도 완전할 수도 없다는 생각을 담고 있어요. 강함과 약함, 논리적 사고와 직관, 고요함과 활동성, 남성성과 여성성 사이의 균형을 잘 타는 소녀들과 소년들은 매우 강하게 성별 유형을 보이는 동료들보다 훨씬 자신감 있고 안정적인 경향이 있어요.

페미니스트 역사

성차 연구의 역사

과학 경연 대회에 참가하기 위해 심리학적 연구를 하게 되었고, 모든 학생들이 이 연구에 참여하기로 했다고 생각해 볼게요. 소년들에게 한 줄로 서라고 하고 소녀들에게는 다른 줄을 만들어 서라고 하세요. 그런 다음 줄자로 소년들부터 시작해서 각각의 머리 둘레를 재세요. 소년들의 평균 머리 둘레를 내고 그 수치를 소녀들의 머리 둘레 평균과 비교해 보면 소년들의 머리가 소녀들의 머리보다 크다는 것을 발견할 거예요. 과학 경연 대회 보고서에 여러분은 소년들이 소녀들보다 머리가 더 크기 때문에 뇌가 더 크고, 따라서 소년들이 소녀들보다 더 총명할 것이라는 결론을 내려요. 여러분 생각에 이 연구로 과학 경연 대회에서 상을 받을 수 있을까요?

물론 이건 매우 어리석은 연구예요. 이런 소설 같은 연구를 지금 내가 혼자 생각해 냈다고 말하고 싶지만 그렇지 않네요. 사실 이 연구는 1887년에 조지 로마네스라는 과학자가 실제로 진행한 연구예요. 당시에는 남성이 여성보다 지적이라는 주장에 의문의 여지가 없었어요. 그리하여 로마네스는 자신이 진실이라고 **생각했던**, 그러나 한 번도 의문을 제기해 보지 않았던 가정에 근거한 연구 질문을 가지고 쉽게 조사를 했죠. 더 무서운 사실은 이거예요. 1979년이 되어서야 겨우 인간의 뇌 크기가 (또는 머리 크기가) 지적 능력과는 아무 관련이 없다는 연구가 발표되었다는 것 말이에요.

대부분의 사람들은 조지 로마네스라는 이름은 들어 본 적이 없지만 찰스 다윈의 이름은, 특히 진화와 자연 선택설을 공부해 봤다면 분명 들어 봤을 거예요. 1871년에 다윈은 『인간의 유래와 성 선택』(*The Descent of Man, and Selection in Relation to Sex*)이라는 저서에서 심리학적 특성이 성 선택 과정을 통해 어떻게 진화했는지를 개괄했죠. 이 이론은 왜 남성이 여성을 유혹하기 위해 특정 전략을 사용하는지, 그리고 여성이 남성을 유혹하기 위해 완전히 다른 전략을 사용하는지를 설명했어요. (물론 이것은 남성은 남성에게는 매력을 느끼지 않고 여성은 여성에게는 매력을 느끼지 않는다는 것을 전제해요.) 그 이론은 다음과 같아요.

첫째, 다윈에 따르면 남자들과 여자들 사이에는 기본적인 생물학적 차이가 있어요. 남자는 정자를 만들고 여자는 난자를 만들죠. 정자는 기본적으로 무한정이에요. 남자는 사춘기부터 죽을 때까지 정자를 만들어 내죠. 또한 원할 때는 언제든 정자를 사정해서 내보낼 수가 있어요. 반면, 난자는 결국 끝이 있어요. 여자는 사춘기에 배란을 시작해서 완경을 하게 되면 멈추죠. 그리고 원한다고 해서 배란을 할 수는 없어요. 난자가 정자를 만나 수정하려면 (매달 겨우 며칠뿐인) 짧은 기회의 창구를 이용해야 하죠. 다윈에 따르면 이런 기본적인 생물학적 차이는 짝짓기와 성적 행동에서의 성차 발생으로 이어져요.

어떻게 그렇게 될까요? 남자부터 시작해 보죠. 인간 종족의 목표가 인간 재생산이라면, 그리고 남자가 무한정의 정자를 만들 수 있다면, 가능한 한 많은 여자들을 임신하게 만드는 것이 남자에게 가장 큰 이득이 될 거예요. 그렇기 때문에 다윈에 따르면 남자들은 한 여자에게만 붙어 있지 않으려 할 거예요. 대신에 최대한 많이 '씨를 흩뿌리기 위해서' 노력할 거고, 이렇게 하는 데 가장 좋은 방법은 일부일처제의 관계를 맺지 않는 거죠. 만약 여러 명의 남자들이 한 여자를 두고 경쟁한다면 이 남자들은 서로에게 공격적이되기 쉬울 거예요. 한 번에 단 한 명의 남자만이 한 여자를 임신하게 할 수 있으므로 각 남자는 '그 유일한 자'가 되고 싶어 하겠죠. 그리고 대체로 가장 힘이 세고 가장 공격적인 남자가(싸움에 이긴 자가) 그가 되겠죠. 남자들은 때로 여자들에게도 공격적이 돼요. 그녀가 자신과 성교를 하고 싶어 하지 않으면 강제로 그렇게 하려고 할거예요. 왜냐하면 인간 종족의 목표는 인간 재생산이므로 여자가무엇을 원하는지는 중요한 문제가 아닌 셈이 되니까요.

자, 숨 쉬세요. 곧 이 점에 대해 풀어헤칠 거니까요. 그러나 먼저, 다윈이 여자와 성 행동에 대해 하고자 했던 말을 이야기해 보죠.

남자보다 여자가 한정된 알을 가졌고 그 알은 특정 기간 동안은 배란되지 않는다는 것을 기억하죠. 그 때문에 다윈에 따르면 여자는 늙은 남자에게 난자를 낭비할 여력이 없어요. 그녀는 짝을 사냥하러 나가지 않죠. 대신 적합한 짝이 자신에게 오길 기다릴 거예요. 짝을 까다롭게 고르겠죠. 왜냐하면 자기 자식의 생존을 보장하기 위해 최상의 짝을 찾아서, 자기 자식이 가능한 한 가장 좋은 유전자를 가지게 하고 싶을 테니까요. 일단 적합한 짝을 찾으면 '자신의 남자 옆에 대기'할 거고, 좋을 때나 안 좋을 때나 그 옆에 붙어있을 거예요. 물론 그녀는 좋은 남자는 찾기 어렵다는 사실을 알고 있으니, 일단 찾으면 최대한 오래 주변에 붙어 있으려고 할 거예요.

이와 같은 말이 성차별적으로 들리지는 않나요? 그렇게 들리는 게 당연해요. 왜냐하면 성차별적이니까요. 다윈의 이론은 단순한 성별 고정관념을 강화하고 있어요. (남자들은 공격적이고 경쟁적이며 여자들은 수동적이고 정조를 지킨다는 고정관념이죠.) 또한 이것은 강간과 성적 공격을 위험하게도 거의 정당화할 뻔 했어요. 결국 남자들은 이렇게 행동하게 만들어져 있다, 이런 식인 거죠. 가장 중요한 것, 그러니까 이 이론의 가장 큰 문제는 이를 뒷받침해 줄 증거가 거의 없다는 거예요. 인간은, 남녀 모두, 다양한 이유로 다양한 성적 행동을 해요. 인간 재생산은 그 이유들 중 하나에 불과하죠. 다른 동물들도 마찬가지예요. 모든 동물을 통틀어 지속적으로 나타나는 단 하나의 일반적 성적 전략 따위는 없어요. 그렇지만 다윈의 이론은 성별과 성에 대한 일반적인 믿음을 반영하고 있어서 사람들은 그것을 '옳다고 느끼기' 때문에 받아들이는 경향이 있어요.

그러나 과학의 세계에서는 '옳다고 느끼는 것'이 곧 증거가 되지는 못해요. 1875년, 다윈이 『인간의 유래와 성 선택』을 쓴 지 얼마 되지 않았을 때, 노예제 폐지주의자이자 여성 참정권자인 앤트워넷 브라운 블랙웰이 다윈의 성차 이론에 대해 매우 비판적인 시각의 책을 출간했죠. 그녀는 책 『자연 속의 성들』(The Sexes Throughout Nature)에서 남성과 여성의 평등은 진화론적으로 필수적인 것이었고, 종의 생존은 그것에 딜려 있었다고 주장했습니다. 불행히도 그녀의 작업은 과학자 집단 내에서 완전히 무시당했고, 진화 이론가들이 진화에 따른 성차라는 이론을 재고하기까지는 100년이 넘게 걸렸어요. 그렇다 해도 진화 영역의 많은 학자들은 여전히 이 이론들을 받아들이고 있어요.

인류학자이자 영장류학자인 사라 블래퍼 허디는 눈에 띄게 예외적인 경우죠. 그녀는 진화 이론에 페미니스트적 재해석을 제공한 선구자적인 과학자들 중 한 명이에요. 1999년에 그녀는 『어머니 자연: 모성 본능과 그것이 인간 종을 틀 짓는 방식』(*Mother Nature: Maternal Instincts and How They Shape the Human Species*)이라는 책을 썼는데, 여기서 그녀는 성차에 대한 다윈의 몇 가지 믿음에 도전했습니다. 그녀는 '모성 본능'이라는 관념의 오류를 폭로하면서 어린 자식에 대한 민감성은 다양한 요소에 달려 있다고 주장했죠. 협력적 교육과 '이종 양육' 개념도 제시했는데, 이는 근본적으로 한 명의 기본 양육자 대신 '한 아이를 키우려면 온 마을이 필요하다'는 생각을 반영하고 있어요. 그녀가 여러 측면에서 진화심리학 영역에 기여한 바는, 선천적인 성차에 대한 사람들의 가정에 도전한 것이랍니다.

이번 활동은 혼자 할 수도 있지만 여러 명이 집단적으로 한다면 매우 강력해질 거예요. 어떤 경우든, 참여자는 다음과 같은 것들이 필요해요.

펜 또는 연필, 공책, 음-양 상징을 인쇄한 종이, 검은색 연필과 흰색 연필, 마스킹 테이프(여러 명이 할 경우)

각 참가자는 자신의 성격을 나타내는 형용사 목록을 만드세요. 조용한가요? 대담한가요? 내성적인가요? 학구적인가요? 충동적인가요? 창의적인가요? 대범한가요? 수줍어하나요? 생기발랄한가요? 겸손한가요? 자신을 묘사하는 형용사를 모두 적어 보세요.

이제, 어떤 형용사가 더 '음'으로 느껴지는지 또는 '양'으로 느껴지는지 골라 보세요. 흰색 연필을 사용해 상징의 어두운 면 안에 '음'이라고 느껴지는 형용사를 쓰세요. 그리고 검은색 연필을 사용해 상징의 밝은 면 안에 '양'이라고 느껴지는 형용사를 쓰세요. 음-양 상징을 인쇄한 종이에는 자기 이름을 쓰지 마세요. 형용사만 쓰세요.

사사 나눔의 질문에 대해 생각해 보라고 하세요.

- 자신의 성격은 음과 양 사이에서 얼마나 균형를 유지하고 있나요?
- 각각에 똑같은 수의 형용사가 있나요, 아니면 한쪽이 다른 쪽보다 비중이 큰가요?

이 활동을 많은 사람들과 함께 한다면 각 참가자의 음-양 상징을 벽에 붙이고 다 함께 그것을 쳐다보라고 하세요. 어떤 상징이 소녀가 만든 것인지 또는 소년이 만든 것인지 쉽게 알아볼 수 있나요? 소녀들과 소년들 사이에서 뚜렷한 차이를 보았나요? 각 집단 안에 다양성이 있나요? 이 질문을 유사성과 차이에 대한 집단 토론을 진행할 때 사용해 보세요.

26

'44'사이즈로
살라고?

내 삶을 위해 차별을 없애기

"어떤 소녀가 0 사이즈(한국 사이즈로는 44-옮긴이)로 살을 빼고 싶을 때는 아무것도 되지 않으려는 열망을 품은 것이다."

진 킬본

"날개를 펴고 싶고, 성적으로 진정 활동적이 되고 싶고, 힘을 가지고 싶고, 독립적이 되고 싶어 하는 여성이 여성다움의 세계에 진입하자마자 문화는 그녀를 '사이즈'로 깎아내린다."

진 킬본

이 두 인용문 모두 오랫동안 내 마음속에 남아 있었어요. 이 말들은 내가 여덟 살, 아홉 살, 그리고 열 살 때 알고 지낸 수많은 소녀들, 세상을 호령하며 마음먹은 것은 뭐든지 할 수 있다고 느낀 겁 없고 모험심 강했던 그 소녀들을 떠올리게 해요.

그리고 나는 그 많은 소녀들이 사춘기가 됐을 때 어떤 일이 일어났는지를 생각했죠. 그들은 자신을 의심하기 시작했어요. 그들은 자의식을 지니게 되었죠. 그들은 자신의 몸과 외양을 뜯어보기 시작했어요. 그들은 자신의 목소리를 낮추거나 아예 말하는 것을 멈추었습니다.

그리고 나는 사춘기 소녀들이 당면할 위험이 있는 모든 문제들을 생각했어요. 낮은 자존감. 학교 성적의 변화, 특히 수학 과목의 성적 변화. 데이트 강간과 데이트 폭력. 몸 이미지에 대한 관심. 섭식 장애. 음주. 흡연. 십 대 임신. 성병 감염과 질병. 몸에 칼 긋기와 다른 여러 형태의 자해.

칼 긋기 사례가 생각났을 때, 나는 눈을 감고서 한 마리 새가 막 바닥을 박차고 날아오르려는 모습을 상상했어요. 그때 크고 모양이 일정치 않은 어떤 덩어리가 그 새를 공격하고 날개를 묶어 버렸죠.

그 이미지는 그 뒤로 내내 내 마음속에 남았어요. 그래서 이 책을 쓰게 되었죠. 여성들은 정말 큰 힘을 가지고 있는데, 우리 문화는 그 힘을 우리에게서 계속 빼앗아 왔어요. 그러나 페미니즘은 우리로 하여금 우리의 힘을 되찾을 수 있는 강력하고 무시무시한 연장 세트를 주고, 우리가 묶인 날개를 풀 수 있게 도와주고, 그 날개를 우리가 할 수 있는 만큼 한껏 펼 수 있게 해 줘요.

이 모든 것이 나를 생각해 보게 만들었죠.

여성들이 얼마나 많은 에너지를 이런 일을 하는 데 써 버리는 걸까요?

- 살을 빼서 비현실적으로 마른 몸을 갖기 위해 말이에요.
- 자신의 목소리를 억누르고 침묵시키기 위해 말이에요.
- 자기 파괴적인 행동을 하는 데 말이에요.
- 아무것도 아닌 것이 되기 위해 노력하는 데 말이에요.

만약 여성들이 이 에너지를 모두를 위한 공명정대함을 이룩하는 데 쓴다면 어떻게 될까요?

만약 여성들이 '제로(0, 없음)를 전유하면' 어떻게 될까요? 우리 자신을 위해 어떤 목표를 세우게 될까요?

여러 가능성을 상상해 보세요.

- 성별 고정관념, 제로
- 몸에 대한 부끄러움, 제로
- 섭식 장애, 제로
- 여성성에 대한 공격, 제로
- 성 부정, 제로
- 경계 침해, 제로
- 젠더 폭력, 제로
- 소녀들의 성적 대상화, 제로
- 괴롭히기, 제로
- 인종차별주의, 제로

- 동성애 혐오증, 제로
- 트랜스 혐오증, 제로
- 교육 소외, 제로
- 직업 소외, 제로
- 성별 성취 불평등 , 제로
- 임금 차별, 제로
- 자존감 문제, 제로
- 자기혐오, 제로

만약 모든 에너지가 새로운 현실을 만드는 데 쓰인다면 어떻게 될지 상상해 보세요. 그 가능성들이 무한대라면 어떨지 상상해 보세요.

코라손 아키노, 그리고 1986 민중 권력 혁명

2016년 10월 19일, 수백만의 사람들이 민주당 후보자인 힐러리 클린턴과 공화당 후보자인 도널드 트럼프 사이의 마지막 대선 토론을 보기 위해 텔레비전을 켰어요. 2016년 대선은 미국 역사상 가장 분열이 심하고 경합이 치열한 선거 중 하나였죠. 이 토론에 앞서 선정적 연예 프로그램인 〈할리우드 들여다보기〉는 트럼프가 여성에 대해 저속한 말을 하는 장면을 녹화해 공개했죠. 그 이미지는 2차 대선 토론때 힐러리 클린턴 뒤에서 위협적으로 나타났던 도널드 트럼프의 이미지와 합쳐져서 마지막 경합을 보는 이들에게 신선하게 다가갔어요.

토론 막바지에 이르렀을 때, 사회자 크리스 월리스는 힐러리 클린턴에게 사회 안전망에 관한 질문을 던졌어요. 힐러리 클린턴은 다음과 같이 대답했죠.

글쎄요, 크리스. 저는 우리가 사회 안전 보장 기금에 더 많은 돈을 쓸 필요가 있다고 공개적으로 말한 바 있습니다. 그것이 부유층에 대한 세금 인상이 필요하다고 보는 이유 중 일부예요. 사회 안전을 위해 내 월급에서 나가는 액수가 많아지겠죠. 도널드에게서도 마찬가지일 테고요. 물론, 그가 그걸 피할 길을 찾을 수 없으리라는 전제 아래에서죠. 그러나 우리가 하고 싶은 것은 사회 안전 보장 기금을 다시 채워 두는 것입니다.

그 순간 도널드 트럼프가 힐러리 말을 가로채서 (그는 세 번에 걸친 토론 내내 몇 번이나 똑같은 짓을 했죠.) "참 추잡한 여자네."라고 지껄였어요.

이 말이 바로 불과 몇 분 전에 "나보다 더 여성을 존중하는 사람은 아무도 없어요. 아무도."라고 말한 사람의 입에서 나온 소리였답니다.

이 말을 뱉음으로써 도널드 트럼프는 분명히 힐러리를 작아지게 만들고 싶었겠죠. 왜냐하면 트럼프가 생각하기에, 발언을 하고 자기 관점을 취하는 여자는 추잡하기 때문이었어요. 그러나 전국의 여성들은 그 발언을 놓치지 않았죠. 트럼프가 그런 말을 내뱉고 몇 분이 채 지나지 않아 트위터에서는 #추잡한여자 해시태그가 유행했어요. 해커들은 www.nastywomengetshitdone.com을 치면 자동적으로 힐러리의 공식 선거 캠페인 웹사이트로 가도록 만들었죠. 그날 밤, 음악 스트리밍 사이트에서는 재닛 잭슨이 자신을 성적으로 위협한 남성 길거리 추행자들에 대응할 때 영감을 받아 쓴 노래 〈추잡해〉(Nasty)의 재생 요청 수가 250퍼센트나 늘어났어요. 분명 여성들은 트럼프가 한 짓을 그냥 넘기지 않을 터였죠.

30년 전인 1986년, 재닛 잭슨이 앨범 〈통제〉(Control)를 발매했을 때로 돌아가 보죠. 보수주의와 반페미니즘의 새 시대를 예고한 로널드 레이건이 미국 대통령으로 두 번째 임기를 보낼 때였어요. 훗날 미국 역사상 가장 반페미니스트적인 재판 의견을 냈던 앤터닌 스캘리아가 대법관으로 임명되었죠. 그리고 필리핀에서는 조기 선거에서 코라손 아키노가 접전 끝에 독재자 페르디난드 마르코스를 물리쳤어요. 마르코스는 이를 선거 사기로 인한 당선이라고 주장했지만 말이에요.

코라손 아키노는 필리핀에서 전업주부였어요. 남편인 베니노(그의 별명은 '니노이'였죠.)가 적어도 페르디난드 마르코스가 권력을 잡기 전까지는 정치를 했음에도, 아키노는 정치에 관여한 경험이 전혀 없었죠. 니노이는 마르코스의 억압적인 독재에 적극적으로 저항했고, 이 때문에 체포되고 투옥되었죠. 그 뒤 심장에 문제가 생겨서, 1980년에 니노이와 그의 가족들은 그가 관상 동맥 우회 수술을 받을 수 있도록 미국에 가도 된다는 허가를 받았죠. 그들은 1983년까지 미국에 머물렀어요. 그때 니노이는 필리핀으로 돌아가 고향 땅에서 민주주의 재건을 시도하고 싶어 했어요. 그러나 니노이는 필리핀에 도착해 비행기에서 내리자마자 암살당했어요.

그때부터 코라손 아키노는 정치적 활동을 시작하게 되었어요. 니노이가 암살당한 뒤 마르코스에게 저항하는 세력은 커졌고 코라손은 야당의 지도력을 불려받았죠. 1985년 11월, 어느 미국 저널리스트가 마르코스에게 합법적인 선거에 출마해 볼 것을 은간하게 제의하자 마르코스는 그렇게 했어요. 그는 필리핀 민중에게 아마도 자신의 적법성을 증명하기 위한 방편으로서 1986년 2월에 '조기 선거'가 있을 거라고 발표했죠.

100만 명의 사람들이 코라손에게 마르코스에 맞서라는 청원에 서명했고 그녀는 야당의 단일 대통령 후보가 됐어요. 이에 대응하여 마르코스는 계속 공격적으로 나갔고, 할 수 있는 한 코라손을 공격하는 데에 대선 운동을 활용했습니다. 심지어 그녀는 정치가 아니라 침실에나 있어야 할 '그저 가정주부일 뿐'이라는 식의 저급한 말까지 했죠. 투표일은 대규모 사기와 유권자 위협, 그리고 폭력 등으로 얼룩졌고 페르디난드 마르코스는 스스로를 승자라고 선언했어요.

그러나 코라손은 멈추지 않았죠. 선거 뒤에 그녀는 민중 권력 혁명이라는 시민 불복종 평화 행동을 조직해 선거 결과에 반대한다는 것을 보여 주었습니다. 마르코스 정권에 대한 저항은 점점 커졌고, 2월 말에 코라손 아키노는 필리핀의 대통령으로 임명되었어요.

코라손이 대통령으로 당선된 후 많은 급진적 개혁이 실시됐는데, 이 중 많은 것들이 시민의 자유와 인권에 초석이 되었어요. 그녀의 지도력 아래 필리핀의 민주주의를 재건하기 위한 새로운 헌법이 작성되었죠. 폭력에 의지하는 대신 코라손 아키노는 공산주의 반란군, 무슬림 분리주의자들과 평화 회담을 열었어요. 또한 경

제력 강화에 집중하고 40억 달러에 이르는 국가 부채를 갚는 데에
도 성공했죠. 코라손은 세계 여성 지도자 회의의 회원이었는데, 이
조직은 여성이 지도자 역할을 맡도록 힘을 보태는 데 집중하는 곳
이었죠. 1992년, 코라손은 재선에 나가지 않기로 결정했습니다.
지도력은 한 사람이 아니라 많은 사람들에 의해 공유되어야 한
다고 믿었기 때문이에요. 평생 정치에 적극적으로 참여한 그녀는
2009년에 암으로 세상을 떠났습니다.

　페미니즘에, 반인종차별주의에, 사회 정의에 헌신하는 많은 사
람들은 도널드 트럼프가 미국 대통령으로 당선된 것에 깊은 불편
함을 느끼고 있어요. 코라손 아키노의 이야기는 여성들이 무엇을
해낼 수 있는지를 강하게 상기시키죠. 도전하기에 불가능해 보일
때조차도 말이에요. 페르디난드 마르코스는 여성들이, 특히 가정
주부들이 무가치하다고 믿었어요. 코라손 아키노는 그렇지 않다는
사실을 증명해 보였고요.

너무 성차별주의적이어서 움찔거리게 하는 것을 읽은 적이 있나요? 아니면 너무 인종차별주의적이거나 동성애 혐오적이거나 계급 차별적이거나, 아니면 이 모든 것이 한꺼번에 드러나는 거 말이에요. 그것을 읽었을 때, 발기발기 조각조각 찢어 버리고 싶었나요? (아니면 컴퓨터 모니터를 치고 싶었나요?) 암전시는 무서운 것을 새롭고 아름다운 것으로 탄생시키는 대단한 방법이에요. 암전시에 익숙하지 않다면, 이번이 배울 기회예요! '적어질수록 더 많아진다'라는 원칙을 바탕으로 작동해요. 이 활동 끝에 가면 남아 있는 글자가 거의 없을 거예요. 그러나 여러분이 선택한 글자는 엄청난 힘을 가질 거예요.

암전시를 만들어 봅시다! 이 활동을 위해서 여러분은 다음과 같은 재료들이 필요해요.

연필, 검은색 사인펜, 신문 기사, 잡지 기사, 인터넷 글, 책 내용 복사물.
찾을 수 있는 것 중에서 가장 끔찍하고 공격적인 내용의 글을 사용해도 좋아요.

글을 읽기 전에, 닻 역할을 하는 핵심어를 찾아보세요. 여러분에

게 의미가 있기 때문에 눈에 딱 들어오는 낱말을요. 그 낱말에 연
필로 연하게 동그라미를 치세요. 이제 그 글 전체를 읽고 아까 그
닻 역할을 하는 낱말에 연결되는 낱말들에 동그라미를 치세요. 한
줄에 너무 많은 낱말을 동그라미 치지는 마세요. 좀 떨어져 있게
해 보세요.

동그라미 친 낱말들을 글에 나온 순서대로 또 다른 종이에 모두
적어 보세요. 여러분이 시를 짓기 위해 필요한 낱말들은 이 순서
대로 있어야 해요. 그러면 읽는 사람이 혼란스럽지 않거든요. 이제
시에서 쓰고 싶은 낱말들을 골라 보세요. 모든 낱말을 다 사용할
수도 있고 몇 개만 사용할 수도 있어요. 시를 마무리 짓기 전에 다
양한 가능성을 가지고 놀아 보세요.

다시 아까 그 글로 돌아가서, 사용하지 않을 낱말의 동그라미를
지우세요. 검은색 사인펜을 사용해 시에서 사용하고 싶은 낱말들
에 네모를 치세요. 그런 다음 종이의 나머지 면을 까맣게 칠해서
암전시키세요. 이제 암전시를 하나 갖게 되었어요.

만약 워드 프로그램에서 강조 기능(하이라이트 기능)을 쓰는 법을
안다면 컴퓨터에서도 암전시를 만들어 볼 수 있어요.

여기 내가 만든 예가 있어요. 뉴욕타임스에 실렸던 〈도널드 트
럼프가 여성들의 진술을 '중상모략'이라 말했다〉라는 제목의 기사
(*The New York Times*, October 14, 2016)에서 나온 시예요.

이제 여러분 각자의 시를 만늘어 보세요!

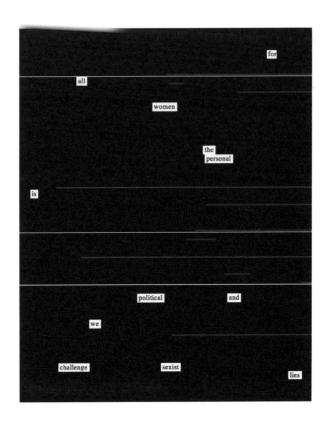

모든 여성들에게, 개인적인 것은 정치적인 것이며
우리는 성차별적 거짓말에 이의를 제기합니다.

오늘 할 수 있는 26가지 ABC 페미니스트 활동

Act, **행동하기** 억압에 저항해 행동하세요.

Boycott, **지지하지 않기** 반페미니스트적이고 억압적인 관행을 보이는 사업이나 기업을 지지하지 마세요.

Challenge, **이의 제기하기** 성별 가정과 기대에 이의를 제기하세요.

Do, **하기** 두려워서 못한다고 생각했던 일을 날마다 하나씩 하세요.

Educate, **교육하기** 자신과 다른 사람들에게 여성의 역사, 여성 운동, 지구적 여성 사안들에 대해 교육하세요.

Find, **찾기** 페미니즘에 관심을 둔 이들을 찾고 지지망을 키우세요.

Get angry; **화내기** 화를 내고 분명한 의도를 가지고 행동하세요.

Hang, **달기** 페미니스트 포스터를 방에 달아 놓으세요.

Invite, **초대하기** 소년들과 남성들을 페미니스트 활동에 초대하세요.

Join, **참가하기** 사회 정의 조직에 가입하고 참여하세요! 사는 곳에 페미니스트적 원칙과 활동에 헌신하는 지역 단체가 있다면 그곳에 가입하세요!

Know, **알기** 자신을 알고 자신의 본능을 신뢰하세요.

Love, **사랑하기** 자신의 몸을 사랑하세요. 잘 돌보세요. 그리고 다른 누구도 아닌 자신이 기분 좋은 방식으로 치장을 하세요.

Monitor, **지켜보기** 여러분이 어떻게 미디어를 소비하는지 지켜보세요. 긍정적인 미디어를 가까이하세요. 여러분의 경험을 반영하고 다른 부류의 사람들에 대해 배우게 하는 미디어를 찾으세요. 자신에 대해 나쁜 느낌을 갖게 하는 미디어는 소비하지 마세요.

Nurture, 보살피기 자신을 보살피세요. 페미니스트 시인이자 수필가인 오드리 로드는 이렇게 말했죠. "자신을 돌보는 것은 자기애에 빠지는 게 아니에요. 자기 돌보기는 자기 보존이며, 그것은 하나의 정치적 투쟁이랍니다."

Organize, 조직하기 페미니스트 활동을 조직하세요.

Participate, 참여하기 주위에서 작은 것부터 실천할 수 있는 페미니즘 관련 풀뿌리 활동에 참여하세요.

Question, 질문하기 모든 것에 질문을 던지세요.

Read, 읽기 많이 읽으세요. 여기 처음 시작하기 좋은 책들이 있어요.

- 치마만다 은고지 아디치에의 『우리는 모두 페미니스트가 되어야 합니다』(*We Should All Be Feminists*)
- 시몬 드 보부아르의 『제2의 성』(*The Second Sex*)
- 베티 프리단의 『여성성의 신화』(*The Feminine Mystique*)
- 록산 게이의 『나쁜 페미니스트』(*Bad Feminist*)
- 벨 훅스의 『모두를 위한 페미니즘』(*Feminism Is for Everybody*)
- 오드리 로드의 『시스터 아웃사이더』(*Sister Outsider*)
- 글로리아 스타이넘의 『남자가 월경을 한다면』과 『일상의 반란』(*Outrageous Acts and Everyday Rebellions*)(한국에서는 두 권의 책으로 나뉘어 번

역 출간되었다-옮긴이)

- 나오미 울프의 『무엇이 아름다움을 강요하는가』(*The Beauty Myth*)
- 메리 울스턴크래프트의 『여성 권리 옹호』(*A Vindication of the Rights of Woman*)

Speak, 말하기 마음속에 있는 말을 하세요. 목소리가 떨리더라도요.

Take, 받기 여성과 소녀들에 대한 폭력을 끝내는 데 토대가 되는 자기방어 수업을 받으세요.

Unite, 뭉치기 다른 소외된 집단 사람들과 뭉치세요.

Volunteer, 자원 활동하기 강간 위기 센터, 가정 폭력 쉼터, 여성 의료 기관 등에서 자원봉사를 하세요. 강간 피해자들, 가정 폭력 피해자들과 이야기를 나누세요. 이런 경험은 여러분의 인생을 바꿀 거예요.

Watch, 보기 페미니스트 다큐멘터리를 보세요.

- 연분홍치마가 세 명의 트랜스젠더 남성들을 인터뷰한 <3XFTM>
- 김보람 감독의 <피의 연대기>

EXpect, 존중하기 그 무엇도 아닌 자신을 존중해 주세요.

Yell, 소리 지르기 소리 질러요. 모두가 들을 수 있게.

Zap, 해치우기 성차별주의를 여러분이 가진 모든 힘을 동원해 해치워 버려요!

페미니즘이란 무엇일까요? 페미니즘은 성차별주의와 성차별주의에 입각한 모든 억압, 폭력, 착취를 종식시키는 운동이에요. 페미니스트 벨 훅스가 제안한 정의랍니다. 어떤가요? 어렵지 않죠?

그렇다면 페미니즘은 누구에게 필요할까요? 성차별주의가 있는 곳이라면 어디든, 성차별주의에 입각한 억압과 폭력, 그리고 착취의 피해를 당한 사람이라면 누구든 페미니즘이 필요하겠죠.

물론 페미니즘의 정의를 이렇게 간단히만 이야기하기에는 아쉬움이 있어요. 페미니즘은 근대라고 일컫는 시기에 들어선 18세기부터 현재까지 여성 참정권 운동, 교육 받을 권리, 노동자로서 차별받지 않을 권리를 비롯하여 생태와 평화 운동에 이르기까지 다양한 문제를 다뤄 온 매우 풍부한 사상이니까요. 그 풍부함 때문에 초점과 문제를 해결하는 방식이 조금씩 달라서 자유주의 페미니즘, 급진주의 페미니즘, 마르크스주의 페미니즘, 사회주의 페미니즘, 생태주의 페미니즘, 퀴어 페미니즘 등 다양한 이름의 시각이 만들어진 결과 서로 조금씩 문제의식이 겹치면서 공존하고 있거든요.

이 책은 미국에서 미국 사회를 중심에 놓고 쓰여졌지만 방금 말한 페미니즘의 다양한 시각은 한국 사회를 포함하여 페미니스트들이 대체로 공유한다고 할 수 있기 때문에 미국 이야기라도 공감하고 공유할 점이 참 많아요. 게다가 1960년대 이래 북미의 페미니즘 운동은 전 세계 페미니즘 운동에 여러 모로 큰 영향을 끼쳐 왔기도 하고요.

한국에서는 1920년대 즈음에 근대 교육을 받은 '신여성'들을 중심으로 일어난 문제의식과 여러 운동을 통해 페미니즘적 사상이 뿌리를 내리기 시작했고, 1970년대 중반에는 대학에 여성학과가 개설되는 등 유럽과 미국 등지에서 일어나고 있던 여성 운동의 흐름에 한국의 페미니즘도 역동적으로 호응하며 관계를 맺어 왔죠. 1980년대 이후 여러 여성 단체들이 만들어지면서 여성 운동도 본격화되었고 이런 흐름을 밑바탕 삼아 2000년대에는 '강남역 살인 사건'을 계기로 페미니즘이 폭발적으로 대중화되기에 이르렀어요. 그리고 그 과정에서 등장한 관점과 개념, 그리고 논쟁은 이 책에서 다루고 있는 내용과도 상당 부분 겹치기도 해요. 이것은 전 세계 여성들이 대체로 공통되게 근대 가부장제와 자본주의의 구조 하에서 살아가고 있기 때문이죠.

한편, 이 책에서 견지하고 있는 교차적 관점은 점점 다문화 사회가 되어가는 한국에서도 긴급히 필요한 것이에요. 미국은 한국보다 훨씬 이전에 이미 다인종, 다문화 사회가 되었기 때문에 인종차별, 성차별, 계급 문제 등이 어떻게 교차하면서 여성의 삶에 악영향을 미치는지를 이미 오랫동안 고민해 왔죠. 그러니 이 책은 미국에 한정된 이야기가 아닌 우리 모두가 공통되게 겪고 고민하고 해결하고자 하는 문제들을 다루고 있다고 한 수 있어요.

요즘 한국에는 어느 때보다 페미니즘의 필요성을 인식하게 된 이들이 많아졌고 문제의 뿌리를 찾아서 근본적으로 해결하고 싶어 하는 이들 또한 많이 등장하고 있죠. 이럴 때일수록 기초적인 맥락과 논의들, 그리고 개념들을 찬찬히 살펴봄으로써 페미니즘이 특정 집단의 이해를 위한 이기적이고 편향된 관점이라는 오해를 털고 페미니즘이야말로 정의롭고 공평한 사회를 만드는 데에 무엇보다 필요한 사상이라는 것을 알게 되었으면 좋겠어요.

이 책이 역사를 다루는 부분에서는 아쉬움이 있기는 하지만 그런 점은 나중에 독자 여러분이 직접 적극적으로 채워 넣어서 자기만의 페미니즘 입문서를 만들어 보는 것도 좋지 않을까 싶어요. 예를 들면, 김알렉산드리아, 나혜석, 주옥경, 허정숙 등과 같이 1920~30년대의 한반도에서 활동한 페미니스트들을 조사해 볼 수도 있지요. 또 우리나라에 '자유 연애'라는 말이 처음 등장한 배경을 알아보는 것도 좋은 출발이 될 수 있을 거예요. 가부장인 아버지가 정해 주는 남자와 결혼하는 관습에 반기를 들고 여성 스스로 자기 삶의 향방을 결정하겠다는 의지를 천명한 정치적 행위거든요. "개인적인 것이 정치적인 것이다"라는 중요한 페미니즘 슬로건은 바로 이런 사안과 연관된 것이기도 하답니다.

이 책의 영어 제목은 『페미니즘 A부터 Z까지』(Feminism From A to Z)였고 내용은 제목처럼 ABCD 순으로 구성되어 있었어요. 나름

재미있는 방식이지만 아쉽게도 한국어로 옮기면서 알파벳 순서 그대로 제목을 다는 것이 어색해서 각 장의 제목을 바꾸었답니다. 그래서 저자가 구성한 방식대로의 재미는 조금 덜해졌을 수도 있어요. 그렇지만 저자가 전달하고자 하는 내용을 최대한 생생하게 살려 각 장의 제목을 달았어요. 무엇보다 페미니즘을 배워도 실생활에서 어떻게 적용해야 할지 모르는 초보 페미니스트들에게 유용한 흥미로운 활동들은 이 책의 가장 큰 매력입니다.

읽고 나서 조금 더 찾아보고 싶은 점이 생겼다면 인터넷을 활용해 보는 것도 좋겠죠. 이때 여러 사이트가 있겠지만 페미니스트들이 만든 페미위키(https://femiwiki.com)를 참조하면 어떨까 제안해 봅니다.

〈아주 작은 페미니즘학교 '탱자'〉 전담 교수
박이은실

참고 문헌

Breslau, J., et al, *Sex differences in recent first-onset depression in an epidemiological sample of adolescents*, Translational Psychiatry, 7, 2017.

Centers for Disease Control and Prevention, *Sexually transmitted diseases: Adolescents and adults*, 2017.

Davis, A., *Interpersonal and physical dating violence among teens*, The National Council on Crime and Delinquency, 2008.

Kost, K., Maddow-Zimet, I., *U.S. teenage pregnancies, births and abortions, 2011: National trends by age, race and ethnicity*, New York, NY: Guttmacher Institute, 2016.

Mellin, L., McNutt, S., Hu, Y., Schreiber, G. B., Crawford, P., Obarzanek, E., *A longitudinal study of the dietary practices of black and white girls 9 and 10 years old at enrollment: The NHLBI growth and health study*, Journal of Adolescent Health, 1997, 20(1), 27–37.

Partnership for Drug-Free Kids, *The partnership attitude tracking study: Teens and parents*, 2013.

American Psychological Association Presidential Task Force on Adolescent Girls.(n.d.), *A new look at adolescent girls*, Washington, DC: American Psychological Association.

Pham, C., Keenan, T., Han, B., *Evaluating impacts of early adolescent romance in high school on academic outcomes*, Journal of Applied Economics and Business Research, 2013, 3(1), 14–33.

Rosenthal, R., Jacobsen, L., *Pygmalion in the classroom: teacher expectation and pupils' intellectual development*, New York, NY: Holt, Rinehart and Winston, 1968.

Shih, M., Ambady, N., Richeson, J. A., Fujita, K., Gray, H. M., *Stereotype performance boosts: The impact of self-relevance and the manner of stereotype activation*, Journal of Personality and Social Psychology, 2002, 83, 638–647.

Shih, M., Pittinsky, T. L., Ambady, N., *Stereotype susceptibility: Identity salience and shifts in quantitative performance*, Psychological Science, 1999, 10, 80–83.

Asch, S. E., *Effects of group pressure on the modification and distortion of judgments*, In H. Guetzkow (Ed.), Groups, leadership and men (pp. 177–190), Pittsburgh, PA: Carnegie Press, 1951.

Darley, J. M., Latane, B., *Bystander intervention in emergencies: Diffusion of responsibility*,

Journal of Personality and Social Psychology, 1968, 8, 377–383.

Latane, B., Darley, J. M., *Group Inhibition of Bystander Intervention in Emergencies*, Journal of Personality & Social Psychology, 1968, 10(3), 215–221.

Jones, K., Peddie, C. I., Gilrane, V., King, E. B., Gray, A. (in press), *Not so subtle: A meta-analytic investigation of the correlates of subtle and overt discrimination*, Journal of Management.

Bem, S. L., *Gender schema theory: A cognitive account of sex typing*, Psychological Review, 1981, 88(4), 354–364.

Bem, S. L., *The lenses of gender: Transforming the debate on sexual inequality*, New Haven, CT: Yale University Press, 1993.

Thorne, B., *Gender play: Girls and boys in school*, New Brunswick, NJ:Rutgers University Press, 1993.

Kohler, P. K., Manhart, L. E., Lafferty, W. E., *Abstinence-only and comprehensive sex education and the initiation of sexual activity and teen pregnancy*, Journal of Adolescent Health, 2008, 42(4), 344–351.

Lindberg, L. D., Maddow-Zimet, I., *Consequences of sex education on teen and young adult sexual behaviors and outcomes*, Journal of Adolescent Health, 2012, 51(4), 332–338.

Rubin, G., *The traffic in women: Notes on the 'political economy' of sex*, In R. R. Reiter (Ed.), *Toward an Anthropology of Women* (pp. 157–210), New York, NY: Monthly Review Press, 1975.

Rubin, G., *Thinking sex: Notes for a radical theory of the politics of sexuality*, In C. Vance (Ed.), 1984, *Pleasure and Danger: Exploring Female Sexuality* (pp. 267–319), Boston, MA: Routledge & Kegan Paul.

UNFPA, *Emerging evidence, lessons and practice in comprehensive sexuality education: A global review*, Paris, France: United Nations Educational, Scientific and Cultural Organization, 2015.

U.S. Equal Employment Opportunity Commission, *Diversity in high tech*, 2016, May.

Glick, P., et al., *Beyond prejudice as simple antipathy: Hostile and benevolent sexism across cultures*, Journal of Personality and Social Psychology, 2000, 79(5), 763–775.

Kingston, M. H., *The woman warrior: Memories of a girlhood among ghosts*, New York, NY: Alfred A. Knopf, 1976.

Nagoshi, J. L., Adams, K. A., Terrell, H. K., Hill, E. D., Brzuzy, S., Nagoshi, C. T., *Gender differences in correlates of homophobia and transphobia*, Sex Roles, 2008, 59(7–8), 521–531.

Robnett, R. D., Leaper, C., *"Girls don't propose! Ew." A mixed-methods examination of marriage tradition preferences and benevolent sexism in emerging adults*, Journal of Adolescent Research, 2013, 28, 96–121.

Friedan, B., *The feminine mystique*, New York, NY: W. W. Norton, 1963. [한국어판] 김현우 옮김, 『여성성의 신화』, 갈라파고스, 2018.

Moraga, C., Anzaldua, G. (Eds.), *This bridge called my back: Writings by radical women of color*, Albany, NY: Kitchen Table/Women of Color Press, 1981.

The Combahee River Collective, *The Combahee River Collective Statement: Black Feminist Organizing in the Seventies and Eighties*, Albany, NY: Kitchen Table/Women of Color Press, 1986.

Byrd, A., Tharps, L. L., *Hair story: Untangling the roots of Black hair in America*, New York, NY: St. Martin's Griffin, 2014.

Baumgardner, J., Richards, A., *Manifesta: Young women, feminism, and the future*, New York, NY: Farrar, Straus & Giroux, 2000.

de la Pena, M., Sometimes the 'tough teen' is quietly writing stories [Blog post], Code Switch, National Public Radio, 2013, Novemver 11.

Loveless, T., *The 2015 Brown Center report on American education: How well are American students learning?*, Washington, DC: The Brookings Institution, 2015.

Sommers, C. H., School has become too hostile to boys, Time, 2013.

Sommers, C. H., *Who stole feminism? How women have betrayed women*, New York, NY: Simon & Schuster, 1994.

Sommers, C. H., *The war against boys: How misguided policies are harming our young men*, New York, NY: Simon & Schuster, 2000.

Wetheridge, L., *Girls' and women's literacy with a lifelong learning perspective: Issues, trends, and implications for the Sustainable Development Goals*, Paris, France: UNESCO, 2016.

American Psychological Association, Task Force on the Sexualization of Girls, *Report of the APA Task Force on the Sexualization of Girls*, Washington, DC: American Psychological Association, 2007.

Jhally, S., Kilbourne, J., Killing us softly 4: Advertising's image of women[Motion picture], Northampton, MA: Media Education Foundation, 2010.

Lazarus, M., Wunderlich, R., Killing us softly[Motion picture], Cambridge, MA: Cambridge Documentary Films, 1979.

Shoket, Ann, Seventeen magazine's Body Peace Treaty, Seventeen, New York, NY: Hearst Digital Media, 2012, August.

Freud, S., *Dora: An analysis of a case of hysteria*, New York, NY: Touchstone, (Original work published 1963), 1997.

Funari, V., Query, J., Live Nude Girls Unite! [Motion picture], New York, NY: First Run Features, 2000.

Gilman, C. P., *The yellow wallpaper*, Boston, MA: Small & Maynard, 1899.

Truth, S, Ain't I a woman?, 1851.

McIntosh, P., *White privilege and male privilege: A personal account of coming to see correspondences through work in women's studies*, Boston, MA: Wellesley College Center for Research on Women, 1989.

Queer Feminism: Radical Opposition to Patriarchy, What is queer feminism?, 2016.

Swanson, E., Poll: Few identify as feminists, but most believe in equality of sexes [Online poll], The Huffington Post, 2013, April 16.

Hill, C., Miller, K., Benson, K., Maatz, L., Nielson, K., Bibler, K., VanKanegan, A., *The simple truth about the gender pay gap: Spring 2017 edition*, Washington, DC: American Association of University Women, 2017.

Hochschild, A. R., *The second shift: Working families and the revolution at home*, New York, NY: Penguin, 2012. [한국어판] 백영미 옮김, 『돈 잘 버는 여자 밥 잘 하는 남자』, 아침이슬, 2001.

Hochschild, A. R., *The managed heart: Commercialization of human feeling*, Berkeley, CA: University of California Press, 1983.

Ahrens, G.(Ed.), *Lucy Parsons: Freedom, Equality & Solidarity—Writings & Speeches, 1878–1937*, Chicago, IL: Charles H. Kerr Publishing, 2004.

Douglass, F, On woman's suffrage, Woman's Journal, 1888, April 14.

Jhally, S., Katz, J., Tough guise: Violence, media, & the crisis in masculinity[Motion picture], Northampton, MA: Media Education Foundation, 1999.

Kalish, R., Kimmel, M., *Suicide by mass murder: Masculinity, aggrieved entitlement, and rampage school shootings*, Health Sociology Review, 2010, 19(4), 451–464.

Mill, J. S., *The subjection of women*, London, UK: Longmans, Green, Reader & Dyer, 1869.

Truman, J. L., Morgan, R. E., *Criminal victimization*, 2015, Washington, DC: Bureau of Justice Statistics, 2016.

Koyami, E., The transfeminist manifesto, In R. Dicker & A. Piepmeier(Eds.), *Catching a wave: Reclaiming feminism for the twenty-first century*, Boston: Northeastern University Press(Original work published 2001), 2003.

Ensler, E., *The Vagina monologues*, New York: Villard, 2007.

Ensler, E., Eve Ensler: I never defined a woman as a person with a vagina, Time, 2015, January 19.

Kingkade, T., Mount Holyoke cancels 'Vagina Monologues' for not being inclusive enough, The Huffington Post, 2015, January 16.

58th Assembly District, California, Assembly member Garcia Introduces "No Tax" on Feminine Hygiene Products Measure on the First day of Session [Press release], 2016, January 5.

Cooke, R., Gloria Steinem: 'I think we need to get much angrier.', The Guardian, 2011, November 12.

Steinem, G., *If men could menstruate*, Ms. Magazine, Arlington, VA: Liberty Media for Women, 1978. [한국어판] 양이현정 옮김, 『남자가 월경을 한다면』, 현실문화연구, 2002.

Bacon, L., *Health at every size: The surprising truth about your weight*, Dallas, TX: BenBella Books, 2008.

Fishman, S., Freespirit, J., *The fat liberation manifesto*, Los Angeles, CA: Fat Underground, 1973.

Louderback, L., *Fat power: Whatever you weigh is right*, Bristol, UK: Hawthorn Books, 1970.

Orbach, S., *Fat is a feminist issue*, New York, NY: Paddington Press, 1981.

Schoenfielder, L., Wieser, B., *Shadow on a tightrope: Writings by women on fat oppression*, San Francisco, CA: Aunt Lute Books, 1983.

Wann, M., *Fat! So? Because you don't have to apologize for your size*, Berkeley, CA: Ten Speed Press, 1998.

Blackwell, A. B., *The sexes throughout nature*, New York, NY: G.P. Putnam's Sons, 1875.

Darwin, C., *The descent of man, and selection in relation to sex*, London, UK: John Murray, Albemarle Street, 1871.

Hrdy, S. B., *Mother Nature: Maternal instincts and how they shape the human species*, New York, NY: Pantheon, 1999.

Hyde, J. S., *The gender similarities hypothesis*, American Psychologist, 2005, 60(6), 581–592.

Jhally, S., Kilbourne, J., Killing us softly 4: Advertising's image of women[Motion picture], Northampton, MA: Media Education Foundation, 2010.

Kilbourne, J., *Deadly persuasion: Why girls and women must fight the addictive power of advertising*, New York, NY: The Free Press, 1999.

Transcript of the third debate, The New York Times, 2016, October 20.

색인

ㄱ

간성인 intersex 197, 246, 249, 304
강인한 녀석들 Tough Guies 231
개비 더글러스 Gabby Douglas 116
『걸 스카우트 매거진』 Girl Scout Magazine 97
게리 산토로 Gerri Santoro 250
게이 활동가 동맹 Gay Activists Alliance, GAA 200
게일 러빈 Galye Rubin 74, 75
고야마 에미 Emi Koyama 246
고정관념의 격려 stereotype boost 27
고정관념의 위협 stereotype threat 27, 303
국제 엑소더스 Exodus International 210
그레이스 켈리 Grace Kelly 208
『글래머』 Glamour 129
글로리아 스타이넘 Gloria Steinem 279~283, 326
글로리아 안잘두아 Gloria Anzaldúa 108~109
급진적 페미니스트 radical feminists 207
길 위의 혁명적 복장 전환인 행동 Street Transvestite Action Revolutionary, STAR 199

ㄴ

나랄 National Abortion Rights Action League, NARAL 253
나오미 울프 Naomi Wolf 229
『난 아니야, 자기야』 It Ain't Me, Babe 86
낸시 드루 Nancy Drew 47
노 다웃 No Doubt 286
농장 노동자 노조 연맹 The United Farm Workers Union 102
뉴욕 게이 권리 법안 New York City Gay Rights Bill 200
니그로 프로젝트 Negro Project 77
니노이 Ninoy 319

ㄷ

다 윌리엄스 Dar Williams 286
다이크 Dyke 209, 211
『데모 소오오오오너』 Riot Grrrrl 88
데미타 프레지어 Demita Frazier 107
데비 스톨러 Debbie Stoller 128~130
데스트니스 차일드 Destiny's Child 285
델 마틴 Del Martin 102
도로시 피트먼 휴 Dorothy Pitman Hughes 283
돌로레스 후에르타 Dolores Huerta 102
돌리 파튼 Dolly Parton 285
동등 페미니즘 equity feminism 136~137
동성애 규범성 homonormativity 194
딜런 클리볼드 Dylan Klebold 232
뚱땡이 지하조직 Fat Underground 293
뚱땡이 해방 선언 Fat Liberation Manifesto 294

ㄹ

라가시 Lagash 162
라시 그린 Laci Green 75, 79
랄라 카스트로 Lala Castro 84

레나 D Lena D 285
레이디 가가 Lady Gaga 206
레이철 지오다노 Rachel Giordano 66
레이철 칼리시 Rachel Kalish 234
레즈비언 복수단 Lesbian Avengers
　208~211
로 대 웨이드 Roe v. Wade 243, 250~251
로널드 레이건 Ronald Reagan 319
로리 엘 탑스 Lori L. Tharps 120
로빈 모건 Robin Morgan 104
로사 파크스 Rosa Parks 105
록산 게이 Roxane Gay 326
루시 스톤 Lucy Stone 166~167
루시 파슨스 Lucy Parsons 220, 222, 224
루이자 메이 올컷 Louisa May Alcott 143
루이스 메이어 Louis B. Mayer 32
르 티그르 Le Tigre 286
루엘린 라우더백 Llewellyn Louderback
　292
리사 클리퍼스 Lisa Kleypas 141
린치 반대 운동 anti-lynching campaign
　105

■

마거릿 생어 Margaret Sanger 75~77
마르크스주의 페미니즘 Marxist feminism
　219, 328
마리사 마이어 Marissa Meyer 100
마리아 엘레나 살리나스 Maria Elena
　Salinas 160
메릴린 완 Marilyn Wann 293
마샤 존슨 Marsha Johnson 197~199
마이클 키멜 Michael Kimmel 234
마인크래프트 Minecraft 81~82

마틴 루서 킹 주니어 Martin Luther King,
　Jr. 102
만화 규율 위원회 Comics Code Authority,
　CCA 85~86
말랄라 유사프자이 Malala Yousafzai 141
메리 제이 블리지 Mary J. Blige 284
메리 쿠민스 Mary Cummins 210
매트 드 라 페냐 Matt de la Peña 139
맥신 홍 킹스턴 Maxine Hong Kingston
　97, 99
멋진 자궁 프로젝트 Exquisite Uterus
　Project 253, 255
메리 울스턴크래프트 Mary Wollstonecraft
　327
메타 분석 meta analysis 49
멜린다 게이츠 Melinda Gates 158
모 윌럼스 Mo Willems 137
무헤리스타스 Mujeristas 105
문제의 외재화 externalizing the problem
　22
문화주의 페미니스트 Cultural feminists
　207
뮬란의 노래 The Ballad of Mulan 94
미국 가족계획 연맹 Planned Parenthood
　76
미국 심리학 협회 여아에 대한 성적 대
　상화 전담팀 American Psycholog-
　ical Association Task Force on the
　Sexualization of Girls 149
미나 토머스 앤트림 Minna Thomas Antrim
　47
미세공격 microaggressions 114~116,
　120, 123, 148
미시건 순여성 음악제 Michigan Womyn's

Music Festival 245
『미즈』 Ms. 155, 279, 283
민디 캘링 Mindy Kaling 208
민중 권력 혁명 people power revolution
　　317

ㅂ

바버라 스미스 Barbara Smith 107
바버라 윌리 멘데스 Barbara 'Willy'
　　Mendes 86
버락 오바마 Barack Obama 240
『버스트』 BUST 129~130
버자이너 모놀로그 Vagina Monologues
　　36, 38, 265~269
범성애자 pansexual 195
베니노 Benigno 319
베벌리 스미스 Beverly Smith 107
베티 프리단 Betty Friedan 20, 102~104,
　　283, 326
벨 훅스 bell hooks 326, 328
벨라 아즈버그 Bella Abzug 283
『보그』 Vogue 129
부드럽게 여성을 죽이는 법 Killing Us
　　Softly 151~152
부르카 아래서 Under the Burqa 267
부정 편향 negative bias 51
불리 Bully 284
불 먹기 fire-eating 210
블라디미르 푸틴 Vladimir Putin 21
블랙 걸스 코드 Black Girls Code 83
비교차적 사고 non-intersectional thinking
　　303
비요크 Björk 284
비욘세 Beyonce 285

비키니 킬 Bikini Kill 285
빌리티스의 딸들 The Daughters of Bilitis,
　　DOB 102
빕 라타네 Bibb Latané 42~43

ㅅ

사라 블래퍼 허디 Sarah Blaffer Hrdy 310
사라 피시먼 Sara Fishman 292~294
사뮤얼 곰퍼스 Samuel Gompers 220
사회주의 페미니즘 socialist feminism
　　219
샌드라 벰 Sandra Bem 61, 63~64
섀리 모라가 Cherríe Moraga 108
살자! 벗자! 여자들아! 뭉치자! Live!
　　Nude! Girls! Unite! 171
생물학적 결정론 biological essentialism
　　64
생태 페미니스트 Ecofeminists 207
샬럿 퍼킨스 길먼 Charlotte Perkins Gil-
　　man 174, 176
샬럿 브론테 Charlottee Brontë 143
서트 할리 Sut Jhally 231
선택 페미니즘 choice feminism 171
성 도식 gender schema 61, 63~64, 66,
　　68
성별 탄압 gender oppression 21, 93
성별을 비판하는 페미니즘 gender critical
　　feminism 245
성적 대상화 sexualized 17, 85, 88,
　　148~150, 170, 181
성차 gender difference 302, 305, 307,
　　309~310
세계 다이어트 없는 날 International No
　　Diet Day 293

세세 산닙 노동사 소합 Industrial Workers of the World 222

세네카 폴 대회 Seneca Falls convention 237

세서미 스트리트 Sesame Street 121

세자르 차베스 Cesar Chavez 102

셜리 치좀 Shirley Chisholm 283

소녀 페미니즘 Girlie Feminism 128, 130

소도미법 Sodomy laws 210

소저너 트루스 Sojourner Truth 174~176

솔로몬 애시 Solomon Asch 39

솔트 앤 페파 Salt 'N Pepa 286

수전 앤서니 Susan B. Anthony 105~106

수지 브라이트 Susie Bright 75

수지 오바흐 Susie Orbach 293

스타의 집 STAR House 199

스톤월 항쟁 Stonewall Riots 199~200

스티븐 더글러스 Stephen A. Douglas 240

스티븐 킹 Stephen King 274

시몬 드 보부아르 Simone de Beauvoir 326

시카고 여성 해방 조합 Chicago Women's Liberation Union 219

실비아 리베라 Sylvia Rivera 197~200

십억 명의 항쟁 One Billion Rising 265, 267~268

ㅇ

아니 디프랑코 Ani DiFranco 285

아베크롬비앤피치 Abercrombie & Fitch 148

아야나 D. 버드 Ayana D. Byrd 120

아이다 B. 웰즈 Ida B. Wells 105~106

안젤라 데이비스 Angela Davis 119

알리 혹스차일드 Arlie Hochschild 218

알리샤 키스 Alicia Keys 286

앙투아네트 브라운 Antoinette Brown 166

앤디 워홀 Andy Warhol 199

앤서니 컴스톡 Anthony Comstock 75

앤터닌 스캘리아 Antonin Scalia 319

앤트워넷 브라운 블랙웰 Antoinette Brown Blackwell 309

앨리슨 게이츠 Alison Gates 253

앨리슨 벡델 Alison Bechdel 88

앨버트 파슨스 Albert Parsons 221

에릭 해리스 Eric Harris 232

에밀리 브론테 Emily Brontë 143

에이미 리차드 Amy Richards 130

에이브러햄 링컨 Abraham Lincoln 240

엔헤두아나 Enhuduanna 141

엘리자베스 캐디 스탠턴 Elizabeth Cady Stanton 104~105, 238

여성 연합 행진 The March of the Women Collection 19

여성 유권자 연맹 The League of Women Voters 104

역할 갈등 role conflict 216, 219

역할 과로 role strain 219

오드리 로드 Audre Lorde 108, 326

우루카기나 Urukagina 162

우머니즘 Womanism 105

『위민스 코믹스』 Wimmen's Comix 85, 87~88

위키드 Wicked 100

유색인 페미니스트 Women of color feminists 207

유혹자로서의 여성 woman-as-temptress

53

이든 킹 Eden King 49

이브 엔슬러 Eve Ensler 265~269

이성애 규범적 heteronormative 194

이차 업무 the second shift 218

ㅈ

자기 충족적 예언 self-fulfilling prophecy 302

자기방어 self-defence 158, 233, 327

재닛 시블리 하이드 Janet Shibley Hyde 304

재닛 잭슨 Janet Jackson 285, 318~319

자유주의 페미니스트 liberal feminists 102, 207

『자체발광』 Radiance 293

잘나가는 복숭아들 Hot Peaches 199

『재밌는 집』 Fun Home 88

재전유 re-appropriation 82~84, 89, 130

재즈 제닝스 Jazz Jennings 160

잭슨 카츠 Jackson Katz 230~232

전국 남성 위원회 National Organization for Men Against Sexism 238

전국 여성 위원회 National Organization for Women 293

전국 여성 정치 회의 National Women's Political Caucus 283

전국 여성 참정권 연합 National Woman Suffrage Association 281

전국 흑인 페미니스트 기구 The National Black Feminist Organization 107

전미 노동 연맹 American Federation of Labor 222, 224

전미 산아 제한 연맹 American Birth Con-

trol League 76

전미 여성 기구 National Organization for Women 102

전환인들 trans people 196~197

제나 탈라코바 Jenna Talackova 244

제니퍼 바움가드너 Jeniffer Baumgardner 130

제인 연합 Jane Collective 250

제인 오스틴 Jane Austen 143

젠더 페미니즘 gender feminism 136~137

조심해야 할 다이크들 Dykes to Watch Out For 88

조안 제트 앤 더 블랙하츠 Joan Jett and the Blackhearts 286

조이 마자리노 Joey Mazzarino 121

조지 로마네스 George Romanes 306

조지 앤타일 George Antheil 32, 33

조지 워싱턴 George Washington 240

존 달리 John Darley 42~43

존 스튜어트 밀 John Stuart Mill 237~238

좋은 머리카락 Good Hair 116~117, 121

주디 갈런드 Judy Garland 31

주디 프리스피릿 Judy Freespirit 293~294

지그문트 프로이트 Sigmund Freud 165

진 킬본 Jin Kilbourne 150~153, 170, 314

ㅊ

찰스 다윈 Charles Darwin 306~310

치마만다 은고지 아디치에 Chimamanda Ngozi Adichie 326

치카나 Chicana 108

ㅋ

캐리 Carrie 274
캐리 언더우드 Carrie Underwood 206
캐리 채프먼 캐트 Carrie Chapman Catt 104
케이티 페리 Katy Perry 206, 286
켈리 클락슨 Kelly Clarkson 206
코라손 아키노 Corazon Aquino 317, 319~321
『코스모폴리탄』 Cosmopolitan 129
코히드 앤 캠브리아 Coheed and Cambria 284
콘로 cornrows 118~119
콜비 카일랏 Colbie Caillat 285
컴바히강 습격 Combahee River Raid 107
컴바히강 집단 The Combahee River Collective 106~109
퀸 라티파 Queen Latifah 286
크리스 록 Chris Rock 116, 121
크리스 월리스 Chris Wallace 317
크리스티나 가르시아 Cristina Garcia 278
크리스티나 아길레라 Christina Aguilera 285
크리스티나 호프 소머즈 Christina Hoff Sommers 136~137
크리스틴 존스 Kristen Jones 49
클라크 게이블 Clark Gable 31
키니 스타 Kinnie Starr 285
키티 제노비스 Kitty Genovese 41
킴벌리 브라이언트 Kimberly Bryant 83

ㅌ

타냐 살시도 Tanya Salcido 84
타자 충족적 예언 other-fulfilling prophe-cy 303
타코캣 Tacocat 285
트랜스 배제적 급진적 페미니즘 trans-exclusionary radical feminism 246
트랜스 페미니스트 Transfeminists 207
트리나 로빈스 Trina Robbins 86~87
틀짜기 효과 framing effect 51

ㅍ

파뮬란 Fa Mu Lan 94, 96~99
파커 필스베리 Parker Pillsbury 238
페기 매킨토시 Peggy McIntosh 182~184, 186
페르디난드 마르코스 Ferdinand Marcos 319~321
푸시 라이엇 Pussy Riot 21
프레데릭 더글라스 Frederick Douglass 237
프리츠 만들 Fritz Mandl 32
필리스 라이언 Phyllis Lyon 102
필리스 슐래플리 Phyllis McAlpin Stewart Schlafly 20
핑크 Pink 286

ㅎ

한 땀 한 땀 뜨는 년들 Stitch 'n Bitch 130
할리우드 들여다보기 Access Hollywood 317
할리우드 제작 규약 Hollywood Production Code 85
해리엇 터브먼 Harriet Tubman 107
해리엇 테일러 밀 Harriet Taylor Mill 237
헤드비히 에바 마리아 키슬러 Hedwig

Eva Maria Kiesler 32
헤디 라마르 Hedy Lamarr 31~33
헤븐스 투 벳시 Heavens to Betsy 285
헬렌 클레베사델 Helen Klebesadel 253
확증 편향 confirmation bias 302
흑인의 생명도 중요하다 운동 the Black
    Lives Matter Movement 21
힘을 보여주는 에이즈 연합 AIDS Coali-
    tion to Unleash Power 199

페미니즘 탐구 생활

2019년 6월 27일 1판 1쇄
2020년 3월 20일 1판 2쇄

지은이 게일 피트먼
옮긴이 박이은실

편집 정은숙·박주혜 **디자인** 김민해
제작 박홍기 **마케팅** 이병규·양현범·이장열 **홍보** 조민희·강효원

인쇄 천일문화사 **제책** J&D바인텍

펴낸이 강맑실 **펴낸곳** (주)사계절출판사
등록 제406-2003-034호 **주소** (우) 10881 경기도 파주시 회동길 252
전화 031)955-8588, 8558 **전송** 마케팅부 031)955-8595 편집부 031)955-8596
홈페이지 www.sakyejul.net **전자우편** skj@sakyejul.com
블로그 skjmail.blog.me **페이스북** facebook.com/sakyejul
트위터 twitter.com/sakyejul

값은 뒤표지에 적혀 있습니다. 잘못 만든 책은 서점에서 바꾸어 드립니다.

사계절출판사는 성장의 의미를 생각합니다.
사계절출판사는 독자 여러분의 의견에 늘 귀기울이고 있습니다.

ISBN 979-11-6094-476-1 43330

이 도서의 국립중앙도서관 출판시도서목록(CIP)은
서지정보유통지원시스템 홈페이지(http://www.seoji.nl.go.kr)와
국가자료공동목록시스템(http://www.nl.go.kr/kolisnet)에서
이용하실 수 있습니다. (CIP제어번호: CIP2019023225)